U0137351

"十三五"国家重点出版规划项目

国家出版基金资助项目

# 阿拉伯文化中的中国形象

古代卷

· 下 ·

葛铁鹰
—— 编译

湖南文艺出版社
HUNAN LITERATURE AND ART PUBLISHING HOUSE

图书在版编目（CIP）数据

阿拉伯文化中的中国形象. 古代卷. 下 / 葛铁鹰编
译. -- 长沙：湖南文艺出版社，2022.6
ISBN 978-7-5726-0478-2

Ⅰ. ①阿… Ⅱ. ①葛… Ⅲ. ①国家－形象－研究中国
－古代②文化史－阿拉伯国家－古代 Ⅳ. ①D6 ②K371.03

中国版本图书馆CIP数据核字(2021)第251051号

# 阿拉伯文化中的中国形象. 古代卷. 下

ALABO WENHUA ZHONG DE ZHONGGUO XINGXIANG. GUDAI JUAN. XIA

编　　译：葛铁鹰
出 版 人：陈新文
责任编辑：耿会芬
项目策划：易　见　耿会芬
责任校对：黄　晓　徐　晶
整体设计：陈　筠
内文排版：钟灿霞


出版发行：湖南文艺出版社
（长沙市雨花区东二环一段508号 邮编：410014）
网　　址：http://www.hnwy.net
印　　刷：长沙超峰印刷有限公司
经　　销：新华书店
开　　本：880mm×1230mm　1/32
印　　张：15.75
字　　数：249千字
版　　次：2022年6月第1版
印　　次：2022年6月第1次印刷
书　　号：ISBN 978-7-5726-0478-2
定　　价：132.00元

（若有质量问题，请直接与本社出版科联系调换）

《艾因书》封面　　　　《艾因书》书影

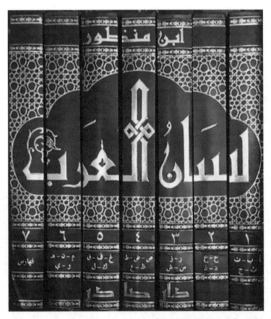

《阿拉伯语大词典》书影

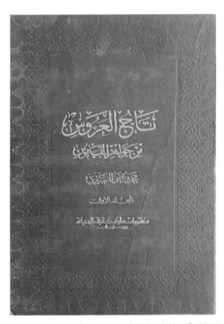

《辞典珍宝中的新娘花冠》封面

《辞典珍宝中的新娘花冠》书影

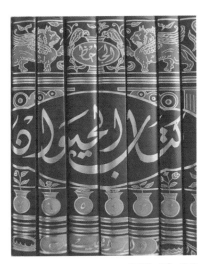

《动物书》书影

《歌诗》封面

《歌诗》插画（一）

《歌诗》插画（二）

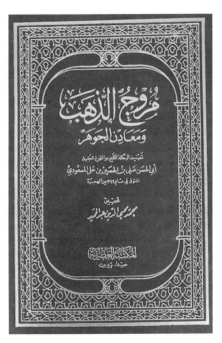

《黄金草原与珠玑宝藏》封面

《黄金草原与珠玑宝藏》插图

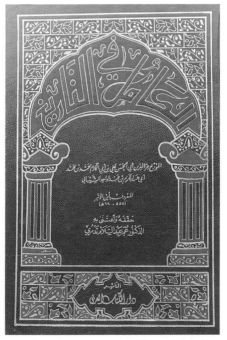

《历史大全》封面

《历史大全》书影

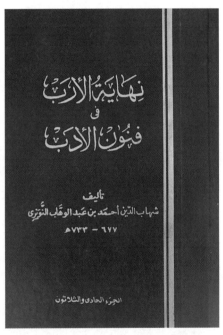

《文苑观止》封面

目 录
Contents

第一章

| 阿拉伯古代辞典中的中国

《艾因书》哈利勒·本·艾哈迈德 / 002

《疑难国名地名辞典》艾布·欧白德·巴克利 / 006

《地名辞典》雅古特 / 009

《文学家辞典》雅古特 / 039

《阿拉伯语大辞典》伊本·曼祖尔 / 046

《辞洋》菲鲁扎巴迪 / 048

《辞典珍宝中的新娘花冠》穆尔台达·扎比迪 / 050

第二章

| 纪事本末体史籍中的中国

《各地的征服》拜拉祖里 / 056

《亚古比历史》亚古比 / 061

《黄金草原与珠玑宝藏》麦斯欧迪 / 069

《肇始与历史》麦格迪西 / 126


第三章

| 编年体史籍中的中国

《历代民族与帝王史》泰伯里 / 142

《历代民族与帝王史通纪》伊本·焦济 / 167

《历史大全》伊本·艾西尔 / 189

《前尘殷鉴》扎哈比 / 211

《往事镜戒》亚菲依 / 215

《始末录》伊本·凯西尔 / 219

《了解各地国王的途径》麦格里齐 / 233

《埃及国王中的耀眼星辰》伊本·泰格齐·拜尔迪 / 241

《古人记述中的金屑》伊本·阿马德 / 251

《史迹奇观》杰拜里提 / 258

第四章

| 纪传体与地方志史籍中的中国

《名人列传》伊本·赫里康 / 266

《名人列传补遗》伊本·沙基尔·库图比 / 270

《名人全传》萨法迪 / 275

《贤人名士事略》舍姆斯丁·扎哈比 / 283

《巴格达志》巴格达迪 / 289

《格拉纳达志》伊本·海提布 / 298

《安达卢西亚柔枝的芬芳》麦格利·提里姆萨尼 / 302

第五章

| 三大文豪著作中的中国

《动物书》贾希兹 / 308

《吝人列传》贾希兹 / 321

《贸易指南》贾希兹 / 327

《国王道德的皇冠》贾希兹 / 329

《表达与阐释》贾希兹 / 331

《贾希兹文论集》贾希兹 / 333

《卡里来和笛木乃》伊本·穆加法 / 339

《记述的源泉》伊本·古太白 / 343

《知识》伊本·古太白 / 348

《诗与诗人》伊本·古太白 / 353

第六章

| 三大文学典籍中的中国

《罕世璎珞》阿卜德莱比 / 358

《歌诗》伊斯法哈尼 / 364

《文苑观止》努威里 / 373


第七章

| 其他文学典籍中的中国

《散珠集》阿比 / 418

《诗海遗珠》赛阿里比 / 425

《文人聚谈》拉吉布·伊斯法哈尼 / 428

《王者的夜明灯》托尔托希 / 434

《智者录》伊本·焦济 / 439

《文牍撰修指南》盖勒盖珊迪 / 442

《纸叶的果实》伊本·希杰 / 456

《风趣万种》伊布沙依希 / 459

《聚谈拾趣与珍闻掇英》萨夫利 / 468

《情为何物》达乌德·安塔基 / 471

《文学宝库与语言菁华》阿卜杜·加迪尔 / 475

第一章

阿拉伯古代辞典中的中国

# 《艾因书》

## （Kitāb al-'Ayn）

**作者与作品简介：**

　　哈利勒·本·艾哈迈德（al-Khalīl Ben 'Ahmad，约 718—786），阿拉伯历史上最著名的语言学家之一，巴士拉语言学派创始人之一。生于阿曼，后移居伊拉克学术文化名城巴士拉。他在学术讲坛十分活跃，广交著名学者共同研讨圣训学和语言学。与同时代的著名翻译家、《卡里来和笛木乃》的编译者伊本·穆加法（约 724—759）过从甚密，从他那里学习了亚里士多德的逻辑学和古希腊乐理学等。后半生以教书为生，同时潜心于语言学研究和著述。其对阿拉伯语法学的最大贡献，是拟定了"阿拉伯语法学大纲"初稿，改进了阿拉伯文字标点的元音符号，创造了静符、长音、叠音等符号。他为阿拉伯语法学奠定了坚实的基础，所以被后世学者称为"阿拉伯语法学鼻祖"。他还著有《诗律学之书》，已失佚，仅有若干例句散见于他人著作中。786 年（一说 791 年）卒于巴士拉。

《艾因书》是阿拉伯历史上第一部语言辞典，约合中文500 万字。全书未完成。因为它是按字母发音部位排列先后次序，以喉音字母"艾因"为首，故有此名。这个字母在 8 世纪巴士拉语言学派认定的 29 个阿语字母中排序第 4，在我们今天使用的由 28 个阿语字母组成的字母表中排序第 18。作者创立的"字母换位排列组合法"，对后世影响很大，以致他之后 300 年间，很多阿拉伯著名辞典编纂家都纷纷模仿此法。同时由于这种方法十分复杂，不适合一般人查索，12 世纪前后逐渐被淘汰。但是，鉴于该辞典成书年代早，且记存了大量当年阿拉伯和其他民族历史文化等方面的信息，所以一直被后世学者视为珍贵而重要的阿拉伯历史文献，被列为最高级别的阿拉伯载籍之一。

译文所据版本为埃及新月书社 1988 年 8 卷本。

1. 第 7 卷，第 160 ～ 161 页：

隋尼（al-Sīn）：

肉桂[1]，出自中国。

隋尼，原是位于纳贾夫和卡迪西亚[2]之间的一个河谷。泰勒哈·本·欧拜杜拉[3]买下了它，把它当做自己在麦地那的庄园一样。他开发了那里，并在那里栽花种树。它也叫做泰勒哈庄园[4]。

中国斯坦（Sīnistān）[5]比中国远，正如人们所说的叙利斯坦[6]。

### 注释：

[1] 肉桂（al-Dārsīnī），直译为中国树或中国木，也指肉桂树的皮，即桂皮。这是一个组合词，也就是说两者间不是形容词和被形容词的关系。al-Dār 为波斯语，意为：树或木。

[2] 伊拉克南部的两个地名。纳贾夫 (al-Najaf) 位于库法以南，卡迪西亚 (al-Qādisiyyah) 位于纳贾夫以西。

[3] 泰勒哈（Talhah，595—656），先知穆罕默德的门弟子。出身于古莱什部落的富有家庭，因乐善好施并以资财支持先知传教，故有"豪爽的泰勒哈"和"慷慨的泰勒哈"等美称，成为先知以天园相许诺的十大弟子之一。在先知逝世后，他常去库法经商。656 年，在著名的"骆驼战役"中阵亡。

[4] 此处庄园，原文为 Nashāstaq，应是波斯语，疑为庄园之意。中世纪阿拉伯著名地理学家雅古特在其《地名辞典》中说："奈沙斯台克是位于库法的一个庄园或一条河，属于泰勒哈。此庄园收益颇丰。泰勒哈从住在希贾兹的库法人手中买下后，经过开发收益更佳。"雅古特未提及"隋尼"。

[5] 中国斯坦，在阿拉伯古籍中出现的频率并不高。但特别需要指出的是，本辞典编纂者不是将中国斯坦代指中国，而是指中国附近一个区域。根据本书中其他阿拉伯古籍的记载，应是今中国版图以西位置。这与中外学者在探讨中国名称由来时每每认为梵语 cinisthāna 即为中国古时之别称是不同的。此梵语词在《新唐书·天竺国传》中被译作"摩诃震旦"。近现代也有人根据英语、法语或其他语种音义兼备地译作"震旦"，美其名曰：东方属震，是旦生之地，故云震旦。

[6] 叙利斯坦（Surastān），雅古特《地名辞典》的标音为苏莱斯坦，因与叙利亚相关，故译作叙利斯坦。雅古特认为："该地即为古叙利亚人生活的沙姆（al-Shām）地区，尽管有人认为它是指伊拉克或胡齐斯坦（Khuzistā）的某个地方。"18 世纪叙利亚人穆希比所编《阿拉伯语外来语词典》中，认为"苏莱斯坦，源自古叙利亚语，来自操古叙利亚语的奈伯特人，指伊拉克，或伊拉克和沙姆地区，或胡齐斯坦某地"。

## 《疑难国名地名辞典》

(Mu'jam Mā 'Ustu'jam Min 'Asmā' al-Bilād Wa al-Mawādi')

**作者与作品简介：**

　　编纂者艾布·欧白德·巴克利（'Abū 'Ubayd al-Bakrī，1040—1094），阿拉伯著名历史和地理学家，兼事文学创作，是最早为后人留下著作的安达卢西亚地理学家。名作尚有《道里邦国志》，阿拉伯古籍中与此同名的著作不下 20 种。

　　本辞典为阿拉伯最著名的地理辞书之一。所收地名是从大量阿拉伯诗歌中采录搜集的。原作共 4 卷，约合中文 200 万字。

　　译文所据版本为贝鲁特学术书籍出版社 1998 年版 3 卷合订本。

1. 第 2 卷，第 5 页：

加尔（al-Jār）：位于麦地那附近海岸，与该城平行。是一个宫殿林立、人口稠密的村落。它的一半是海中的一个岛，一半在海岸上。来自埃及、哈白什[1]、巴林[2]和中国的船只，在这里停靠。

**注释：**

[1] 原文为 al-Habashah，亦作 al-Habash，旧译阿比西尼亚，指今埃塞俄比亚一带。

[2] 阿拉伯古籍中的巴林（al-Bahrayn），其面积比今巴林王国大得多。

2. 第 2 卷，第 110 页（节译）：

希拉（al-Hīrah）[1]：众所周知的伊拉克城市。那里空气清新，气候宜人，土壤肥沃，水质极佳。周围到处是农庄、花园和大型市场，因为它紧靠来自中国和印度等国海船停泊的港口。

**注释：**

[1] 希拉为伊拉克历史名城，位于纳贾夫和库法之间，原为古代阿拉伯部族之一莱赫米人（al-Lakhmī）王城，居民信奉基督教。633 年被穆斯林军队攻占。后渐次衰落。希拉原意为困惑、迷路，传说中也门土伯尔率兵前去攻打中国，走到此地迷失方向，故此得名。

3. 第 3 卷，第 124 页：

中国 : 太阳升起之地，众所周知的一个国家。于此同音的有：位于凯斯凯尔 [1] 的一个小城 [2]。实际上它是两个小城，人称：上隋尼和下隋尼 [3]。

**注释：**

[1] 凯斯凯尔（Kaskar），伊拉克最古老的基督教城市。萨珊王朝（224—651）初期曾发挥重要作用。后为阿尔达希尔一世（224—241 在位）所毁。位于底格里斯河畔。伍麦叶王朝的伊拉克总督哈加吉（714 年卒），在库法和巴士拉之间所建的瓦西特城，便与该城隔河相望。

[2] 此处小城原文为波斯语鲁斯塔克（rustāq）。雅古特在其《地名辞典》的导言中有专门解释：在波斯凡是若干庄园和村落集中在一起的地方都叫鲁斯塔克，从不把它用作像巴士拉和巴格达那等城市的称谓。如此，我们似应译作"镇"。但他又举例说，波斯的行政区划为 4 级，依次为：依斯坦（连读时为斯坦）、鲁斯塔克、突苏吉、盖利叶（村）。如此，似又应译作"县"。笔者未及考证，故暂译为小城。

[3] 上隋尼（al-Sīn al-'A'lā）和下隋尼（al-Sīn al-'Asfal），是在阿拉伯人古代辞书提及"隋尼"时经常出现的地名。值得注意的是，其中"上"和"下"均为阳性形容词，而我们知道"中国"在古今阿拉伯语中一直是被作为阴性名词使用的。因此，这个与阿拉伯语"中国"同音的地名，与中国无关的可能性居大。

# 《地名辞典》

## (Mu'jam al- Buldān )

### 作者与作品简介：

编纂者雅古特（Yāqūt，1179—1229），全名希哈布丁·艾布·阿卜杜拉·雅古特·本·阿卜杜拉·哈马维·罗米·巴格达迪。中世纪阿拉伯最伟大的地理学家之一，著名辞书编纂家，同时也是历史学家和文学史家。祖籍东罗马帝国，卒于阿勒颇。雅古特一生经历极为坎坷，幼年被一个阿拉伯人买回当奴隶，好心的主人让他接受了良好教育，终于成材。38 岁时因对某宗教派别持不同看法，被人追杀。后又遭逢战祸，流落他乡，大部分著述是在颠沛流离中完成的。《地名辞典》定稿一年后，他便撒手人寰。传世之作《地名辞典》和《文学家辞典》在阿拉伯古籍中占有十分重要的地位。

《地名辞典》，"集当时地理学之大成"，记述了从新几内亚到大西洋的山川、河流及各国的主要城市、商道和名胜等，被认为是"名副其实的百科全书"。全书约合中文450万字。书前有序言（约1万字）和导言（共5章，约3.5万字）。原书为作者亲笔缮写。全书最初分为28册，每册根据地名第1和第2个字母分为28章。后世抄本和印刷出版卷数各异。

《地名辞典》不可单纯地看作是地理学典籍，它同时具有鲜明浓重的文学元素。雅古特在收录某一地名时，特别注重采集与当地有关的著名文人学士的生平经历及其主要著作的资料信息，而对于诗歌的采录尤为尽力，篇幅甚大，估计占全书五分之一。不少阿拉伯诗歌是靠《地名辞典》单传于后世的，其文学史料价值不言而喻。

此外，本文所依据的《地名辞典》阿拉伯语版本中，没有"印度"这一重要词条——此条下估计应该有一些关于中国的记载。其原因不知是作者或后世校勘者的疏漏，还是如同纳忠先生在评价雅古特时所说："后来蒙古人东侵，攻占巴格达，穆斯林各地图书馆藏书全遭焚毁。书籍余烬，被投入底格里斯河，河水为之堵塞。遭此浩劫后，阿拉伯文和波斯文典籍，大部遭到毁灭。今日所存者，不过其灰烬而已。雅古特的《地名辞典》虽能幸存，也并非全貌，而且他所根据的古籍也大部被焚。尽管如此，雅古特的《地名辞典》，仍然是阿拉伯历史、地理、文学的无价之宝。"（见纳忠著《阿拉伯通史》下卷 376 页，商务印书馆，1999 年。）

译文所据版本为贝鲁特萨迪尔书局 1995 年第 2 版 7 卷本。

1. 第 1 卷，第 18 页：

他们的学者说："想象中，倘若从地球表面的一点挖下去，将挖到地球的另一面。比如说，如果从福珊吉[1] 钻下去，将穿透到中国大地。"

**注释：**

[1] 福珊吉（Fūshanj），雅古特在本辞典中说，此地是距呼罗珊赫拉特城（今阿富汗境内）10 波斯里的一个小城，位于一个林木茂密、果树繁多的河谷之中。

2. 第 1 卷，第 18～19 页：

杜里努斯（Dūrīnūs）说："大地为 25000 波斯里[1]。其中中国 12000 波斯里，罗马[2] 5000 波斯里，巴比伦（Bābil）1000 波斯里。"

**注释：**

[1] 波斯里，原文为 farsakh，一般认为是波斯语，亦有人音译为法尔萨赫。既是长度单位又是时间单位，确切长度众说纷纭。北大版《阿拉伯语汉语词典》注明为 6.24 公里。《蒙吉德词典》解释为："等于 3 哈希姆里，据说等于 12000 腕尺。它大概相当于 8 公里。"雅古特本人在《地名辞典》导言中对此词有专门论述，援引了前人认为其为阿拉伯语的论据，未下定论。他基本认为等于 3 古里（Mīl），并说："有人说等于 7000 步。"笔者参考其他学者的译法，将其译作"波斯里"，并将后文出现的"Mīl"译作"古里"。

[2] 罗马（al-Rūm），阿拉伯古籍中一般指东罗马帝国即拜占庭，有时指希腊，也泛指地中海北岸地区。

3. 第 1 卷，第 19 页：

据说，大地的北半部有 4000 座城市。北半部也分为两个部分，这两个部分是有人烟的。西北部分，从伊拉克到杰济拉[1]、沙姆、埃及、罗马、法兰克、罗马城（al-Rūmiyah）、苏斯[2]和塞阿达特岛[3]；东北部分，从伊拉克到阿瓦士、吉巴勒[4]、呼罗珊，再到中国，再到瓦格瓦格。

**注释：**

[1] 原意为岛屿、河洲。古代阿拉伯地理学家指两河流域北部地区，即今叙利亚北部地区。

[2] 阿拉伯地区叫苏斯的地方很多。此处指位于马格里布地区靠近大

西洋的苏斯城。

[3] 亦称幸福群岛或不朽群岛，指今加纳利群岛。

[4] 吉巴勒（Al-jibāl），阿拉伯语"山"的复数。指伊斯法罕、加兹温、哈马丹等今伊朗境内的广大地区。亦称杰拜勒（"山"的单数）。

## 4. 第 1 卷，第 20 页：

杜里努斯认为开化地区，即从位于马格里布的开化岛屿[1]，至绿海[2]，再至中国最远的开化地区。如果太阳从我们称之为杰扎伊尔[3]的地方升起，便会在中国落下；如果在这个地方落下，便会在中国升起。

**注释：**

[1] 此处可能是指位于突尼斯与苏塞之间的谢里克岛。

[2] 亦称环海或大洋。古代希腊和阿拉伯地理学家认为此海像月晕环绕月亮一样环绕着世界。

[3] 原意为群岛。此处指今北非阿尔及利亚或其首都阿尔及尔一带。

## 5. 第 1 卷，第 21 页：

至于从中国大地最远地区以外的东方，环海则同样无海路通行。自环海分支出的每个海湾，都以与那个海域相邻的地方而得名。第一个便是中国海。

6. 第 1 卷，第 22 页：

（此页有一地球平面图，中国被标于左上方。）

7. 第 1 卷，第 26 页（对术语"伊格利姆"的第 1 种解释）：

这是人们口头经常说的，即他们将每个包括几个城市或几个村落的地方，统统称之为"伊格利姆"（'iqlīm，地区或区）。比如中国、呼罗珊、伊拉克、沙姆、埃及和阿非利加等等。

8. 第 1 卷，第 27 页：

（此页有一地球"7 区"平面图。中国两次被标明于左方偏上位置。值得注意的是，此图与下一页的另一示意图，均有"方向标"，即上南下北左东右西。）

9. 第 1 卷，第 28～30 页：

（"第 1 区"条下）它始于东方中国最遥远的地方，接下来是中国南部地区。然后是塞兰迪布[1]岛，再沿信德南部海岸越海至阿拉伯半岛和也门……。它包括众多开化的城市，其中有中国皇城（中国国王之城）……

（"第 2 区"条下）它自东方始，通过中国，印度……。

它包括中国、印度、信德等国的诸多城市。

（"第3区"条下）它自东方始，通过中国北方，然后是印度、信德、喀布尔……

**注释：**

[1] 旧译细轮叠（Sarandib）。有中外学者认为此地即为锡兰（今斯里兰卡）。但雅古特在"印度海""塞兰迪布"和"锡兰"等词条中，均指明两者为不同的地理概念。他认为，塞兰迪布包括在锡兰之中。

10. 第1卷，第33～34页：

（此处为各国分别属于12个星座的记述。中国归于天秤座和摩羯座。）

11. 第1卷，第47～48页：

排次上，印度国王之后是中国国王。他是体恤臣民、治国有方和工艺精湛之王。世界上没有哪个国王比中国国王更注重体察民情和善待兵士与臣属的了。他英勇无比，掌握生杀予夺之权，有时刻整装待发的军队、无数的牛羊和兵器。他军队的军饷、待遇和巴比伦国王军队的一样。

12. 第 1 卷，第 54 页（"亚细亚"条下）：

亚细亚的东部是中国极远之地。……小亚细亚包括伊拉克、波斯、吉巴勒和呼罗珊；大亚细亚包括印度和中国。

13. 第 1 卷，第 77～78 页（"乌布莱"条下）：

传说，有一次伯克尔·本·尼塔赫·哈奈菲以一首诗赞美艾布·杜莱夫·依杰利[1]，为此得到后者 1 万银币的赏金。他用这笔钱在乌布莱买下一处庄园。没过多久，他又来到艾布·杜莱夫处，并吟诵了下面的诗句：

　　　　靠您我买下乌布莱河畔的庄园，

　　　　内有一座大理石建造的小宫殿。

　　　　庄园侧旁它的妹妹正待价而沽，

　　　　我想您早已备妥了赏赐的金钱。

艾布·杜莱夫听后哭笑不得，问："这另一个庄园什么价？""1 万银币。"于是他命手下照这个数目给了他赏钱。在后者接钱的时候，他说道："伯克尔，你听着，这世界上每个庄园旁边都有另一个庄园，可以一直排到中国，排到没有尽头的地方。你明天来我这儿，要是敢说这个庄园旁边还有个庄园，那可不行。这种事是没完没了的。"

**注释:**

[1] 阿拔斯王朝著名将领、诗人和文学家，卒于公元 840 年。著有《治国策》和《猎鹰与狩猎》等。

14. 第 1 卷，第 179 页（"艾斯非加布"条下）:

接下来是（伊历）616 年发生的、自从有天有地以来从未发生过的事件，这就是从中国大地来的鞑靼人的入侵。愿真主消灭他们。他们将坚持留在那里的人斩尽杀绝。

15. 第 1 卷，第 182 页（"亚历山大"条下）:

传记作家们说："亚历山大·本·菲利福斯·罗米（亚历山大大帝）战胜并杀死了很多国王。他征服并踏上各国领土，直到中国最远的地方，并修建了壁垒。"他做了许许多多的事情，而死时仅 32 岁零 7 个月。看来他活着时，一刻也不曾休息。（接下来，雅古特从时间上对亚历山大远征经历表示质疑。从略。）然而，这样的事情竟发生在我们今天生活的年代，即（伊历）617 和 618 年。从中国来的鞑靼人，如果继续下去的话，将在短短几年里占领整个世界。他们从中国大地的前端出发，一直打到诸门之门（亦称达尔班德，Darband）以外地区，几乎占领并摧毁了伊斯兰帝国的一半。这一切的发生还不到两年时间。

16. 第 1 卷，第 289 页（"伊朗沙赫尔"条下）：

伊朗沙赫尔的意思是伊朗国，包括伊拉克、吉巴勒、呼罗珊和波斯。科斯鲁（古代波斯国王的称号）们是艾弗利敦的子嗣。他让陀吉（一说突吉，也有说陀斯）统治东方，所以中国的国王们也是他的子嗣。

17. 第 1 卷，第 305 页（"诸门之门"条下）：

巴希利部族的诗人阿卜杜拉赫曼·伊本·朱马纳对本部族的两位英雄——赛勒曼·本·莱比阿（Salmān Ben Rabī'ah）和古太白·本·穆斯林[1]——感到非常自豪，他吟道：

> 我们部族只有两座坟茔非同一般，
>
> 一座在拜兰杰尔一座在中国斯坦[2]。
>
> 在中国的这位其征服已大功告成，
>
> 另一位能让人们祈求的甘霖出现。

突厥人或海扎尔人，在将莱比阿及其部下杀死后，每夜都看到一道明亮的光照在他们的殉难之地。于是据说他们把其他人统统埋掉，单将莱比阿装进一口棺材，运到他们祭祀的寺庙里。之后但凡遇到干旱饥荒之日，便把棺材抬出来，搬出其尸体，举行祈雨仪式，每每显灵。

**注释：**

[1] 古太白·本·穆斯林（Qutaybah Ben Muslim，715 年卒），伍麦叶王朝后期重要军事将领，为阿拉伯帝国对外扩张立下汗马功劳。

[2] 此处中国斯坦的原文为 Sīni'astān，与《艾因书》中的中国斯坦（Sīnistān）在写法上略有不同，读音则一样。此诗中将中国与中国斯坦视为同一概念，与《艾因书》的相关记述有异。古太白是在部下内讧中被杀，地点是拔汗那（今中亚费尔干纳一带）。

18. 第 1 卷，第 344 页（"环海"条下）：

环海也有人称为绿海。它像月晕环绕月亮一样环绕着世界。它有两个分支，一个在西方，一个在东方。在东方的这个，即印度、中国、波斯、也门、僧祇之海。这我们前面已经讲过。西方的这个，则从赛拉[1]而出，经过马格里布柏柏尔人的国家和安达卢西亚岛之间的祖加克[2]，至阿非利加、埃及、沙姆、君士坦丁堡。

**注释：**

[1] 马格里布大西洋沿岸一港口，后并入拉巴特。

[2] 祖加克（zuqqāq），阿语原意为：窄路、胡同。此处指今直布罗

陀海峡。

19. 第 1 卷，第 345 ～ 346 页（"印度海"条下）：

……，那里是印度最边缘地带。然后是中国，其第 1 个地区是爪哇（al-Jāwah），到这里要渡过一个航程艰难、险象环生的大海。然后再前往中国本土[1]。

**注释：**

[1] 本土一词原文为 srīh，在现代阿拉伯语中为形容词，意思是：明白的，明显的，纯粹的，纯种的。尽管此词与"中国"连用在阿拉伯古籍里并不多见，但它说明雅古特生活的年代，阿拉伯人对于当时中国"范围"之广阔的认知。雅古特于本段文字中说爪哇是中国的"第 1 个地区"，也体现出这一点。

20. 第 1 卷，第 456 页（"巴格达"条下）：

据说，巴格达先前是中国商人前去从事各种交易的一个市场。他们获利颇丰。由于中国国王的称谓是"巴格"，所以每当他们回国的时候，他们便说："巴格——达德。"[1]意思是：我们所赚得的利润，都是国王的恩赐。

**注释：**

[1] 阿拉伯语巴格达（Baghdād）一词的对音为巴格达德。此段为雅古特记述巴格达名称近 10 种来源中的一种，使巴格达名称起源带上了中

国色彩，值得我们重视。虽然"巴格"一词是波斯人对中国皇帝的称谓，"达德"也是波斯语的"恩赐或给予"，但他的记述至少说明，当年在巴格达的中国商人之多，且具有相当影响。

21.第1卷，第458页（同上）：

当年哈里发曼苏尔在巴格达建都前，曾向巴格达村的村长咨询。村长说："信民的领袖，您如果在巴格达村的位置建都将左右逢源，既可得塞拉特[1]河和底格里斯河之利，就近运送粮草，又可得幼发拉底河之利，使往来于此地和沙姆、杰济拉和埃及等其他国家间的运输变得十分方便。得天独厚的地理位置，还能将来自印度、信德和中国，以及巴士拉和底格里斯河畔瓦西特城的奇珍异宝，运到您这儿。即便您调运亚美尼亚和阿塞拜疆等地的粮食，也不成问题。"

**注释：**

[1] 塞拉特河，实际上是巴格达的两条河，即大塞拉特和小塞拉特河的统称。

22.第1卷，第491页（"巴伦西亚"条下）：

祖籍为此地的学者很多，遍及各类学科。其中有萨德·海依尔·本·穆罕默德·本·赛赫勒·本·萨德·艾布·哈桑·安萨利·巴伦西。他是优秀的伊斯兰教法学家，成果丰硕的圣训学家。他曾到各地游历，甚至到过中国，因此他给自己加上"隋尼依"（意为中国的或中国人）的附名。后返回巴格达居住，卒于巴格达。

23. 第 1 卷，第 519 页（"贝特艾拉尼斯"条下）：

哈菲兹·本·加西姆在其《大马士革志》中说："穆罕默德·本·麦阿麦尔是居住在姑塔村落之一贝特艾拉尼斯的人。他谈起过穆罕默德·本·伊斯哈克·本·叶齐德·隋尼依。"

24. 第 2 卷，第 10 页（"吐蕃"条下）：

有关的传说是这样的：土伯尔（古代也门国王的称号）艾格兰从也门出发渡过锡尔河，征服布哈拉后来到当时还是一片荒凉之地的撒马尔罕。他兴建了这座城市，并住了下来。然后他向中国进发，走了一个月，来到一个幅员辽阔、水丰草茂的地方。他在那里修建了一座很大的城市，并让不能同他一起继续前行的 3 万部下住在此城。他给这个城市起名叫吐蕃。迪阿比勒·本·阿里·胡扎依[1] 对此颇感自豪，在一首模仿库麦伊特[2] 的诗中说：

正是他们踏进了木鹿之门，

进入中国之门[3]的也是他们。

撒马尔罕之名由他们而来，

又让那里从此有了吐蕃人。[4]

**注释:**

[1] 迪阿比勒（765—871），阿拔斯王朝著名诗人，祖籍库法。因嘲弄杰济拉艾米尔而被杀。

[2] 库麦伊特·阿萨迪（680—744），伍麦叶王朝著名诗人。精通阿拉伯人的各种语言及文学宗谱学等。著有诗集《哈希密亚特》。

[3] 中国之门，在阿拉伯史地古籍中指两个不同的地方，多指"涨海"即中国南海某处的一个海峡，有时也指陆上丝绸之路即将进入中国时的一个山门。

[4] 阿拉伯古籍中关于吐蕃为阿拉伯人所建的记载很多，毫无史实依据。他们仅因吐蕃与土伯尔发音近似，便杜撰出这样一个传说。中世纪阿拉伯大学者伊本·赫勒敦在其名著《绪论》中，曾对这一传说以及阿拉伯人的治史态度进行了明确的批驳。

25. 第 2 卷，第 52 页（"提尼斯"条下）：

埃及有个岛叫提尼斯，了解它的人说："在提尼斯，有个季节，来的鸟禽种类比任何其他地方都多，据说达 130 余种，其中有中国鸭。"

26. 第 2 卷，第 92 页（"加尔"条下）：

加尔是位于古勒祖姆海（红海）海岸的一个城市，距麦地那有一天一夜的路程。它是一个港口，来自阿比西尼亚、埃及、亚丁、中国和其他印度诸国的船只在此停靠。

27. 第 2 卷，第 378 页（"赤道"条下）：

赤道是星相家们所依之据。艾布·莱哈尼[1] 说："它始自中国和印度海南部的东方，穿过海中若干岛屿，越过大陆上的金僧祇[2]，再经过简罗（Kalah）岛，这里是位于中国与阿曼之间正中的一个港口。"

**注释：**

[1] 即比鲁尼（al-Bīrūnī，约 973—1048），著名波斯裔阿拉伯大学问家，精通数学、天文学、医学和历史学等。与伊本·西那关系密切。主要著作有：《过往世纪的剩存遗迹》和《印度志》等。

[2] 原文为：al-Zanj al-Dhahabiyah，直译作：金子的僧祇，故亦有人译作"金子国僧祇"。阿拉伯古籍中罕见此地名，常见的是僧祇。

28. 第 2 卷，第 482 页（"杜鲁拉西"比条下）：

某国王遗留的大批金银财宝和稀世珍品中有 14 箱中国瓷器和精致豪华的玻璃器皿。

29. 第 3 卷，第 124 页（"扎比吉"条下）：

扎比吉（al-Zābij）[1] 是中国边界地区海尔坎德（Harkand）海后面印度国极远之地的一个岛屿。也有人说它就是僧祇国。那里有外貌像人一样的居民，但他们的品性更接近野兽。那里还有野人（Nasnās）[2]，他们有像蝙蝠一样的翅膀。

**注释：**

[1] 此地名，《阿拉伯波斯突厥人东方文献辑注》中译者译为：阇婆格。《道里邦国志》中译者译为：三佛齐。

[2] 北大版《阿拉伯语汉语词典》注解为：独脚侏儒（童话里的独脚妖怪），矮子，侏儒。作为开罗方言意思是：长尾猴。费瑯在《阿拉伯波斯突厥人东方文献辑注》中为此词加注云："《〈印度珍异记〉述要》一书中说：'纳斯纳斯人乃人体之一半，独手独脚，跳跃前进，跑得极快。过去也门曾发现这种人，在非阿拉伯国家亦见到过。阿拉伯人驱赶这种人，并食其肉。'"（见该书中译本第 224 页）此处暂译为野人。

30. 第 3 卷，第 247 页（"撒马尔罕"条下）：

穆法加在其《也门诸王历史中的信仰救星》一书中提到：

舍米尔·本·伊非利基斯·本·艾卜莱赫继承王位后，调集了 50 万兵马进攻伊拉克。伊拉克国王叶什塔西夫知道他兵多将广，势力强大，不得不臣服于他。于是舍米尔又从伊拉克启程，一路势如破竹，向中国进发。当他的大军来到粟特时，该国军民奋起阻击，并退入撒马尔罕城死守。他下令将该城团团围住，令守城者惶恐不安。破城后他杀人无数，并将城市摧毁。因此这个地方便被叫做"舍米尔罕"，意思是舍米尔毁灭了它。阿拉伯人将此地名变为阿拉伯语时，读做了"撒马尔罕"。

舍米尔又率大军开拔，目的地是中国。但他和他的部下在途中因干渴而全军覆没，连一个能报信儿的人都没能回来。撒马尔罕自此变成一片废墟。后来土伯尔艾格兰一心要为死在中国的祖父舍米尔报仇，遂再次征调大批人马准备远征。他率兵来到伊拉克，拜赫曼·本·伊斯凡德亚尔出城投降。收取地租后，他继续向前来到撒马尔罕，发现此地荒无人烟。于是他驻扎下来，并下令重建该城，直到将它恢复到先前最好的景象。

31. 第 3 卷，第 265 页（"散达比勒"条下）：

散达比勒是中国的一个城市。在'中国'词条里已描述过它的情况 [1]。

**注释：**

[1] 此处雅古特可能记忆有误，因为专门讲"中国"的词条尚未出现，而此前内容中，并未出现有关此地的记载。散达比勒（Sandābil），有时标音为 Sandābul（散达布尔），具体位置众说不一。《伊本·白图泰游记》所述给人感觉"散达布尔"是一岛屿，或是在临海的地方（见该书中译

本第 496～498 页，马金鹏译，宁夏人民出版社，1985 年）。而《伊本·杜莱夫游记》所述又给人感觉在中国西北部，并说它是"中国京都"。

32. 第 3 卷，第 298 页（"锡兰"条下）：

锡兰是一个周长达 800 波斯里的巨大岛屿。它包括塞兰迪布。岛上有几位互不臣服的国王。它周边的海叫做舍拉希特[1]。锡兰位于印度和中国之间。岛上有很多其他地方没有的药用植物，包括肉桂、白菖蒲（zahrah）和苏木（baqqam）。据说岛上的宝石矿藏相当丰富。可能是拉米[2]部族的人给它起的这个名字。

**注释：**

[1] 舍拉希特（Shalāhit），印度洋中从东面与海尔坎德海连接的一个大海。雅古特在《地名辞典》中说，海尔坎德（Harkand）海是位于中国和印度之间的一个海。

[2] 拉米（Rāmī），雅古特在《地名辞典》中说："它是位于印度最远的舍拉希特海中的一个大岛。人们说它的周长有 800 波斯里，岛上有几位互不臣服的国王。它可能就是人称锡兰的那个岛屿，因为人们说到锡兰时也是这样描述的。"

33. 第 3 卷，第 393～394 页（"苏哈尔"条下）：

拜沙利说："苏哈尔是阿曼的首都，在中国海[1]中没有比它更宏伟的城市。它是通往中国的走廊，东方和伊拉克的仓库，也门的救援站。"

**注释：**

[1] 大多数古代阿拉伯史地载籍中提到的中国海，是指地理概念上的中国以南的海，甚至范围更大。但也有少数记载将阿拉伯海一带甚至波斯湾也称为中国海，确切根由不详。如果当年阿拉伯人将通往中国的海笼统称为中国海，或许可以证明中国作为海上丝绸之路的东方终点，在他们的心目和概念中是何等重要。

34. 第 3 卷，第 431 页（"占婆"条下）：

占婆（Sanf）是印度或中国的一个地方。那里出产可供熏香用的占婆沉香，是沉香中质量最差的一种，与一般的木头相差无几。

35. 第 3 卷，第 440 ～ 448 页（"中国"条下）：

伊本·凯勒比 [1] 在提及东方人时说："中国（al-Sīn）之所以叫作隋尼（Sīn），是因为隋尼和巴盖尔同为拜格拜尔·本·凯马德·本·雅菲思的儿子。关于巴盖尔，民间有这样一个谚语：他分不清巴盖尔（Baghar）和什盖尔（Shaghar）。隋尼和巴盖尔都在东方。"

艾布·加西姆·祖加吉说："中国称谓之由来，缘自隋尼·拜格拜尔·本·凯马德是第一个到达那里并居住下来的人。中国属于第 1 区，其由西开始的长度为 164 度 30 分（164 darajah，30 daqīqah）。"

哈济米说："萨德海依尔·安达卢西，为自己加了一个附名——隋尼依（中国的），因为他曾经去过中国。"

伊姆拉尼说："隋尼是库法的一个地方，也是亚历山大附近的一个地方。"

穆法加 [2] 在其《救星》——这是模仿伊本·杜莱德《语病》的一本书——中说："隋尼是两个地方，即上隋尼和下隋尼。位于瓦西特下方有一著名小城，名叫隋尼娅（Sīniyyeh），也叫隋尼娅哈瓦尼特（Sīniyyeh al-Hawānīt，中国店铺）。有些人的附名'隋尼依'，便是归属于此地。其中包括：哈桑·本·艾哈迈德·伊本·马汉·艾布·阿里·隋尼依，他向艾哈迈德·本·欧白德·瓦西提传述过圣训，艾布·伯克尔·海推布也听他传述过圣训，并说他是那个小城的推事和教义演说家。而伊卜拉欣·本·伊斯哈克·隋尼依，则是库法人氏，曾到中国经商，因而有此附名。"

艾布·萨德说："附名源自中国的人中有：艾布·哈桑·萨

德海依尔·本·穆罕默德·本·赛赫勒·本·萨德·安萨利·安达卢西，他为自己写上这个附名，因为他曾从马格里布出发到过中国。他是位德才兼备的教法学家而且非常富有。他听艾布·海塔布和艾布·阿卜杜拉等人传述过圣训。卒于（伊历）541年。"艾布·萨德在谈及自己的导师时提到过他。艾布·萨德还说："还有一个叫'隋尼依'的人，我只知道这是他的附名，其他一无所知。他就是侯迈德·本·穆罕默德·本·阿里·艾布·阿木鲁·谢巴尼，以侯迈德·隋尼依（中国的侯迈德）而闻名。他听希利·本·海齐迈及其同样身份的人传述过圣训，也向艾布·赛义德等人传述过圣训。"

以上是有关极远中国的一些记载，我按前人著述中所见到的照录下来。我不能保证其准确性。如果它是真实的，你便如愿以偿；如果它是虚假的，你也知道人们关于中国都说了什么。那是一个幅员辽阔的国度，我们未曾见过去过那里并深入其内地的人。商人们去过的只是其边缘地区，即位于海岸线上的地区，那里很像印度或者爪哇，输出沉香、樟脑、亚香茅、丁香、肉豆蔻、草药和中国瓷器。至于国王之国（bilād al-malik）[3]，我们没有见到一个真正见过它的人。我在一本古书里读到过关于中国的描述。艾布·杜莱夫·米萨尔·穆海勒海勒为我们写过一本书，其中讲述了他在中国和印度所见到的情况。

**注释：**

[1] 伊本·凯勒比（Ibn al-Kalbī，819 年卒），阿拉伯古代著名历史学家和谱系学家。库法人氏。主要著作有：《谱系大书》《谱系全集》《偶像书》等。

[2] 本名穆罕默德·本·艾哈迈德（932 年卒），阿拉伯古代诗人和文学家。与伊本·杜莱德长期不和，相互漫骂攻讦。他的著作《救星》是模仿这位对手的《语病》一书而作。

[3] 此处应指中国的内地或帝都。

36. 第 3 卷，第 448 页（"隋尼娅"条下）：

隋尼娅看上去好像是前面所述隋尼的一种阴性形式。与之有渊源的人，同样称为隋尼依。它是位于瓦西特下方的一个小城，出了一些学者。其中有哈桑·伊本·穆罕默德·本·马汉·隋尼依。他向艾哈迈德·本·欧白德·瓦西提传述过圣训。艾布·伯克尔·海推布也听他传述过圣训，并说他是他那个小城的推事和教义演说家。

37. 第 4 卷，第 49 页（"图斯"条下）：

米萨尔·本·穆海勒海勒说："图斯（Tūs）有四城，大小各二。城中有极其雄伟的伊斯兰建筑古迹。在一个花园里有哈伦·拉希德的墓地。该城与尼沙普尔之间有一座宏大而森严的宫殿，我从未见过如此高的墙，如此牢固的建筑。宫中有很多庭院，拱门穹顶满目皆是，道道门廊连接各处，另有不少女眷专用的私室和储藏物品的仓廪。我向人打听此事，当地百姓众口一词地告诉我，说这是某个土伯尔建造的。当年他前往中国，行至此地，觉得应该将女眷、宝物和辎重留在一个他认为安全的地方，以便轻装前进。于是他修建了这座宫殿。为此他还专门开挖了一条大河，河的故道至今可见。他将宝物、辎重和女眷安顿好之后，便向中国进发。他到了他想去的地方，回程中将存放宫内的东西带走，但仍留下一些钱财和辎重。他将其藏在宫中某些地方，绘制了藏宝秘图随身携带。年复一年，无数驼队和路人经过此地，进过宫殿，但无人知道这个秘密。直到我们这个时代，凯赫兰[1]的君主艾斯阿德·本·布·雅夫兹，发现了这个秘密并找到了宝藏。因为藏宝图已经落入他的手中。他派人挖出宝物并运回也门。"

**注释：**

[1] 雅古特在《地名辞典》中说，凯赫兰是古代也门最著名的省区之一，距萨那 24 波斯里。该地有两座奇伟的宫殿。

38. 第 4 卷，第 94 页（"伊拉克"条下）：

麦达伊尼说："伊拉克的辖区从希特 [1] 至中国、信德、印度、赖伊、呼罗珊、锡吉斯坦（又译锡斯坦）和泰伯里斯坦，再至代伊莱姆和吉巴勒。"

**注释：**

[1] 古代伊拉克一集镇，位于靠向巴格达一侧的幼发拉底河岸。

39. 第 4 卷，第 98 页（"阿拉白"条下）：

阿拉白（'Arabah），从根源上说是阿拉伯（'Arab）地区的一个名称。明白无误的是，每个居住在阿拉伯半岛并讲当地语言的人，便是阿拉伯人。希沙姆·本·穆罕默德·本·萨依布说："阿拉伯半岛被称做阿拉白。不论是古老的还是现在的，整体上的阿拉伯语是由 6 种语言构成的。而这 6 种语言全部起源于这块土地，它就是阿拉白。从未听说过阿拉伯半岛上的任何一个居民，不讲阿拉伯半岛的当地语言而被称为阿拉伯人的。难道你没有看到，以色列的后裔在希贾兹（旧译汉志）居住住过，但他们不能归属于阿拉伯人，因为他们不曾在那里讲他们先前所不讲的（阿拉伯）语言。同样，任何一个国家的人，不可称为波斯人，亦不可称为罗马人、印度人、中国人，除非他们讲居住地本土的语言。"

40. 第 4 卷，第 210 页（"古木丹"条下）：

关于古木丹 [1] 和也门诸王，迪阿比勒·本·阿里·胡扎依
有诗赞曰：

> 他们横扫千军无往而不胜，
>
> 每过一村必写下占领协定。
>
> 从中国之门转战木鹿之门，
>
> 再到印度之门和粟特名城——
>
> 诸王皆被迫签署城下之盟。

**注释：**

[1] 古木丹（Ghumdān），又译雾木丹、乌木丹、霍姆丹。萨那城郊
古宫，被称为世界上第一座摩天大楼。古代与金字塔和亚历山大灯塔齐名。
建于公元前 1 世纪，据说毁于公元 6 世纪。

41. 第 4 卷，第 352 页（"克什米尔"条下）：

米萨尔·本·穆海勒海勒，在我们于"中国"词条下提到
的那封信里说："我们离开加朱利，来到一个人称克什米尔的
非常大的城市。那里有十分牢固的城墙和堑壕。该城差不多有
中国城市散达比勒一半那么大。"

42. 第 4 卷，第 389 页（"盖勒阿"条下）：

诗人米萨尔·本·穆海勒海勒，在其中国游记里谈到自己的经历时说："然后我从中国返回，来到箇罗。从中国方向来说，它是印度国最先与之接壤的地区。（中略）它与中国城市散达比勒之间有 300 波斯里。"

43. 第 4 卷，第 478 页（"箇罗"条下）：

箇罗（Kalah）是印度海中的一个港口，在阿曼通往中国之路的半途位置，位于赤道线上。

44. 第 4 卷，第 498 页（"开义玛克"条下）：

开义玛克（Kaymāk）是中国边境上一个宽阔的省区。居民为住帐篷、逐水草而居的突厥人。

45. 第 5 卷，第 348 页（"瓦西特"条下）：

艾斯迈伊 [1] 说："哈加吉 [2] 派一些风水先生为他选一个地点兴建新城。他们为此从一个叫做椰枣泉的地方一直走到海边，转遍了伊拉克，回来后禀报说：'我们未能找到比您现在所处的位置风水更理想的地方。'其实哈加吉在选定瓦西特之前，本来看中的是凯斯凯尔的隋尼（与中国同名）。他在那里还开挖了隋尼河，并为此调集了大批劳工。听了风水先生的话后他改变了主意，在瓦西特兴建了新城。此后他还开挖了两条运河，一条取名尼罗，一条取名扎卜[3]。他之所以给后者起名'扎卜'，因为它也是自古就非常有名的河流。他使这两条运河的河岸大地重新恢复了生机。再后来他还兴建了尼罗河城。"

**注释：**

[1] 艾斯迈伊（约740—828），阿拉伯著名语言学家，文集编纂家，巴士拉语言学派著名学者。曾被哈里发哈伦·拉希德召入宫中，从事讲学与研究，并掌管宫廷图书馆，颇为受宠。著作有《马书》《骆驼书》《反义词》《艾斯迈伊诗文集》等。后世学者认为，若非他，阿拉伯人的很多诗集早已散佚。

[2] 哈加吉·本·优素福（661—714），伍麦叶王朝著名军事将领和演说家。阿拉伯历史上的铁腕人物，以残暴镇压异己著称。同时在对外征服（中亚和印度西北部）、实行新财税政策和货币改革、开凿运河发展灌溉等方面，颇有建树；在鼓励文学和科学的发展、庇护学者诗人等方面，为人所赞许。

[3] 扎卜（Zāb），此处为大扎卜（或上扎卜）与小扎卜（或下扎卜）两条河的统称。前者发源于土耳其，后者发源于伊朗，均注入底格里斯河。

46. 第 5 卷，第 381 页（"瓦格瓦格"条下）：

有一个词是"瓦格瓦盖"（al-waqwāqah），意思是犬吠。

瓦格瓦格(al-Waqwāq),说法很多,其中之一是中国上方(fawqa al-Sīn)[1] 的一个国家。神话传奇中常常提到此地。

**注释:**

[1] 中国上方,费琊认为是中国南部,符合阿拉伯人上南下北的地理概念。国内也有学者(可能根据发音)将"瓦格瓦格"考证为倭国指日本。而阿拉伯古籍中的相关记载,更多的是指向今东南亚一带的群岛。

### 47. 第 5 卷,第 397 页("赫拉特"条下):

鲁赫尼说:"该城是亚历山大所建。当年他进军东方,向中国开拔时路经此地。他有个惯例,即每到一国,便责使当地居民修建一座御敌之城,由他本人来规划设计。当他被告知赫拉特人难以驾驭、很少听从外人命令时,他要了个花招。他下令让他们修建城市,打好地基,而且给他们设计了城市的长度和宽度,以及城墙的厚度、城楼和城门的数量,然后答应他们在他从中国回来之后,给予他们工钱和补偿。然而,当他从中国回来后,他对人们所建之城吹毛求疵,百般挑剔,显出十分不满的样子,并说:'谁让你们建成这个样子!'结果他什么也没有支付。"

**48. 第 5 卷，第 399 页（"海尔坎德"条下）：**

海尔坎德是印度与中国之间的一个海。海中有塞兰迪布岛。一些人说，此岛位于印度半岛的末端。

# 《文学家辞典》

## ( Mu'jam al-'Udabā' )

**作家与作品简介：**

　　作者雅古特。《文学家辞典》（又译《文豪列传》），最初的书名为《机智者的指引》（'Irshād al-'Arīb），后以现书名闻名于世。该书为雅古特所编著的、与《地名辞典》齐名的又一部扛鼎之作，在阿拉伯古代文学史上具有十分重要的意义，被认为是阿拉伯第一部有关文学家传记的辞典，在后人相关著述中引用率极高。作者收录了 7 至 13 世纪初约 1100 位阿拉伯文学家的传略和主要作品介绍，引有大量第一手史料，是研究阿拉伯文学史和人物传记的宝贵资料和最重要的参考书之一。原作 18 卷，约合中文 350 万字。

译文所据版本为黎巴嫩思想印书局 1980 年第 3 版。

1. 第 5 卷，第 166 页（"艾哈迈德·本·优素福"条下）：

一大早他们来到艾哈迈德·本·优素福的宅院，他已完全做好了准备。阿卜杜拉的儿子见到眼前精美的靠枕、坐垫、围屏以及男女仆人，大为惊奇。艾哈迈德摆了 300 张餐桌，300 名女仆各就其位，每张桌子上的各式金银盘碟和中国瓷碗（Mathārid al-Sīn）里有多种菜肴。

2. 第 15 卷，第 90 页（"阿里·本·麦赫迪"条下）：

苏里说，阿卜杜拉·本·穆阿泰兹给阿里·本·麦赫迪 [1] 写道：

假如一个人身在遥远的中国，

那飞禽也难到其最近的居所。

绝望彻底抹去每一次的念向，

难以想象心还有灵感的触摸。

苏里说，阿里·本·麦赫迪回信对道：

即便说中国是我最近的居所，

我也是那无法出席的缺席者。

我对你们的赞扬和真诚情谊,

会将及时雨最初的几滴催落。

**注释:**

[1] 阿里·本·麦赫迪,附名基斯莱威·伊斯法罕尼,生卒年月不详,本书作者雅古特提到他在伊历283年被任命为伊斯法罕行政长官。雅古特说他是圣训传述家、文学家和学者,此外还特别提到他是一位非常风趣的诗人,尤擅对句联句,经常将对方诗句中的经典词语引入自家诗句中,并赋予其新的旨意,使诗句更添情趣。


3. 第15卷,第122~124页("阿里·本·希拉勒"条下):

阿里·本·希拉勒 [1] 说:

当年我在设拉子(Shīrāz)的时候,可以到拜哈·道莱 [2] 的书库内随心所欲地翻看各种书籍。有一天,我看见有一堆书散乱地放在那里,仔细翻过,原来是一套30卷的、由艾布·阿里·本·穆格莱亲笔抄写的《古兰经》。我感到非常惊奇,便单独拿出来一卷一卷地翻阅,最后发现只有29卷。我又费了很大功夫在书库里找来找去,最终也没能找到缺失的那一卷。于是我知道这部《古兰经》并非全本。我带着它去见拜哈·道莱,对他说:

"主公,现在有个人想求大臣艾布·阿里·穆法格帮忙,解决他和一个仇人之间的争端。他送来一件非常珍贵的礼物，我看它最适合归您所有。"

"这是件什么东西？"

"一部艾布·阿里亲笔抄写的《古兰经》。"

"那你得给我拿来，他怎么能在我之前得到它呢。"

我把书递上去，他拿起一卷看了看说：

"我记得书库里有一套这样的书，后来找不着了。"

"这本来就是您的《古兰经》。"我说，"但艾布·阿里誊写的《古兰经》怎么能就这样残缺不全地随便乱放呢。"

"那你就给我把它补全了。"他说。

"遵命。可我有个条件，就是如果您到时看不出哪卷是修补过的，您得赏我一身官袍和100金币。"

"好吧，我答应你。"

于是我从他面前将书拿回到自己的住处。之后我把书库里留存的、与那部《古兰经》所用纸张相似的老纸翻了一个遍，其中有各种撒马尔罕麻纸和中国麻纸（al-Kāghid al- Samarqandī wa al-Sīnī）[3]。这些老纸都十分别致、奇特。我挑了一些自己认为合适的纸，抄写了一卷，描上金，再把描过的金做旧，然后从其他每一卷上割下一小块皮子，再把这些皮子粘缝在一起做成封面，最后把封面也做得像旧的一样。拜哈·道莱把此事忘在脑后约莫有一年时间，直到有一天又提到艾布·阿里时，他才问我：

"那书你抄好了没有？"

"早已抄好。"我回答。

"那你还不给我拿来。"

我把全套《古兰经》给他拿来，他一卷接一卷地仔细翻检，看我抄写的那一卷时并没有停下来。之后他问我：

"哪卷是你亲笔抄写的？"

"您过目之后如果看不出来，这就是一部由艾布·阿里亲笔抄写的全套《古兰经》了。我们保守这个秘密怎么样？"我问他。

"我看可以。"他答道。

过后他把它放在睡觉时离头很近的地方，没有再放回书库。我要求赏我官袍和金币，他一直拖延着，说给又没给。有一天我对他说：

"主公，书库里有一些放了很久的'中国白'（纸）[4]，还能用。您就赏一些给我，算顶了官袍和金币吧。"

"那好，你自己拿去吧。"

于是我将书库里的所有这种纸全都拿走，一直用了好几年。

## 注释：

[1] 阿里·本·希拉勒，号艾布·哈桑，卒于 1022 年。阿拉伯古代著名书法家，技艺超绝的"描金"大师。本段文字中提到的艾布·阿里·穆法格则是阿拉伯历史上数一数二的大书法家。

[2] 拜哈·道莱（Bahā' al-Dawlah，意为国家的光辉，卒于 1002 年），布韦希王朝（945—1055）素丹。布韦希人属于伊朗高原北部山区戴伊莱姆部族，又称"山居人"。他们崛起后建立了自己的王朝，成为当时阿拔斯王朝的真正主宰，开始了波斯人第二次当权的时代，使阿拉伯帝国出现了"国中之国"的局面。

[3] 此处提到的撒马尔罕麻纸，实际上是用中国唐代造纸技术制成的。751 年怛逻斯战役后，在撒马尔罕出现了由中国人指导的造纸厂，造出的纸开始可能还叫作"中国麻纸"，而后由于规模扩大、质量提高，名气也越来越大，本文中"撒马尔罕麻纸"虽与"中国麻纸"并列但已排名在前，随着时间的推移，"撒马尔罕麻纸"反倒成为享誉世界的"名牌"。以致"869 年朱海斯（Juhith）说：'西方有埃及莎草片，东方有撒马尔罕纸'"。（见《中国造纸史话》第 108 页，潘吉星著，山东教育出版社，1991 年版）

[4] "中国白"（Bayād Sīnī），当是一种产自中国的高级用纸。阿语 Bayād，意为：白，白色，素白，洁白。根据上下文，此处除"白纸"外，似无其他解释。本段记述告诉我们，"中国白"为阿拉伯王室所藏的"御用纸"，且叙述者要用其顶替"官袍和金币"，其珍贵程度不言而喻。阿拉伯古籍中出现"中国白"特指一种中国的纸，截至目前只见此一次。

4. 第 18 卷，第 42 页（"穆罕默德·本·杰里尔·泰伯里"条下）：

据说穆罕默德·本·杰里尔[1]在伊拉克住了 40 年，每天写 40 张纸。教法学家艾布·哈米德·伊斯法拉伊尼说过："倘若一个人到中国去寻找穆罕默德·本·杰里尔的《古兰经》经注，其所获也不会很多。"

**注释：**

[1] 即古代阿拉伯最著名历史学家之一、《历代民族与帝王史》作者泰伯里（838—923）。

# 《阿拉伯语大辞典》

## （Lisān al-'Arab）

**作者与作品简介：**

伊本·曼祖尔（Ibn Manzūr，1232—1311），阿拉伯著名语言学家和文学家，出生于埃及，曾在的黎波里做过法官。

本辞典名称也有译为《阿拉伯人之舌》的，是公认最大最全的阿拉伯语辞典。原作分为 20 卷，约合中文 2000 万字。原作与其前后时代其他著名阿拉伯辞书一样，是从每个词的最后一个字母向前查，当年这种编法，主要是从查找诗歌韵脚韵律考虑的——古代阿拉伯诗歌创作之兴盛，由此可见一斑。近现代，人们从实用的角度出发，将《阿拉伯语大辞典》这部超大型语言工具书，按照通行体例重新编排，使其恢复了生命力，成为阿语学习与研究者的最重要的参考书之一。

译文所据版本为贝鲁特萨迪尔书局 1997 年版 7 卷本。

1. 第 5 卷，第 95 页：

中国：

中国是众所周知的一个国家。萨瓦尼（al-sawānī，隋尼娅的复数）：出自该国的瓷器。肉桂或桂皮出自该国。隋奈依尼[1]：一种众所周知的草药。

**注释：**

[1] 隋奈依尼（al-sinayni）：隋尼的一种双数形式，原意为两个隋尼。19 世纪阿拉伯大学问家阿卜杜拉·布斯塔尼所编语言词典《花园》中，隋奈依尼被解释为一种飞禽。

# 《辞洋》

## (al-Qāmūs al-Muhīt)

### 作者与作品简介：

编纂者菲鲁扎巴迪（al-Fīrūzābādī，1329—1414），波斯著名语言学家、辞典编纂家。通晓经训、教法、阿拉伯语言学、修辞学、语法学和文学。一度担任也门地区首席教法官。曾游历西亚和埃及，进行学术访问。据说游学期间，书不离身，十几驮书一直伴随着他。其著作达 40 余种，最有名的是《阿拉伯语辞典》，约 60 卷，惜原书已佚。

《辞洋》为中世纪后期最重要的阿拉伯语辞书之一。约合中文 400 万字。在当时这是一部既简洁实用又无所不包的语言工具书。辞典问世后，注家蜂起，影响深远。

译文所据版本为贝鲁特学术书籍出版社 1995 年版 4 卷本。

1. 第 4 卷，第 238 页：

隋尼：位于库法的一个地方，位于亚历山大的一个地方，凯斯凯尔有两个地方叫此名。东方的一个王国，出产瓷器。隋尼娅：伊拉克瓦西特城下方的一个城镇。

# 《辞典珍宝中的新娘花冠》

(Tāj al-'Arūs Min Jawāhir al-Qāmūs)

**作者与作品简介：**

编纂者穆尔台达·扎比迪（al-Murtadā al-Zabīdī，1732—1790），阿拉伯著名语言学家，圣训学家。祖籍也门，生活于埃及。著述颇丰。本辞典中国也有人简译为《新娘王冠》，为最著名的阿拉伯语辞典之一。特点为集前人辞书之大成，以《阿拉伯语大辞典》为基础，对《辞洋》作出更为详尽的释解。全书约合中文 2000 余万字。

译文所据版本为贝鲁特生活书店 10 卷本，出版年月不详。

1. 第 9 卷，第 262 页：

隋尼：

库法的一个地方，还有亚历山大的一个地方和凯斯凯尔的两个地方。

同样，它是位于世界南部的一个东方王国。这是个很有名的国家，幅员辽阔，物华天宝，有大量的水果和农作物以及金银财宝。有一条以生命之门也就是生命之水而闻名的大河从国中穿流而过。它也叫做财富河[1]。它从这个国家的中部起，流6个月的时间才到了隋尼隋尼（通指今广州一带），也就是隋尼卡兰。它像埃及的尼罗河一样，两岸到处是村落和农庄。

这个国家出产瓷器。它是用那里山上的土制成的。它被像煤一样置于火中，再放置一些人们自己专用的石头，烧制三天之后向上洒水，使其变得像土坯一样。然后人们将它闷盖一些时日。上品要闷一个月，次之的15天，但最少不能少于10天。接下来这些瓷器便从这个国家运往其他国家和地区了。

荜拔[2]、肉桂和中国鸡[3]出自那里。

中国的君主是成吉思汗的后裔[4]。中国每个城市里都有穆斯林的社区，他们单独生活在一起，有自己的小清真寺、学校和大清真寺。他们受到当地官员的尊重。

中国出产丝绸。他们在搞喜庆活动时使用金银器皿。他们交易时使用纸币。中国人是各民族中最精于工艺和绘画的。有句关于人的三个身体部位的名言：希腊人的头脑，阿拉伯人的舌头，中国人的手。

圣训中说："你们去求知吧，哪怕知识远在中国。"

隋尼娅是伊拉克瓦西特下方的一个集镇，也以隋尼娅哈瓦尼特(中国店铺)而闻名。艾布·阿里·哈桑·本·艾哈迈德·本·马汉·隋尼依，是那里的推事和教义演说家。

**注释：**

[1] 有关财富河（Nahr al-Yusr），中外学者说法不一，认为是长江、黄河、珠江、西江（珠江主流水系）的皆有之。

[2] 荜拨（al-kabābah al-sīniyyah），多年生藤本植物，叶卵状心形，花小，雌雄花序，浆果卵形。中医用干燥果穗入药。

[3]《伊本·白图泰游记》中说中国鸡像鸵鸟一样大。

[4] 这部辞典此段内容，绝大部分抄录自《伊本·白图泰游记》。伊本·白图泰来华是在元朝，中国君主自然是成吉思汗的后裔。生活在18世纪的本辞典编纂者照抄不误且不注明资料来源，难免引起误解。

第二章

纪事本末体史籍中的中国

# 《各地的征服》

## （Futūh al-Buldān）

**作者与作品简介：**

　　作者拜拉祖里（al-Balādhurī，约820—892），又译白拉左里、贝勒祖里。全名艾哈迈德·本·叶海亚·本·贾比尔·拜拉祖里。祖籍波斯，生于巴格达，为阿拔斯王朝哈里发家族穆尔塔兹之子。自幼受正规宗教和文化教育，精通教义学、历史学、地理学和文学。他与两位哈里发过从甚密，并结识了许多学者，曾在巴格达和叙利亚等地投师访学，并从事伊斯兰教军事史的研究和著述。除本书外其最为知名的著作是《贵族谱系》。拜拉祖里的每部著作都被认为是研究早期伊斯兰教史的珍贵资料。

　　拜拉祖里作为作者的附名有些来历，也可以说这是他的外号。拜拉祖尔（al-Balādhur）是一种植物的名称。本书校勘者认为，这种植物只在印度生长，其果核中含有去除体内杂质和强身健脑的物质，可以直接食用，也可以做成饮料，并说中国人很早就会从中提炼出一种油脂。马祖巴尼（909—994）说："拜拉祖里晚年患有偏狂症，是由于他饮用拜拉祖尔把脑子搞坏了。"而穆罕默德·本·伊斯哈克·纳迪姆则说："他不知底细地大量饮用拜拉祖尔，引起不良后果，最终因此死去。所以他被人们叫作拜拉祖里。"

《各地的征服》是拜拉祖里的代表作，记述了四大哈里发和伍麦叶王朝时期阿拉伯人征服各地的军事活动，对第一任哈里发艾布·伯克尔命令穆斯林军队出征叙利亚情况的记述尤其详尽，并对哈里发国家早期的社会、经济和文化均有涉及，尤其是关于税收政策的研究和印鉴、货币方面的记载在同类著作中极为少见。书中还简述了各省的历史。由于此书成书较早，记述具有一定权威性，因而受到后世史家和学者的高度重视。

译文所据版本为黎巴嫩知识出版机构 1987 年版。

1. 第 407 页（"伊拉克的瓦西特"条下）：

一位瓦西特的教长对我说，他听他们那里的教长说，哈加吉把瓦西特的事情办妥后，给阿卜杜·麦立克·本·麦尔旺[1]去信说："我在两城[2]与凯比尔山之间、一块肚子状的土地上建起了一座城市。我给它起名叫瓦西特[3]，所以瓦西特的居民也被叫作大肚子。"哈加吉在瓦西特建城之前，本想在凯斯凯尔的隋尼（与中国同名）建城。他开挖了隋尼河，并为此调集大批劳工，还下令对他们严加管制，以免出现任何差池。后来他改变主意，在瓦西特建了新城。

**注释：**

[1] 阿卜杜·麦立克·本·麦尔旺（646—705），伍麦叶王朝第五任哈里发。在位期间正值该王朝强盛时期。他健全国家行政制度，加强中央集权，大力发展通信邮政局（兼情报机构）。下令实行文字和货币的统一，确立阿拉伯语为官方通用语言，建立国家铸币局，铸造统一规格和价值的金币（第纳尔）和银币（迪拉姆）。

[2] 两城指巴士拉和库法。

[3] 瓦西特（Wāsit），原意为"在……之间的"。该城的命名是因为它位于巴士拉和库法两城之间，也位于幼发拉底和底格里斯两河之间，因此我国也有学者将瓦西特译为"河间府"。

2. 第 470 页（"久尔疆和泰伯里斯坦及周边地区"条下）：

阿里·本·穆罕默德·麦达依尼[1]对我说，叶齐德·本·穆海莱布[2]在呼罗珊过了一个冬天，然后进攻久尔疆[3]。当时那里有一道砖砌的长墙，用以防备突厥人的攻击，墙的一头一直延伸到海里。叶齐德说："应当惩治古太白，他竟然把阿拉伯人的囊中之物拱手让人，而想去攻打中国，或者照他所说已经攻入中国。"

**注释：**

[1] 麦达依尼（al-Madā'inī，752—839），中世纪阿拉伯著名历史学家和文学家。生于巴士拉，长期居住在麦达茵（al-Madā'in，即泰西封），故得此附名，后移居巴格达。著述颇丰，多是关于先知传记、哈里发历史和伊斯兰教早期征服史方面的著作。

[2] 叶齐德·本·穆海莱布（Yezīd Ben al-Muhallab，674 — 721），伍麦叶王朝著名人物，其父为该王朝重要军事将领、呼罗珊总督。父亲战死后，继任父职。曾攻占泰伯里斯坦。后因企图自立为哈里发而被杀。

[3] 久尔疆（Jurjān），今伊朗境内戈尔甘一带。

3. 第 477 页（"征服底格里斯河地区"条下）：

人们说，欧特白·本·盖兹旺攻打了乌布莱，经过一场激战将其占领。他给欧麦尔写信告之说："乌布莱是通往巴林、阿曼、印度和中国的港口。"

4. 第 599 页（"呼罗珊"条下）：

欧麦尔·本·阿卜杜·阿齐兹[1]继任哈里发时，致函河外地区诸王，呼吁他们皈依伊斯兰教。其中一些国王听从了。当时欧麦尔派驻呼罗珊的总督是杰拉赫·本·阿卜杜拉·哈凯米。后者将叶齐德和他的儿子抓住并监禁起来。杰拉赫委派阿卜杜拉·本·穆阿麦尔·叶什库里前往河外地区。后者深入敌人腹地，并试图进入中国。

**注释：**

[1] 指欧麦尔二世（681—720），伍麦叶王朝第八任哈里发（717—720 在位）。因公正廉洁，广施仁政，在政治和宗教上实行宽容政策，被称为该王朝最开明的哈里发。病逝于大马士革，年仅 38 岁。

# 《亚古比历史》

## （Tārīkh al-Yaʿqūbī）

**作者与作品简介：**

　　作者亚古比，原名艾哈迈德·本·瓦迪哈（'Ahmad Ben Wādih，卒于 897 年），以附名亚古比（al-Yaʿqūbī）著称于世。出身于阿拔斯王朝哈里发王室家族。阿拉伯著名历史学家和地理学家。曾长期生活在亚美尼亚和呼罗珊地区，并前往中亚、印度、西亚和北非等地游历，沿途考察记载山川道路、大城小镇和当地风土人情，终于用阿拉伯语著成《列国志》（Kitāb al-Buldān）一书，名扬天下。该书被认为是阿拉伯地理学的开山之作，倍受后世学者重视。作者本人也被认为是阿拉伯历史上第一位地理学家。

作为历史学家，他的杰作是《历史》，即后人所称《亚古比历史》一书。全书 2 卷，约中文 60 万字。此书有时也被称作《阿拔斯人史》，但毫无疑问它是一部通史性著作。该书属纪事本末体，语言简洁精练。值得一提的是，这部著作问世后，在相当长的时间里都没有什么名气。该书没有任何有关作者传记的介绍，也没有前言后记，且书中常有掉页漏字现象，致使有些字句读者只能自己揣摩。1860 年该书首次在莱顿刊印后，引起学者们极大关注，认为其重要性在于这是一位什叶派人士撰写的最早的历史著作，且作者使用了大量第一手材料。

译文所据版本为贝鲁特萨迪尔书局 1992 年版 2 卷本。

1. 第 1 卷，第 20 页（"法里厄·本·阿比尔"条下）：

他对他们说："一块大地是容纳不下你们讲这么多种语言的人的。"他们便说："那您就将大地给我们分割了吧。"于是他便分给雅菲思·本·努哈的儿子：中国、印度、信德、海宰尔、保加尔（al-Bulghar）、戴依莱姆和呼罗珊一带。

2. 第 1 卷，第 85 页（"印度诸王"条下）：

第 7 区是中国，其西部是雅朱者和马朱者，东部是海，然后是印度，然后是克什米尔，然后是呼罗珊，然后是巴勒赫河。

3. 第 1 卷，第 180 ～ 184 页（"中国诸王"条下）：

中国诸王。

以下的记述出自这些人：传述者和学者，以及到过中国并在那里居住了很长时期，以至明白他们的事情、读过他们的书、了解他们先人的记述、在书中见过关于他们的记载、听说过关于他们的传闻、看到他们城门上和崇拜偶像的庙宇中所写的东西和石头上所刻的金字的人。他们说：

第 1 个统治中国的人是萨因·本·巴欧尔·本·叶尔吉·本·阿木尔·本·雅菲思·本·努哈·本·莱麦克。他和他的儿子与家人上船渡海，来到一处他认为非常好的地方，便居住下来。于是此地因他的名字萨因（Sāyin）而得名隋尼（Sīn，中国）。他们在这里生息繁衍，人丁遂兴旺起来。他的子嗣信奉他的民族的宗教。他为王的时间达 300 年。

他的儿子中有个叫阿隆（'Arūn）的，正是他建造了屋宇，掌握了工艺，并修建了一座描金的供堂。然后他制作了一幅父亲的画像，将它置放在供堂中央，每次进来都毕恭毕敬地在父亲的画像前跪拜。当年萨因还有一个名字，用阿拉伯语解释，意思是天子（'Ibn al-Samā'）。所以自那时起，中国就开始崇拜偶像。阿隆做了140年的王。

接下来继位的是阿依尔（'Ayr），正是他纵横中国，兴建了很多大的城市，用朱紫蓝（al-Juzlān）[1]和铜建造了镏金的穹顶。他用镶嵌珠宝、铅和亮铜的金子，制作了父亲的像。于是他王国中所有人都在自己的城郡中，用同样材质造了他父亲的像。他们说："黎民百姓理应为替天行道的国王造像。"阿依尔的统治维持了130年。

然后是阿依南（'Aynān），正是他使自己王国的人们遭受苦难、受尽折磨。他把他们放逐到一些海岛上去。他们将那些岛屿改造成可以生长果实的地方，以便用它充饥。在那里他们发现了很多野兽，并与这些野兽友好地生活在一起。由于他们与野兽交媾，也可能是野兽与他们的女人交媾，所以他们的容貌开始变得丑陋。年复一年，一个世纪一个世纪就这样过去，他们丧失了自己先前的语言，讲的话谁也听不懂了。于是在这些可以穿过它们前往中国大地的海岛上，出现了很多民族，势力也逐渐大起来。阿依南还有一个名字，用阿拉伯语解释就是：恶人。

再往后是海拉巴特（Kharābāt），他继位时年纪很轻，随着年龄的增长经验也丰富起来，遂成为治理国家的明君。他派遣使团前往巴比伦，并同与之毗邻的罗马国建立了联系，了解了当地的学理和工艺。他们也把中国的工艺带到那些地方，比如丝绸制衣工艺等。他们也从那些国家带回机具等东西。他命令他带回巴比伦和罗马的所有工艺和有意思的物品，同时让他们了解当地民族的宗教律法。这是中国的物产第一次进入伊拉克和与之相邻的地区。后来伊拉克等地的商人们渡过中国海从事贸易，因为国王们对来自中国的物产特别感兴趣。他们造了船，通过它进行贸易。这是商人们第一次进入中国。海拉巴特当了60年的国王。

再接下来是突塔勒（Tūtāl）。中国人说，他们在城门上写着：如此明君，前所未有。他们对他满意的程度是空前的。正是他为他们制定了宗教、行止、工艺、律法、条令等每一方面的规矩。他在位78年，死后人们哭泣了很长时间。他们把他的遗体放在一张金床上，再把金床放在一辆银车上，然后在他身边熏起沉香、龙涎香和檀香等各种香料，最后点上火，将他置入火中。皇亲国戚为了悼念他或是表示对他的忠诚，纷纷自己投入火中。后来这成了他们的一条律法。他们把他的头像铸在他们的金币（Dīnār）上，他们称金币为"孔"（al-Kūnh）。

他们家家户户的门上都有他的头像。

中国是个幅员辽阔的国度。凡是想到中国去的人必须要过7个海。每个海的颜色和鱼类以及大风和小风都与相邻的海截然不同。

第1海是波斯（Fāris）海，人们从那里的西拉夫（Sīrāf，旧译尸罗夫）上船，它的尽头是朱木哈角（Ra's al-Jumhah）[2]，那里是潜水采珍珠的地点。

第2海从朱木哈角开始，叫作拉尔威（Lārwī，一译啰啰海），它是个非常大的海，其中有瓦格瓦格（al-Waqwāq）人和僧祇人居住的群岛。这些岛屿上都有国王。在这个海上，只能根据星座位置航行。海中有巨大的鱼，以及各种各样的奇珍异宝，那里的事情简直无法描述。

第3海被称作海尔坎德（一译哈尔干），其中有塞兰迪布岛（旧译细轮叠）。此海盛产各种宝石特别是一种透明的硬宝石。各岛均有小王，归一个大王统辖。这个海的岛屿上还生长藤本植物和白茅一类的植物。

第4海被叫作开莱哈巴尔（一译箇罗海），是个水很少的海。海中有巨蟒，它可能是乘风而来的，常将过往船只打断。此海中有些岛屿生长着樟树。

第 5 海人称赛拉希特（Salāhit）[3]，是一个非常大的海，有很多奇珍异宝。

第 6 海人称开尔丹吉（Kardanj）[4]，是个多雨的海。

第 7 海人称桑吉海（Sanjī）[5]，也有人称作坎吉利（Kanjlī）。这是中国海。只有刮南风时船只才能航行，一直到达淡海[6]，两岸有兵营和其他建筑，最终到达汉府（Khānfū，通指广州）。

**注释：**

[1] 朱紫蓝（al-Juzlān），确义不详。北大版《阿拉伯语汉语词典》注释为："（埃及方言）钱袋，钱包。"也许指铜钱。

[2] 朱木哈角（Ra's al-Jumhah），在其他一些阿拉伯古籍中有时也写作骷髅角（Ra's al-Jumjumah）。据阿拉伯学者考证，此地即为今阿联酋境内的哈伊马角。

[3] 赛拉希特（Salāhit），在雅古特《地名辞典》中也写作舍拉希特（Shalāhit），有中国学者考译为：石矴海。

[4] 开尔丹吉（Kardanj），中国学者考译为：军突弄海。

[5] 桑吉海（Sanjī），中国学者考译为：涨海。

[6] 淡海（Bahr 'Adhb），直译为甜海。此处似指河口一带。阿拉伯人所说的"甜水"，即为我们所说的区别于海水的淡水。

4. 第 1 卷，第 196 页（"也门诸王"条下）：

然后也门的土伯尔艾格兰·本·舍米尔·本·阿米德继位，他征服了印度，并企图攻打中国。他在位 163 年。

5. 第 2 卷，第 289 页（"瓦利德·本·阿卜杜·麦立克时代"条下）：

加西姆征服了戴布勒[1] 这个他们的最大城市后，各国的人纷纷臣服于他。他从这里前往奈伊隆人（al-Nayrūn）地区，与他们讲和。他给哈加吉写信要求继续前进。后者回信说："前进吧，在你征服的地方你就是统帅。"接着哈加吉又给呼罗珊总督古太白去信说："你们二人谁先到中国谁就是那里的总督。"

**注释：**

[1] 戴布勒（al-Daybul），雅古特在《地名辞典》中说："该地是印度海沿岸著名城市，也是一个港口。"

# 《黄金草原与珠玑宝藏》

## (Murūj al-Dhahab Wa Ma'ādin al-Jawhar)

**作者与作品简介：**

　　作者麦斯欧迪（al-Mas'ūdī，956年卒），旧译麻素提，本名阿里·本·侯赛因，号艾布·哈桑。中世纪阿拉伯最著名的历史学家和旅行家之一。生于巴格达。自青年时期起开始游历求学，通晓波斯、希腊、罗马、古叙利亚等语言。先在阿拉伯半岛和波斯等地游学，912年起，周游中亚、印度和锡兰等地，并到过桑给巴尔等东非国家。关于他是否到过中国内陆或中国沿海地区，后世学者有争议。后返回巴勒斯坦，最后在埃及定居，潜心于研究和著述，卒于开罗。他通过对各地历史、地理、宗教、风土人情的考察，结合前人留下的史料，写出30余部十分重要的著作，为后人留下了珍贵的文献资料。他"不囿于一派之见，不袒护一家之言"的客观公允的治史原则，使其成为阿拉伯史学家的楷模。他是哈里发帝国采用纪事本末体编撰历史的开先河者，被后世欧洲史学家称为"阿拉伯的希罗多德"。所著内容以历史为主，兼及天文、地理和伊斯兰教教义、教法、教派和道德修养等诸多方面。主要著作有：《提醒与监督》、《时光记述》（历史巨著，30 卷，仅第 1 卷抄本存世）、《前人留下的知识财宝》和《生活的秘密》等。

《黄金草原与珠玑宝藏》是其代表作，约成书于 948 年，一般简称为《黄金草原》（又译《金草原》《金牧场》等）。后世阿拉伯人也经常习惯性地将此书称作《麦斯欧迪历史》。作者主要依据自己游历亚非各国 40 年间所记录的第一手资料，写就这部堪称 10 世纪最重要的伊斯兰教百科全书式的历史地理著作。后世学者普遍认为该书是一部不朽的历史名著，为了解和研究世界通史提供了丰富的资料，因而广受赞誉。同时该书也被质疑存在抄袭现象，比如部分关于中国的记述与《中国印度见闻录》（一译《苏莱曼东游记》）中的内容雷同。这引起后世学者特别是西方学者的注意乃至批评，他们指责麦斯欧迪引录前人记述不注明出处。中国学者一般愿意相信这位阿拉伯大学者和大旅行家到过中国内陆或至少到过中国沿海一带，至于雷同之说，则有日本著名学者桑原骘藏博士的一个论点为其开脱，即认为麦斯欧迪与《中国印度见闻录》的作者见过面，相互间进行过切磋或曰"交换情报"。

译文所据版本为贝鲁特时代书局 1988 年版 4 卷本。

### 1. 第 1 卷，第 20 页（目录中）：

关于中国以及阿穆尔（'Āmūr）苗裔离散的记载，关于中国及其国王们的传记和治国方略的记闻。[1]

**注释：**

[1] 作者在正文开始前有一段类似"前言"的文字，其中作者将自己要记述的情况和事件按前后顺序编排目录，从创世到作者完成此书年代即 948 年，共计 130 章。目录中提及中国仅 1 次，排在第 13 章。

### 2. 第 1 卷，第 80 页（关于印度的记述）：

巴赫布德（Bāhbūd）之后扎曼（Zāmān）继承王位，后者在位约 150 年。关于扎曼的传记记载和他与波斯、中国诸王作战的传闻记述很多，我们在以前的一些书中曾经讲到过。

3. 第 1 卷，第 82 页（同上）：

印度的疆域不论在陆地、海洋、山区都非常辽阔，一直延伸至扎比吉 [1]。那里是岛国之王麦赫拉吉 [2] 的国都。这个王国将印度和中国分开。

**注释：**

[1] 扎比吉（al-Zābij），我国学者考译为：三佛齐或阇婆格。有外国学者认为此处"扎比吉"为抄误，应作"莱奈吉（al-Ranaj）"，后者指印度和中国之间的地区。

[2] 麦赫拉吉（al-Mahrāj），伊本·胡尔达兹比赫在《道里邦国志》中说："东海（东印度洋）诸岛的君主叫麦赫拉吉。"（见该书中译本第 17 页，宋岘译，中华书局 2001 年版。）此词在阿拉伯古籍中有时也用作地名。

4. 第 1 卷，第 86 页（关于大地海洋等的记述）：

学者们将大地分为东、西、北、南 4 个方向，并将它分为两类：有人居住和无人居住的、开化的和未开化的。他们说大地是圆的，其中心在天体中央，四周皆为环绕的空气，在星座天体间只是一个小点。他们认为大地开化地区从西乌基亚努斯海 [1] 中由 6 个开化部分组成的永恒群岛 [2] 开始，直到中国开化地区极远之地。他们认为两者间的距离为 12 度 [3]。他们知道太阳如果在中国极远之地落下，便会在上述那个位于西乌基亚努斯海中开化的群岛升起，反之亦然。他们认为这是大地圆周的一半，也是开化地区的总长度，即他们提到的已经计算出的 13500 古里（Mīl）。这个数字是他们根据他们测算出的大地面积而得出的。然后他们研究了大地的宽度，发现开化地区自赤道向北至位于布里塔尼亚[4] 的图利岛[5] 结束，那里最长的白昼达 20 小时。他们还提到，大地赤道东西分界线是在印度与南方阿比西尼亚之间的一个岛屿上，南北之间的分界线是永恒群岛与中国开化地区最远端之间的正中位置。那里是我们前面已经提及的、已知大地的穹顶。

**注释：**

[1] 西乌基亚努斯海（Bahr 'Ūqiyānūs al-Gharbī），指今天的大西洋。

[2] 永恒群岛（al-Jazā'ir al-Khālidāt），古代阿拉伯人对今加那利群岛（亦称绿色群岛）的称谓。也有其他文字的中译者译为福琼群岛。古希腊和阿拉伯地理学家以该地作为计算地球"度"的起点。

[3] 此处"度"的原文为：Sā'ah，现代阿语中一般译为"小时"。

[4] 布里塔尼亚（Buritāniyah），与我们今天译作"不列颠"的原文基本相同。

[5] 图利岛（Jazīrah Tūlī），雅古特在《地名辞典》中未提到这个岛屿，但在"图利亚"（Tūliyah）条下说："它是一个其部分面积在北极（al-Qutb al-Shimālī）之内的大湖，附近有一叫图利亚的城市，该城之后再无人烟。"麦斯欧迪提到的图利岛与雅古特所说的图利亚之间可能有关系，因为两个地方都是在大地的最北端。

5. 第 1 卷，第 87 页（同上）：

第 7 区是戴布勒[1]和中国，其星座为天秤，在 7 星中的标志为太阳。

**注释：**

[1] 戴布勒（al-Daybul），古代印度河上一重要港口，位于今巴基斯坦境内。712 年曾被阿拉伯大将穆罕默德·本·加西姆占领，后被一次大洪水所冲毁。

6. 第 1 卷，第 102 页（关于海的移动和大河的记述）：

坚杰斯河[1]同样是印度的一条大河，河水来自印度极远之地的一座山，源头在九姓乌古斯方向的中国。

**注释：**

[1] 坚杰斯（Janjas）河，即恒河。现代阿语作 al-Ghānj，英语作 Ganges。

7. 第 1 卷，第 103 页（同上）：

原先幼发拉底河有 100 多波斯里长的支流流向希拉国，这条河的河道现在仍清晰可见，被叫作"阿提格"（al-'Atīq，意为：老河）。当年穆斯林与鲁斯图姆[1]正是在这里展开激战，也就是卡迪西亚战役。幼发拉底河注入阿比西尼亚海[2]，当时这个海在如今叫作纳贾夫的位置。早年中国和印度的船舶就是先来到这里，然后商人们再去见希拉国王。我们讲的这些，艾布·伯克尔·本·艾布·盖哈法时代的阿卜杜麦西赫·本·阿穆鲁·本·拜基莱·盖萨尼，在与哈立德·本·沃利德交谈时也提到过。当被问到"你记起了什么？"时，他说："我想起了这些城堡后面的中国船舶。当入海口那个位置断流的时候，海就变成了陆地，于是形成了今天希拉与海之间要走很多天的距离。谁到纳贾夫好好看一看，谁就会明白我们说的事情。"

**注释：**

[1] 鲁斯图姆（Rustum），一作鲁斯泰姆（Rustam），萨珊王朝末代国王叶兹戴杰尔德（伊嗣俟）手下大将，635 年被阿拉伯军队大败于卡迪西亚。

[2] 阿比西尼亚海（al-Bahr al-Habashī），阿拉伯古籍中一般指曼德海峡以南海域，有时也统指印度洋。作者此处提到这个海有点蹊跷，因为幼发拉底河注入的是波斯湾。

8. 第 1 卷，第 107 页（关于阿比西尼亚海的综述）：

他们测算出的印度海即阿比西尼亚海自西至东的长度，也就是自阿比西尼亚最远处至印度和中国的最远处，为 8000 古里，宽度为 7000 古里。

9. 第 1 卷，第 108 页（同上）：

我曾在好几个海航行过，比如中国海、罗马海（地中海）、海宰尔海（里海）、古勒祖姆海（红海）和也门海[1]。航行中我所遇到的危险多到无法计数，但最可怕的是在我们前面提到过的僧祇海上的经历。

**注释：**

[1] 也门海，顾名思义，应是指邻近古代也门，今亚丁湾和阿拉伯海一带海域。

10. 第 1 卷，第 110 页（同上）：

然后是信德海岸，这里有米赫兰河[1]的入海口，此处正是戴布勒城所在。接着沿印度海岸与布鲁德（Burūd）国相连，这里出产布鲁德茅秆；陆地则与中国领土衔接，成为连成一线的海岸。

**注释：**

[1] 米赫兰河（Nahr Mihrān），即今印度河。雅古特说"米赫兰是信德河上的一个地方"，可见信德河可能也是古代阿拉伯人对印度河的一个称谓。雅古特还在"米赫兰"条下说："这是一条如同底格里斯河一样的大河，河上船来舶往，河水可以浇灌许多国家和地区。"他还转引另一阿拉伯大地理学家伊斯塔赫利的话说："米赫兰在木尔坦附近。"

11. 第 1 卷，第 111 页（同上）：

此海沿岸有中国、印度、波斯、阿曼、巴士拉、巴林地区、也门、阿比西尼亚、希贾兹、古勒祖姆、僧祇和信德。谁在其岛屿上，谁就置身于诸多民族之中。每个地方各有各的名称，水域却是连成一片、互不隔离的。

12. 第 1 卷，第 112 页（同上）：

在这个统称为阿比西尼亚海的范围内，每个地方都可以以"海"命名，而每个海的风都各不相同，比如我们说：波斯海、也门海、古勒祖姆海、僧祇海、信德海、印度海、简罗海、扎比吉海和中国海。

13. 第 1 卷，第 116 页（关于潮汐的分歧）：

经常在这个海上航行的、与海中各个岛屿及周围地区的人们有过接触的西拉夫和阿曼航海者们——他们同时也是船主，都认为涨潮和落潮在这个海的大部一年只有两次。一次在夏季，时间 6 个月，方向为东北，届时水在大地东部和中国及其以远海域涨起，在该海西部退下。另一次在冬季，时间也是 6 个月，方向为西南，届时水在该海西部涨起，在中国海域退下。

**14. 第 1 卷，第 123 ～ 124 页（关于里海的记述）：**

还有一个传闻说：那个负责监管海洋的天神，如果将自己的脚后跟踩在中国海最远之处，海水便因此涌起，于是发生涨潮。而当他把脚抬起，海水便会复原回归海底，于是发生落潮。

**15. 第 1 卷，第 128 ～ 129 页（同上）：**

我发现，那些来自西拉夫和阿曼的，往来于中国海、印度海、信德海、僧祇海、也门海、古勒祖姆海的航海者们，他们对于阿比西尼亚海长度和方圆的讲述，与哲学家们和其他学者为我们讲述的，在绝大部分事情上不尽一致。

**16. 第 1 卷，第 130 页（同上）：**

至此我们已经综述了关于各个大海及其他方面的情况。接下来让我们进入有关中国等地的国王及其居民的内容。

**17. 第 1 卷，第 131 ～ 146 页（关于中国及相关记述）：**

关于中国人的谱系和起源，人们众说纷纭甚至相互抵牾。其中很多人的看法是这样的：

在法里格·本·阿比尔·本·伊尔法赫沙兹·本·萨姆

（闪）·本·努哈将大地分给努哈的子孙时，阿布尔·本·苏必勒·本·雅菲思·本·努哈的后裔朝着东方偏左方向走去。他们当中属于艾尔殿（'Ar'ū）后裔的一个部族则一直走向北方。他们在那块土地上生息繁衍，后来形成多个区域或部族：戴伊莱姆（al-Daylam）、吉勒（al-Jīl）、泰伊莱珊（al-Taylasān）、鞑靼、拔汗那、盖卜格山（Jabal al-Qabq，指高加索山）、莱克兹（al-Lakz）各部族、莱恩（al-Lān）、可萨突厥、安加德（al-'Anjād）、塞利尔（al-Sarīr）、库什克（Kushk）以及那一地区分布于各处的诸多民族，然后是泰瓦拜利达（Tawābarīdah）国，一直到亚速海和黑海、里海与保加尔地区及其周边各民族。

阿布尔的后裔渡过巴勒赫河（阿姆河），其中大多数去了中国。后一部分人又在那里分散开各自形成许多王国并在当地生息繁衍，他们所在的地方有：吉兰人居住的吉勒、乌斯鲁舍那（东曹国）、布哈拉（安国）和撒马尔罕（康国）之间的粟特，以及拔汗那、沙什（石国）、伊斯提加布（史称白水城）和法拉布。这些人建设了城市和村庄。其中有一部分人分支出来住在沙漠里，他们是突厥人、葛逻禄人和九姓乌古斯人。他们中的一些人占据了库珊（Kūshān，贵霜）城，该地是呼罗珊与中国之间的一个王国。

阿布尔后裔中大部分人沿海岸行进，一直走到中国海岸的尽头。于是他们在那里分散居住下来，并建立了国家和大大小小的城市村镇。他们的京都是一座非常大的城市，人们称它为安姆瓦（'Anmwā），它与阿比西尼亚海也就是中国海的海岸之间相隔 3 个月路程，其间有众多城市和村镇相连。

在该地也就是安姆瓦，统治他们的第 1 个国王叫奈斯泰尔塔斯·本·巴欧尔·本·麦德太吉·本·阿布尔·本·雅菲思·本·努哈，在位 300 余年。他命令自己的属民分散在全国各地，开河挖渠，灭杀野兽，植树造林，培育果树。后来他就死了。

他的一个叫阿翁（'Awūn）的儿子继承王位。儿子为寄托哀思和表示敬重，将父王的遗体保存在一个人形金棺中，再把金棺放置在一张镶嵌宝石的红金床榻上，然后把自己的王座放在床榻对面。每天早晚两次，他和臣民都对着躺在金棺里的父王跪拜。他活了 250 年后死去。

之后他的儿子阿伊塞敦（'Aythadūn）继位。儿子也把父王的遗体保存在一个人形金棺里，放在金榻上祖父金棺靠下的位置。他和臣民每次跪拜时都是先拜祖父后拜父亲。他治国有方，善待百姓，公平合理地处置他们所有的事情。一时间天下清明，人畜两旺，五谷丰登。他执政约 200 年后死去。

之后他的儿子阿伊塞南（'Aythanān）继位。他也把父王遗体放在金棺中，做法与其先祖一样。他统治的时间很长，活了 400 年，其间他的国家与他侄子们统治的突厥常有联系。在位期间，他非常注重发展各种各样精致物品的制作工艺。

之后他的儿子哈拉坦（Harātān）继位。他开始造船（al-Fulk），并命人将中国的珍奇货物装上船运往信德、印度、巴比伦地区以及海中远近各国。他给各地国王送去奇珍异宝的同时，要求他的人从各国带回异物珍玩，包括各种美食佳酿、奇装异服和稀罕的床座铺饰用品。此外他要求他们了解所到之国国王们的治国方略和当地各民族遵守的条法戒律，还要求他们尽可能收集带回各地的各种珠宝、香料和机具。命令一下，全国船只分头驶向远方，抵达很多国家。所到之地，没有一个王国的人民，不对他们感到惊奇不已，不对他们带来的货物啧啧称奇。于是沿海各国国王纷纷开始造船，并命令船只驶往他们那里，带去他们没有的东西。他们致函中国国王表示感谢，同时给他送去礼物作为收到他的礼物的回礼。中国因此繁荣起来，国王的所有事业也随之兴旺发达。他的寿命大约 200 年，死后国民悲伤至极，足足为他哭了一个月。

之后人们把希望寄托于他的长子，拥戴他为国王。他仿效先人将父王遗体放入金棺，所作所为与父辈如出一辙。这个国王的名字叫图塔勒（Tūtāl），继位后国势依旧昌盛。他还制定了令人称道的各项律条——这是他之前的任何一个国王都未做过的事。他宣称：君失道则不立，道乃主之天平；公道行于天下，善举勤劳俱增；正义行于社稷，国运牢固兴盛。他还将人们分为各种等级，使之各司其事、各得其所。后来他外出寻找一个可以建造寺院的地方，终于找到一块宝地，但见此处树木繁茂，百花盛开，水源充足，纵去横来。于是他在这里划出寺院地基，随后运来五颜六色的彩石。寺院竣工，他命人在最高处建一穹顶，穹顶中各个方位设有平行对称的通风口，同时建造了一些专门房间供人单独祈祷膜拜。这些事情做完后，他又命人将装有自己先祖遗体的金棺置于穹顶最高的地方，并下令要对其格外敬重。他把国中达官贵人召集来，告诉他们说：

"我以为，应让所有人信奉一种能够使他们团结在一起、能够使他们在法度面前人人平等的宗教。因为一旦君王逾越宗教律条，便无法保证他的胡作非为和腐败昏庸受到制约。"

于是他给人们制定了治国律法和精神义务，并使其成为制约他们的准绳。他制定了对于心灵与肢体的惩戒条例。他还制定了允许女人婚配的合法形式，以及此类婚生子女的正确谱系，并将其细分为不同等级。他所制定的律法中，有些是必须执行不得逃避的强制规定，有些则是可以灵活掌握的、希望人们自觉遵守的额外规定。他要求臣民为接近自己虔敬的主宰而对其做各种礼拜，包括在夜晚白天众所周知时间内的、既不鞠躬也不磕头的礼拜，和在每年每月既定时间内的、既要鞠躬也要磕头的礼拜。他还为他们规定了各种节庆。对于通奸者，他采取惩罚措施加以限制。对于希望以卖淫为业的女人，他规定征收强制税，而妓女一旦从良，此税即被免除。妓女除个别情况外一律不得结婚，她们生下的男孩，必须做国王的奴隶或者从军，生下的女孩则由母亲带养，并可继续从事她们的营生。他还命令人们为寺院提供祭祀之物，并为日月星宿烧香敬拜。他对什么时间敬拜哪一个星宿、敬拜每个星宿焚烧何种香料和草药都一一作出规定。总之事无巨细，皆有一定之规。由此他在位的时代，人丁兴旺，百业昌盛。

他活了150年后死去。人们为他的去世悲痛欲绝。他们把他放入镶嵌各种宝石的金棺，并为他专建了一座巨大的庙宇，庙的天顶上用7种颜色的宝石，组成与7大行星即日月和其他

5 星颜色形状相同的图案。他们将他去世的那一天定为礼拜和纪念之日，届时人们便齐聚此庙以示缅怀。他们还把他的形象画在各座城门上，铸在金银铜币上，甚至印在衣服上。他们那里流通最广的是铜钱——用黄铜和红铜制造。

这座城市也就是安姆瓦，一直是中国国王的京城。正如我们前面提到的，它与大海之间有 3 个月路程或者更多一些。他们还有一座非常大的城市，位于其领地太阳西下之处，人称"木德"（Mud，有学者考证为成都）。

这个国王之后的国王们皆井井有条地治国理政，故世道清明，家国两兴，公正普惠天下，暴虐国所不容。律法上他们遵守前文已述的先人祖制。他们与敌人常相交战，边关皆有重兵驻守，军饷十分充足。万国商贾携各色货物通过海陆不同路线纷至沓来。

他们的宗教信仰与其先人的一脉相承，属于一种叫作素姆那（al-Sumniyyah）的教派。拜神方式与伊斯兰教创立前古莱氏部落的拜神方式相差无几：崇拜图像并向其礼拜，教徒内心想以礼拜的方式接近造物主，将自己崇拜的偶像和图像做成雕像竖立起来，并把它作为朝拜方向。其中愚昧无知者更将多个偶像当作造物神来敬拜，把偶像和造物神都认作神灵，以为崇拜偶像便能接近真神并得到他的好感。尽管他们知道这种敬神方式有损于造物主的尊严、伟大和神威，但他们还是想以这样的偶像崇拜来表达对真神的敬从，同时把它当作通向真神的途径。

这种宗教最先是在他们当中来自印度的上层人士中出现的，因为他们与印度是邻国。实际上它所反映的，是印度人——不论是有识之士还是愚昧之人——的观念。如前所述，中国人原本是有一些产生于二神论（al-Thanawiyyah）和承袭于先祖的观念和信条的，后来情况发生了变化，于是他们开始探究和思辨。不过，他们所有的律法裁决依然是以先祖的例规为准则的。

中国的国王们有自己的观念和信条，尽管他们的宗教各种各样，但在举荐法官和擢用官吏，以及一视同仁地督导显贵和平民安分守己诸方面，始终不曾逾越理性和真理的限度。

中国人分为很多部族和部落。这些部落类似阿拉伯人的部落和由部落血缘关系产生的旁支与分系。他们特别注重这种关系，并将其作为家谱记录下来，乃至一个人可以从自己的父亲上推 50 代，直到差不多追溯至与阿布尔的关系。同一个旁支部落的男女不得通婚，好比木达尔部落的男人只能娶莱比阿部落的女人为妻或者反过来，再好比凯赫兰部落的男人只能娶希木叶尔部落的女人为妻或者反过来。他们认为这样做有利于后代身体的健康与强壮，也更有利于生存与长寿。他们认为的理由大致就是我们讲的这些。

由于统治者像其历代先王一样公正地治理国家，因此中国的情形一直是十分稳定的，直到（伊历）264 年，这种情形才出现了变化。这一年，中国发生了一个导致国家秩序、条令和法律均荡然无存的重大事件。具体情况是这样的：

在中国某座城市里，出了一个非王族出身的、很有本事的人，名叫黄巢（本版本中作：Yānshū，其他版本中亦作：Bāsir。《中国印度见闻录》中则作：Bāshū 或 Bānshū。中外学者均考定为黄巢）。他是个品性恶劣的人。他想组织叛乱，于是各路流氓地痞聚集在他周围。起初国王和各级官吏忽视了他，因为他原本无声无臭，根本不值得关注。孰料他日渐坐大，声名大噪，更有各地乌合之众远道前来投奔于他，而他本人也变得愈发骄横。他组织一支大军，从起事之地出发，一路破城拔寨，直至打到汉古瓦（Khānquwā，应是 Khānfū——汉府之误，后者通指广州）。

这是一座非常大的城市，位于一条比底格里斯河还要大、最终注入中国海的大河岸边。该城与大海之间有六七日路程。来自巴士拉、西拉夫、阿曼、印度诸城，扎比吉各岛和散夫等地区的商船，皆由此河上溯至汉古瓦城。城中居住着各色人等，除中国人外尚有外国穆斯林、基督教徒、犹太教徒和拜火教徒。

这个叛贼兵临城下，将其包围，国王发兵驰援也被他打败，同时他的军队更加壮大。最终他以武力强行攻入汉古瓦城，踩躏了城中的一切，被他屠杀的当地居民多到无法计数。但有人统计出，死亡的穆斯林、基督教徒、犹太教徒和拜火教徒多达20万之众，包括直接死于刀剑之下的和因害怕遭刀剑之祸而跳水溺毙的。而我们说到的这个数字之所以能够被统计出来，是因为中国历代国王都对本国人口以及相邻民族的人口进行统计，然后登记造册。他们委派诸多书记官专门负责此事，以便全面掌握所有隶属于自己王权下的居民之情况。

这个叛贼还大肆砍伐汉古瓦城周围的桑树林。人们种植这种树，是因为它的叶子可以用来喂产丝的蚕。桑树的丧失，导致中国丝绸及其制品向伊斯兰国家输出的中断。

黄巢率领大军开拔，很多城池接二连三地被他攻克。其间又有很多人加入叛军，包括一贯为非作歹的恶棍和担心自身难保的人。他一直打到安姆瓦城下，这是国王的都城。国王率包括贵族高官在内的约10万兵马出城迎战黄巢。双方交战月余，仍僵持不下，难分胜负。最后国王命运不济，弃城败逃，叛军则穷追不舍。国王一直逃到一座边疆城市才算躲过一劫。这样，叛贼占领了京畿重地，并将王宫洗劫一空，包括几代国王为防备灾荒而储备的东西。他继续向其他地区发动进攻，占领了许多城市。他知道自己不具备称王的条件，因为他不是王族成员，于是他便大肆破坏国家，掠夺钱财，滥杀生灵。中国国王逃到前面提到过的木德之后，即修书给伊本·汗甘（意为可汗之子）。他在信中向他求援，告诉他自己的遭际，并说国王之间如同兄弟，一方有难，其他人理当前往相救，这是为王者的义务和责任。伊本·汗甘遂派自己的儿子率领包括骑兵在内的约40万兵马前去增援。对黄巢来说，局势变得异常严峻。两军均倾巢出动展开大会战，战争持续了将近1年时间，双方死伤大量人马。叛军终被击溃，黄巢则下落不明，有人说被杀死了，也有人说被烧死了。他的儿子和他的一些下属被俘。

中国国王回到京城，权力又重新掌握在他的手中。为了表达对他的尊崇，人们称他作"亚布尔"（Ya'būr，其他版本作Baghbūr），意思是天子。这是对中国国王们的专称。但人们与国王交谈时不当面称他亚布尔，而是称他"杰汗"（Jahān）。在他统治的领土上，各地方长官的权力迅速膨胀，颇有点像那些在波斯自立为王的人——这是在亚历山大·本·菲力普斯·马其顿尼（亚历山大大帝）杀了波斯国王达拉·本·达拉（Dārā Ben Dārā，即大流士）之后，也有点像我们当前即（伊历）332年的情况。中国国王只好满足于他们表面上的顺从和在奏折中称他为王，但他已经不能到自己国土上的这些地区去巡视，也不能对那些独霸一方的各路诸侯进行讨伐了。他只能满足于这些，对不再向他交钱纳贡的人，除了听之任之好生相待，他别无良策。于是每个割据势力都凭借自己的军力和实力攻击与之相邻的地区。先王们在世时国家那种稳定的秩序和兴盛的局面，已不复存在。他们历朝历代的国王们，都无不按照理性所要求的一定之规，约束自己的行为，治理自己的国家，并把公正作为自己的治国之道。

相传，有个呼罗珊国撒马尔罕城的商人，带了很多货物外出经商，行至伊拉克又进了不少货，然后向南走来到巴士拉。他上船从海路前往阿曼，然后再到箇罗。这里差不多正是中国之路的一半。时下，来自西拉夫和阿曼等伊斯兰地区的船只即将此地作为终点站，商人们在这里与乘船由中国而来的人相会交易。但早先并非如此，那时中国船可直接来到阿曼、西拉夫、法尔斯海岸、巴林海岸、乌布莱和巴士拉。同样阿拉伯船也不是就行进到我们提到的地方为止。正是由于我们前面已经讲过的中国发生的事变，以及那里不再存在公正和善意，两地的所有商人才不得不在这个中间地带互市。

然后这个商人乘中国人的船，从简罗到汉古瓦城。前面我们已经讲过，这是个港口。中国国王得到装有各种商货的船只到来的消息，便差一个自己十分信任的大太监前去办货。这是因为中国人常派遣太监去承担收税和其他类似的差使和任务。在他们那里有人以把儿子阉割送去当太监，作为升官发财的途径。大太监来至汉古瓦城后，将商人们统统叫了来，其中就有那个呼罗珊商人。商人们把货物拿来给他看，他选了一些他认为需要或合适的东西。之后他要看呼罗珊商人的货，后者自然照办。两人开始讨价还价，最后还是谈不下来。于是大太监命人将这个呼罗珊人抓了起来，并且对其进行虐待。这是因为呼罗珊人始终不肯让步，相信国王一定是公道的。他当下就去了京都安姆瓦城，站进告状者的队伍里。在那里，来自远近各地的告状者都要穿上一种红绸子做的上衣，站在一个专给告状者划定的地方。国王专门任命一位郡王负责监管告御状者。他也站在那个地方，然后将告状者带往一个通过驿道也要走1个月的地点先行审问。

呼罗珊商人也被如此处理。他站在我们讲到过的、专负此责的那个地方长官面前，后者上前说道："知道吗，你做的是一件天大的事！你要自己想清楚，你必须如实禀诉，否则我们将治你的罪，并将你押解回你来的地方。"他对所有告状者都是这样说。如果他发现告状者说话时神色慌张、支支吾吾，便命人打他100大板，然后遣送原籍；如果告状者神色自然、无异常行为，便会被带到国王那里。呼罗珊人站在他面前，听他讲完后神情自若地诉说了自己的冤情和要求。郡王见他说话时既不支支吾吾也不结结巴巴，便把他带去见国王。

他站在国王面前，向他陈诉了自己的事情。当通事将他所言翻译给国王后，国王明白了他的遭遇，遂命人将他带到一个地方好生款待。然后国王召来宰相和右使、中使、左使。他们都是在国家遭遇灾祸和战争时担此要职的，各自都知道身上的责任和义务。他命他们每人向出事地区自己的下属写信询查此事——他们在每一地区都有自己的代办。于是他们遵命行事，立即向各自在汉古瓦的代办写了信，命他们马上回信禀报关于商人与太监之事。同时，国王也向自己在该地区的代办写了信。如此，商人和太监的事变得严重了，一时间闹得沸沸扬扬。回信通过驿骡火速传了回来，证实商人所言属实。信之所以来得这样快，是因为中国各地诸侯在其辖区的各条干道上都备有驿骡。这些骡子都上好鞍子，钉好蹄掌，戴好器具，随时为传送情报和地图而上路疾驰。

国王命人将太监带来，见面后下旨褫夺其享受的一切待遇，并对他说："你蓄意坑害一位商人，而他来自遥远的国度，一路长途跋涉，到过陆地和海中无数王国，从未有此遭遇。如今他出于对我为王公正的信任来到我国，你竟敢如此胡作非为，致使他一旦离开我国，有可能借此事损我一世英名。若非念你为老臣，令我们不忍下手，否则本当将你处斩。但我将以另一种方式惩罚你，你若是明白，就会知道这是比斩首更重的刑罚——逐你去给先王们看墓，因为你已不配管理活人的事务，不配去办理我交代的任何事情！"

国王好好款待了商人一番，同意他返回汉古瓦，并对他说："若你本人确实愿意把我们选中的货物卖给我们，我们将以高于市场的价格收购；若你不愿意那样做，你可以全权随意处理你的货物。总之只要你愿意，想住下来就住下来，想怎么卖货就怎么卖货，想去哪里就去哪里。"

过后国王果真差那个太监去看管国王陵墓去了。

关于中国国王们的记述中还有这样一个趣闻：

有个古莱什部落的人，是海巴尔·本·艾斯沃德的后裔，他受当年在巴士拉非常著名的黑人首领的委派，从西拉夫出发了。此公乃一既有远见卓识，家境又十分富有的人，一直过着优哉游哉的生活。他从那里先是上了印度国的一条船，然后不断换乘船只，走过一国又一国，穿越很多印度的王国后，终于来到中国。他先是到了汉古瓦城，但他一直有个想法，就是要到中国国王宫殿去看看。当时的都城是胡姆丹（Humdān）。那是他们最大、最好的城市之一。他在王宫门外住了很长时间，不断地向宫里呈递折子，说自己是阿拉伯先知家族的亲属。经过这么长的时日后，国王终于同意先把他安置在宫内一间房内住下，并命人帮他解决所有困难，满足他的所有需求。同时国王写信给自己驻汉古瓦的总督，命他调查此人并向商人们询问此人自称阿拉伯先知亲属一事是否属实。汉古瓦总督回信禀告此人所说谱系是真的。于是国王允许他进见，还赏赐给他很多钱，最后送他回了伊拉克。

此公是位见多识广的长者。后来他给别人讲述了自己见到中国国王的情景：

当我见到中国国王时，国王向我询问阿拉伯人的情况，以及他们如何打败波斯王国的经历。于是我对他说，因为波斯人崇拜火，向日月下跪祈祷。国王听后说：

"阿拉伯人战胜了很多王国，而且都是最显赫、最高贵、最著名、最富有以及收益最丰富和国民最聪明的王国。"接着他问道：

"在你们那里，如何给其他国王排位？"

"对此我一无所知。"我回答。

"你跟他讲，"国王对通事说，"我们认为天下国王前5位的排名是这样的：权势最大的当属占有伊拉克的君主，因为他在世界的正中，其他国王都环绕着他，我们认为他的称谓应是'众王之王'。他之后是我们的国王，我们这里将其看作'平民之王'，因为没有任何一个国王能比我们的国王更有效地治理国家，更能使国家秩序井然，更能使百姓心悦诚服，所以我们是平民之王。接下来是'野兽之王'，他就是与我们西面的突厥国王，他们是人类中的野兽。然后是大象之王，也就是印度国王，我们把他看作是'智慧之王'，因为智慧的源泉在他们那里。最后是罗马国王，我们视其为'男人之王'，因为大地上没有男人比那里的男人更完美、更英俊。这5国的国王堪称最显赫的国王，其余国王皆等而下之。"然后他又对通事说：

"你问问他，若见到他的主人即真主的使者，他能认出来吗？"

"我怎么能见到他呢，他在真主那里。"我说。

"我不是指这个意思，"国王解释道，"而是说他的画像。"

"那是可以的。"

国王派人取来一个匣子放在我面前，然后拿出一幅卷轴，对通事说：

"你让他看看自己的主人吧。"

当我看到画上有几位先知的图像时，马上翕动嘴唇小声向他们祝祷，他们并不知道我认出了这几位先知。国王对通事说：

"你问问他，他嘴唇一张一合的在干什么？"

听到通事问我，我便回答说：

"我在向他们祈祷。"

"你怎么会认识他们呢？"国王问。

"是通过画中所描绘的事情。这位是船上的努哈和刚躲过洪水之灾的人在一起。真主让水淹没了整个大地，并让大地上只剩下他和与他在一起的人。"

"努哈的名字，你倒是说对了。"国王说，"但洪水淹没整个大地的事，我们根本不知道。洪水只是淹没了大地上的一块土地，它并没有淹到我们这里。倘若你们的记载是正确的，那也只是淹没了那块土地而已。我们中国、印度和信德以及其他民族和部族的居民，从未听说你们提到的事情，我们的祖先也从未向我们传述过你们描述的事情。不过你讲的关于水淹整个大地的传说，可谓一场令人惊悚的巨大灾难，应当记录下来，好让它在各个民族之间传播。"

我要是能够据理反驳他就好了，但我当时不敢，于是接着说：

"这是穆萨和以色列人。"

"是的。"国王说，"他所处的国度太小了，他的族人还迫害他。"

"这是麦尔彦的儿子伊萨骑在驴上和他的门徒们在一起。"

国王听后道：

"他的时日很短，他的期限只有30个月多一点。"

至于其他几位先知及其事迹，我多少也可以讲出一些。

这位以伊本·海巴尔为人所知的古莱什人，声称他见到的每一幅画都有长长的题字，上面记写着他们的名字、生活的国度、寿命的长短、成为先知的缘由，以及他们的生平事迹。他接着讲述自己的经历：

后来我看到了我们的先知穆罕默德的画像，他骑在骆驼上，他的支持者们簇拥着他。他们的脚上穿着用骆驼皮做的阿拉伯式靴子。于是我哭了。国王对通事说：

"问问他为什么哭！"

"这是我们的先知，我们的主人呀。"

"你讲得很对。"国王说，"他使他的民族建立了最显赫的国家。但他本人却未曾亲眼看到它，看到它的是他之后的人和管理着他的民族的哈里发们。"

我还看到很多先知的画像，其中一位以食指和拇指合成一个圈的手示意着，仿佛在形容世间万物皆为圆状；另一位则以食指指向苍天示意着，仿佛在警告世间众生都要对上天感到敬畏；等等。之后国王向我询问了关于哈里发以及他们的衣着和很多教法方面的问题。我都尽自己的可能一一作了回答。他问：

"你们认为世界的寿命是多长？"

"人们对此众说不一。"我回答他，"有的说 6000 年，有的说少于这个数，也有的说多于这个数。"

"这是从你们的先知那里听说的吗？"他问。

"是的。"

国王大笑起来，连他的宰相也笑了。他显然不赞成这种看法，遂说道：

"我不认为你们的先知会这样讲，是你自己搞错了。"

"可这确实是他说的。"我申辩着，同时看到他脸上显露出不赞成的表情。

"你对他讲，"国王对通事说，"你再斟酌一下你说的话吧，国王们在没有得出正确的结论前是不会随便讲话的。至于你方才所讲的看法，说明你们自己的观点都不一样，这是因为你们在理解自己先知言论时产生了分歧。对于众先知的言论不但不应该存在分歧，而且应该准确无误地理解。因此对这类问题你最好当心点，想好了再说。"

他还给我讲了很多事情，但由于时间太久，我已经忘了，只记得他后来问我："你为何要离乡背井离开自己的国家，那里对你来说，无论风土还是亲情，不都离你更近吗？"

"尊贵的国王啊！"我回答说，"由于巴士拉发生的事情，我到了西拉夫。正是在那里我下决心要到您的国家来看看，因为我早就听说您是一位治国公正、行止高尚、军队众多、将黎民百姓管理得井井有条的国王。我非常想来到这个王国，目睹它的昌盛。等到我返回自己的国家，我将把亲眼所见讲给人们听：这个国家疆域之辽阔，天下之太平；它的国王权势之显赫，气质之优雅。世人交口称赞的国王啊，总之我将用所有赞美之语赞美这个国度，用所有称颂之辞称颂它的君主。"

我的话令他十分喜悦，于是他传旨重赏于我，并赐我华贵礼服。然后他命人通过驿道将我护送至汉古瓦城，同时写信给他在那里的总督，要他好好款待我并把我介绍给当地达官显贵，还要他让我一直住到自己想离开为止。在那里，我度过了一段最优裕和最舒适的生活。

麦斯欧迪说：

那是在（伊历）330 年，我在巴士拉见到了艾布·宰德·哈桑·本·叶齐德·西拉菲[1]，当时他已离开西拉夫移居此地。这位艾布·宰德，与伊本·欧迈尔·本·宰德·本·穆罕默德·本·麦兹德·本·萨希亚德·西拉菲是同一个人。哈桑·本·叶齐德是一位讲究"言必得有出处，事必得有根据"的人。他在巴士拉告诉我说，他曾向这个古莱什部落的伊本·海巴尔询问过他所描绘的、中国国王所在的胡姆丹城；伊本·海巴尔在给他介绍了该城面积如何大和人口如何多后，还讲述了以下情况：

这个城市分为两部分，中间由一条又长又宽的大街分开。国王、宰相、大法官、士兵和太监们以及主要官府，都在靠东的右半部，任何平民百姓不得在此居住。这里没有任何市场，一条条的河在他们的居所间穿插流淌，一棵棵树在河岸两旁整齐排列，一座座院落都非常的宽敞。靠西的左半部，是百姓和商人生活的场所，粮仓和集市也都在这边。天一亮，我便看到国王的管家们带着侍童以及各位大臣和下属官员的侍童，或骑马或步行，来到百姓和商人的那半边。他们在这里采购各种各样的商品，然后打道回府，他们中的任何人不到第二天都不会再到这半边来了。这是个绿树成荫、河渠如网、景色秀丽的城市，只是见不到枣椰树，他们那里是没有这种树的。

至于说到中国的人，那他们就是真主造就出来的、各种技艺最为娴熟的人，雕刻以及手工制作技能可谓炉火纯青，在任何一种工艺上其他民族的人都难以望其项背。他们中的男人一旦亲手造出其他人无法造出的绝世物件，便会来到王宫门前献宝，希望以自己创造的有趣玩意儿得到国王的赏赐。于是国王命人将此物从即日起摆放在宫门前整整一年，倘若无人能挑出它的任何瑕疵，国王便重赏这位制作者，并让他成为自己的御用工匠之一。相反，倘若有人发现它有缺陷，国王便不予接受，当然也不会给制作者任何奖赏。

有一个人曾在一块丝绸上绘了一幅"麦穗落雀图"，几可乱真，以至于观赏者觉得就像一只真的雀鸟落在一枝真的麦穗上。这幅丝画摆放了一段时日，一天有个罗锅儿从那里经过，一眼看出了破绽。国王遂召他进宫，同时将绘画者也召了来。大家问罗锅儿画有什么毛病。他说：

"天下无人不晓，如果一只雀鸟落在麦穗上，那麦穗一定会被它压弯。而这位画师却将麦穗画成笔直的，一点弯曲的痕迹都没有，鸟儿竟然直挺挺地立在麦穗的顶梢——这就是他的错误所在。"

罗锅儿说的当然在理，那个画师没有从国王那里得到任何东西。他们诸如此类的做法，是要提醒从事这些工作的人必须精心计算和设计，以使他们在制作过程中认真思考，对每一件亲手制作的东西都要格外小心。

有关中国人的传闻和奇谈以及他们国家的趣事很多很多，我们曾在《过去的民族与消逝的王国之时光记述》（以下简称《时光记述》）一书里提到其中一些，又在《中书》里补充了《时光记述》中所没有的内容。而我们在本书中将要提到的，既包括前两书中已经提到的内容，也包括前两书中从未提到的内容。

**注释：**

[1] 后世学者几乎一致认为，此人就是《中国印度见闻录》第 2 部分内容的作者艾布·赛义德·哈桑。

18. 第 1 卷，第 147 页（关于海洋的综述）：

我们说：中国海、印度海、波斯海和也门海的水，正如我们已经讲过的那样，是相互连接而不是相互隔离的。但是由于它们各自海风的风向和海涌的涌动有所不同，它们狂躁和静止的状态也就各有差异。

### 19. 第 1 卷，第 149 页（同上）：

波斯海的起始处是巴士拉的"木板航标"[1]，然后是巴士拉、乌布莱和巴林地区。接下来是拉尔威（Lārwī）海，沿岸有属于信德和印度的赛伊木尔[2]、苏巴莱（Sūbārah）、塔拜[3]、散丹和坎巴亚（Kanbāyah）诸国。再下来是海尔坎德海（今孟加拉湾）、开拉赫（Kalāh）海也就是开莱特海以及海中群岛、开尔丹吉海（Kardanj，今逞罗湾）。然后是散夫（占婆）海，此地出产散夫沉香。然后是中国海也就是桑吉[4]海，它之后就再没有任何海了。波斯海起于我们所说的"木板航标"，此地也被人们叫作库法拉（al-Kufalā'，意为保证者），实际上它是将木头插入海中固定住作为船只航行的标记。

**注释：**

[1] 木板航标，原文为：Khashabāt，直译应作：木块、木板等。根据本段文字最后一句的解释，它应被视作一种航标。

[2] 赛伊木尔（Saymūr），雅古特在《地名辞典》该词条下说："据说它也叫作赛伊蒙（Saymūn），印度的一个紧贴信德、靠近戴布勒的地方。"有学者考证为今朱尔。

[3] 塔拜（Tābah），应是塔纳（Tānah）之抄误。后者为今孟买附近的一个县城，也被看作是孟买的居住和农业郊区。但根据阿拉伯人当年的记述，此地历史上显然比孟买更为重要和出名。

[4] 桑吉（Sanjī），有的版本中也写作 Sankhī。该海即为我国史称之涨海，阿语中后一种写法的发音似与"涨海"更为接近。

## 20. 第 1 卷，第 154～160 页（同上）：

就像我们前面排列的那样，第 7 海是中国海。它也以桑吉海（涨海）而闻名，是个十分险恶的海，有很多的大浪和暗涌。暗涌指的是大海中一种极其凶险的形态，它是各个海中的居民相互间交流信息时的专门用语。该海中有很多岛礁，船必须在这些岛礁之间穿行。海上一旦浪涛越来越多，暗涌越来越大，就会出现很多黑皮肤的小人。每个小人的身高大概只有四五拃，就像阿比西尼亚人的小孩子一样。这些同样形状同样尺寸的小人会爬到船上来，但他们只是爬上爬下，不会制造任何麻烦。人们如果见到这种情况，便清楚地知道灾难即将降临。因为他们的出现预示着巨大的暗涌就要来了。于是人们纷纷为此做好准备：要么幸免于难，要么一命呜呼——如若大暗涌真的来了的话。他们当中躲过此劫的人会爬到主桅的最顶端极目瞭望。这种桅杆被中国海和阿比西尼亚海的船主们称作"杜利"（al-

Dūlī），罗马海（地中海）的人则称其为"萨利"（al-Sārī）。
那人在主桅上可能会看到一种像飞鸟形状的东西，燃放出一道
极亮的光，以至于人既不能睁大眼睛去看它，也不能观察它如
何变化。但只要它有片刻时光照到主桅最顶端，人们就会发现
海面开始平静，海浪开始变小，暗涌开始消歇，然后那道光便
消失了。谁也不知道它从何处来，又向何处去，但那确是解脱
的标志和获救的证明。对于我们所讲的这一奇异现象，凡是在
此海航行过的巴士拉人、西拉夫人、阿曼人和其他地方的人，
从不加以否认。同时，这一现象尽管不是必定会发生，但不是
不可能发生，因为它毕竟在伟大的造物主使其奴仆死里逃生、
摆脱灾难的能力之内。

这个海里有一种螃蟹，大的在1腕尺上下，小的在1拃左右。
如果它从海中迅速爬到陆地上，立刻会变成再无任何动物属性
的石头。这种石头可用来做治疗眼疾的药粉和药膏。此事同样
是很多人都知道的。

有关中国海，也就是第7海或是人们所说的桑吉海，还有
很多奇异的传闻，我们在前文提及其书名的著作中已经笼统地
谈过一些，包括关于它以及与它毗邻的几个海的传闻。而我们
在本书下文中将要粗略谈到的，是关于一些王国的记述。

中国之后的海中，除了西拉（al-Sīlā）及其诸岛外，再没有其他已知和可以描述的王国。由于此地空气新鲜，水质清柔，土地肥沃，所以从伊拉克来到这里的人，除了极个别的，没有人舍得离它而去。那里的人与中国人之间处于长期休战的和平状态，彼此间的礼尚往来几乎从未中断。据有些人说，他们是阿穆尔后裔中的一个分支，后来便在那里定居下来，其情况与我们已经讲过的中国人在自己的国度定居下来的情况一样。

中国有一些很大的河流，就像底格里斯河与幼发拉底河那么长那么宽。那里有一些富含努沙代尔（Nūshādar，即氯化铵）的大矿山。如果是在夏天，人们从百里之外的地方都能看到这些山上冒出的火光。白天，由于太阳的光照格外强烈，故而看到的只是升腾起的滚滚浓烟。人们就是从那里挖采走努沙代尔矿石。如果是在初冬，当有人想从呼罗珊到中国去而必须穿过大山间一个长约40或50古里的峡谷时，他要到居住在谷口一带的居民那里，以非常高的脚钱雇他们当脚夫。于是这些脚夫将过路客的行李货物背在肩上穿过峡谷。一路上由于担心过路客因疲乏劳累停脚歇息而倒毙在散发毒气的恐怖峡谷中，脚夫们会一边走一边用自己的手杖击打过路客的两肋，好让他坚持走到峡谷出口。途中有一些树林和水潭，脚夫们会纵身跃入冰冷的潭水，以便让因中努沙代尔之毒而使体内出现的燥热得以缓解。没有任何一种牲口可以穿过这个峡谷。夏天，由于气候的炎热和努沙代尔喷出的毒火，任何活物都休想穿越它；冬天，由于当地雪和露水多起来，努沙代尔的毒火会熄灭，人便乘此时机穿越峡谷，但牲口仍不能忍受我们前面讲到过的那种产生于体内的毒热。至于说从中国方向来的人，若不同样遭被击打两肋那份罪，要想过这条峡谷根本不可能。从呼罗珊经此地到中国的路程大约是40天，途中既要路过有人区也要路过无人区，还要穿过黢黑的深沟和沙地。若是绕开此路走另一条牲口可以通过的路，则需时4个月。

在巴勒赫城，我曾见到一位仪表堂堂、见多识广的长者，他到中国去了很多次，但没有一次是从海上坐船去的。在呼罗珊，我还遇到几位经由粟特的努沙代尔山去过中国的人。

印度与呼罗珊和信德以及接下来的曼苏拉和木尔坦（al-Mūltān）相连接。商队可以从信德前往呼罗珊，也可以前往印度，乃至前往与其接壤的扎布里斯坦（Zābulistān，史称谢飔）。此地乃一幅员辽阔的国度，以法伊鲁兹·本·凯拜克（Fayrūz Ben Kabak）王国而为人所知。那里有很多造型奇特、易守难攻的城堡，还有操各种语言的很多民族。人们对其谱系众说不一，有人说他们是雅菲思·本·努哈的后裔，有人则将他们与最早的波斯人联系在一起，后一谱系排列起来就长了。

中国的吐蕃地区，其山水、土地和气候都有许多奇异的特性，那里的人无忧无虑，自得其乐，永远都是笑呵呵的，从不显露出悲愁伤感，也懒得去思考什么事情。关于这里的果实、花朵、草原、空气和河流的奇妙传说更是不计其数。这里的人们几乎见不到一个悲哀的老翁，也见不到一个伤心的老妪，无论老壮青少，人人高兴愉快。这里的人性情温和、乐观、宽厚，从而使他们热心于多种多样的娱乐活动，尤其沉醉于音乐和舞蹈。即便是一个人死了，其亲属也不会太过悲伤，绝对不像其他民族的人那样——至亲过世就悲痛至极或良机错失就懊恼不已。他们自己人之间相处得非常和睦融洽，彼此相亲相爱，以至对待其他民族的人也十分友善。

他们那里的一些土地上，生活着吐蕃麝羚。其与中国内地麝羚的区别主要体现在两个方面：一是吐蕃麝羚吃的是各类新鲜的香草，而中国内地麝羚吃的是干草，而这种干草还远不及我们提到过的、吐蕃麝羚有时也吃的干香草；二是吐蕃人不从其腺囊中取麝香，为的是让麝香保持原封状态，而中国内地人则不然，他们从腺囊中取麝香，同时采取掺血等作弊手法。另外一个区别是，内地人走的是我们曾经描述过的异常潮湿、容易受到各种气味影响的海路。假如内地人不在自己的麝香中掺假作弊，而是将其放在玻璃瓶中严严实实封存好，那么当它被运到阿曼、波斯、伊拉克等伊斯兰国家和地区时，其质量与吐蕃麝香无异。质量最佳、气味最好的麝香取自处于成熟年龄末期的麝羚。我们的羚羊与麝羚在相貌、体形、颜色和犄角上不存在什么区别，不同的只是每只麝羚都有两个如同象牙一样的牙，从其牙床龇到外面，牙是白色的、笔直的，长度约在1拃。

在中国，人们用绊索、圈套和罗网捕捉麝羚，可能也用箭去射杀它，然后割下它的腺囊。这时从它的脐部会流出热乎乎的鲜血，同时伴有一股非常难闻的气味，如果是一只未到成熟年龄的麝羚，那股气味便愈发腥臭。他们要把它放上很多时日，那种臭味才会消失，这期间即便用其他气体去吹它也无法奏效。整个过程如同从树上摘果，果子尚未完全成熟、果肉尚缺一些成分时便将它强扭下来，其品质肯定大受影响。质量最佳的麝香，是那种已经在器官内成熟、已经聚集到肚脐处、已经具有全部成分，总之已呈瓜熟蒂落之势的麝香。自然规律促使麝羚的血液向其脐部积聚，当血中的某些物质在那里积固住的时候，麝羚便感到痛痒难耐，此时它就会利用一块岩石或地上被太阳晒得发热的石头，非常烦躁地摩擦身体上的那个部位，只有这样它才会感到舒服些。于是那个部位会被它擦破，就像脓包破了流出脓血一样，流出一些黏稠的物质在那些石头上。这种物质如同长熟了的疖疮中的脓，流出来会使麝羚不再感到难受。其腺囊中的这种物质流完之后，破裂处便愈合结痂，然后其体内这种血状物质重又涌入腺囊并不断地积聚，就像开始一样。这时，吐蕃人来到山间麝羚出没的草场，看到石头上的血已经干了，那种物质经过太阳的照射和空气的影响处于自然成熟的最佳状态，遂将它采集在一起，放入事先准备好并随身携带的、从猎捕到的麝羚身上切割下来的腺囊里。这是最好的麝香。

中国、印度、僧祇和世界上其他国家的君主们，无不诚服地承认巴比伦国王的权势，同时认为他是世界第一国王，他在他们之中的地位如同月亮在群星之中一般，因为他的领地是最尊贵的领地，他本人是最富有、最公正、最坚毅和最善治国的国王。但这是以前对此地国王的评价与描述，不是现在的。以前他们称这个国王为"沙赫奈沙赫"（Shāhnashāh），意思是诸王之王，其地位如同人体中的心脏和珍珠项链当中最大的那颗。在他之后是印度国王，他是智慧之王和大象之王，因为科斯鲁们认为智慧出自印度。排在他之后的是中国国王，他是体临之王、善于治国之王、精于工艺之王。世界上没有比中国国王更加体察民情和善待自己士兵和百姓的国王。他坚毅果敢、勇猛无比，拥有无数整装待发的军队以及牛羊和武器。他的养兵之道与巴比伦国王们的一样。

### 21. 第 1 卷，第 163 页（同上）：

这可以证明，各个海是相通的。中国和西拉一带的海水经过环海（指大西洋）的一个海湾流入马格里布诸海。在沙姆国的海岸上，人们确曾经常见到被大海卷来的琥珀，它在自古以来从不存在类似东西的罗马海里出现是不可思议的。也许琥珀在这个海出现的道理，与我们前面讲过的出现中国海船舶的船板的道理是一样的 [1]。

**注释：**

[1] 作者在前文中提到，人们在地中海中有时会见到一些漂浮的船板。这些船板是由棕绳扎在一起的，为阿比西尼亚海居民所造之船的特点，而地中海沿岸居民所造之船的船板都是用铁钉钉在一起的。作者是想通过这些被海浪击散的船的船板，由一个海漂到另一个海，来证明各个海是相通的。但作者在前文举例时说的是"阿比西尼亚海"的船板，此处又说是"中国海"的船板。

## 22. 第 1 卷，第 172 页（同上）：

犀牛角是白色的，其中有些黑色的花纹，其线条和形状组成某种图案：要么像一个人，要么像一只孔雀；有时像一条鱼，有时像犀牛本身或当地所特有的其他动物。人们把这种犀牛角锯下来，仿照金银装饰品的样子，拿去做各种各样的腰带。中国的国王们特别喜欢用这种腰带，于是中国的达官贵人也竞相效仿，以致其价格被抬得很高，一条要卖到 2000 至 4000 金币。

## 23. 第 1 卷，第 173 页（同上）：

与这个王国相接的是穆杰赫（al-Mūjah）王国。其居民皮肤白皙，相貌俊美，耳朵也不穿孔。他们有很多马匹，人口也非常多。他们国家盛产麝香，这我们在本书前文提到他们的麝羚时已经讲过。这个民族的人在衣着穿戴上与中国人相似。他们那里的山又高又陡，因常年积雪而呈白色，无论在信德和印度还是在我们提到的这些王国中，没有比这些山更高更难以攀越的。那里出产的麝香也是因他们国家的名字而闻名的，叫作穆杰赫麝香。它在通过海路经常贩运这种麝香的商人们当中是众所周知的。

与穆杰赫王国相接的是马尼德（al-Mānid）王国，那里有很多城市、大片耕地和庞大的军队。他们的国王们同我们前面讲过的中国国王们一样，委派近侍和太监掌管国家诸如矿产、税收和地方政府等事务。马尼德是中国的邻邦，双方使者经常给两国国王带去礼物。两国之间有陡峭的高山和其他难以逾越的障碍。马尼德人威猛剽悍，力大无比。马尼德国王的使者如果到了中国，中国国王会专门指定一个地方让他们居住，而不允许他们在自己的国家到处活动。这是因为马尼德人在中国人心目中势力非常强大，中国国王担心他们乘机摸清国家的路道和设防薄弱之处。

总之，以上我们提到的印度和中国以及其他地区民族的居民，他们在饮食、婚嫁、穿戴、治病、吃药和灸术等方面，都有自己的道德规范和风俗习惯。


24. 第 1 卷，第 175 页（同上）：

在《时光记述》和《中书》中，我们已经尽可能多地谈到了关于他们的风俗习惯和行为举止方面的奇谈怪事。同样我们在谈到印度诸王和甘吉（al-Qanji）等吉巴勒国王们时，也一起谈到了香料群岛国王麦赫拉吉，谈到了与该群岛相对的扎比吉等地的国王，还谈到了中国及其国王们、塞兰迪布王国和曼都里芬（Mandūrifīn）王国。后者是塞兰迪布岛对面的一个国家，就像盖马尔（al-Qamār）国在扎比吉的麦赫拉吉群岛对面一样。每个占领曼都里芬国的国王都被称为"盖帝"（al-Qāydī）。

接下来我们将在本书中概括地谈到东方、西方、也门、希拉等地的国王，也要谈到波斯、罗马、希腊、马格里布的国王和阿比西尼亚、苏丹地区的各类国王，还要谈到雅菲思的后裔——中国诸王，以及世界其他民族的奇闻逸事。

25. 第1卷，第196页（关于盖拜赫山和其他民族的记述）：

我们已在本书中提到过关于中国使团的人进见麦赫迪[1]时，对他说"猴子让他们的国王在吃饭时受益匪浅"的事情。

**注释**

[1] 指阿拔斯王朝第3任哈里发麦赫迪（775—785在位）。

26. 第1卷，第197页（同上）：

还有一种猴子，生活在中国的扎比吉国[1]和香料群岛之王麦赫拉吉王国的诸多海湾中。如前所述，后一王国的国王堪与中国国王平起平坐，它位于拜勒海拉（Balharā）王国与中国之间。这种猴子在该地很有名，世人皆知在那些海湾中它的数量非常之多。

**注释：**

[1] 其他版本中作"中国海中的扎比吉国"。

27. 第 1 卷，第 233 页（关于波斯早期国王的记述）：

凯胡斯洛（Kaykhusraw）向前进发，踏平诸多王国，最终抵达中国。他在那里建了一座大城，起名金克迪尔（Kinkdir）。后来不少中国国王定都此城，就像他们定都安姆瓦一样。也有人说金克迪尔就是安姆瓦。

28. 第 1 卷，第 265 ～ 266 页（关于萨珊国王的记述）：

中国国王写信给艾努希尔旺[1]，信的开头是：

"真珠宝石宫殿的君主，宫中有两条河流浇灌沉香树和气味可飘至 2 波斯里的樟脑树的君主，由 1000 个国王的公主服侍的君主，驻地有 1000 头白象的君主——中国国王法格福尔[2]，致其兄弟科斯鲁艾努希尔旺。"

中国国王赠送他一匹全身由真珠编串成的稀世宝马，骑士和马的双眼为红宝石，剑柄为祖母绿并嵌有其他宝石。他还送了一块镶金中国丝绸，上有坐在宫殿中的国王画像，国王头戴王冠，周身珠光宝气，他的头顶上画着几个仆人，他们手中拿着蝇拂。画像全部用金丝编制而成，由天青石做衬底。这块丝绸放在一个纯金匣子里，由一位被长长秀发所遮掩的绝色美女献上。此外他还送了很多中国大地所特有的、国王们认为只能赠与配用者的奇珍异宝。

印度国王的信用红金写在一种叫作"卡济"（al-Kādhī）树的树皮上。这种树生长在印度和中国的土地，是一种颜色好看、气味芳香的植物，树皮比中国纸还要细薄。中国国王和印度国王之间的往来信函都是用这种树皮。

**注释：**

[1] 艾努希尔旺（'Anūshirwān），萨珊王朝国王，即科斯鲁一世（531—579 在位）。科斯鲁（Kasrā）为古代波斯国王徽号。

[2] 法格福尔（Faghfūr），阿拉伯古籍中也常写作 Baghfūr、Baghbūr、Ya'būr 等等。学者们一般均考证为古代波斯人对中国皇帝的专门称谓，意思是：天子。


29. 第 1 卷，第 288 ～ 289 页（关于希腊国王的记述）：

然后亚历山大大帝向中国前进。所经之地的国王们纷纷表示臣服，并向他纳贡缴税。当他行进到突厥荒原后，他想向呼罗珊进发。此前他已使各地国王屈服于他，并委派自己的文官武将控制了那些被他征服的王国。


30. 第 2 卷，第 7 页（关于黑人地区的记述）：

其中大部分象牙在阿曼国备好后运往中国和印度。这些象牙先是从僧祇运到阿曼，然后再从阿曼运往我们提到的那些地方。若非如此，象牙在伊斯兰国家本应是很多的。中国人中，不论是国王还是文官武将、王公贵族，都喜欢用象牙手杖。原因是，任何人，即便是军事将领和与国王最亲近者，都不得携带任何铁器进宫，但携带这种用象牙做的手杖是允许的。因此他们都希望得到笔直的而不是像弓一样弯的象牙，好去做他们的手杖。在他们那里，象牙也被用来在放有偶像的庙宇中焚烧，或是在他们的祠堂里当香烧。这种做法与基督教徒在教堂里烧一种叫作"马利亚香"（dukhnah maryam）的做法完全一样。中国人不在他们的本土使用大象，他们认为拥有大象和骑象打仗是非常不吉利的，个中缘由要追溯到他们古代的一次战争。


31. 第 2 卷，第 11 页（同上）：

大象只在僧祇和印度一带产崽生育，而信德象和印度象的象牙也长不到僧祇象的那样大。僧祇人用象皮做盾牌，印度人也如此。但这种盾牌在坚固性上，远远比不上中国盾牌（al-Daraq al-Sīnī）、莱木泰[1]盾牌、白加瓦[2]盾牌，以及其他各种用奶水浸泡过的兽皮盾牌。

**注释：**

[1] 莱木泰（Lamtah），雅古特在《地名辞典》该词条下说："这是属于生活在马格里布最西端一个柏柏尔人部落的领地。这个部落和这个地方都叫莱木泰，有名的莱木泰盾牌就是这里出产的。伊本·麦尔旺说，那里的人将猎获的野兽的皮扒下来，在鲜奶中浸泡整整一年，然后用其制作盾牌，这种盾牌刀枪不入。"

[2] 白加瓦（Bajāwah），雅古特说这是努比亚的一个地方，生活在那里的是阿拉伯、阿比西尼亚和努比亚的很多民族。以出产白加瓦骆驼而闻名。

32. 第 2 卷，第 20 页（同上）：

世界上没有一个地方比索科特拉岛的希腊人的血统更加纯粹，因为除了本岛居民外，没有任何一个罗马人或其他外族人混杂于他们的谱系中。现在，这里已经成了印度海盗使用的拜瓦里吉[1]——它是指船——的停泊地，他们专门打劫前往中国和印度等地的穆斯林客商和旅行者，正如罗马人在罗马海中利用舒瓦尼打劫来自沙姆和埃及沿岸的穆斯林一样。

**注释：**

[1] 拜瓦里吉（al-Bawārij）和本段之后提到的舒瓦尼（al-Shuwānī），两词均为现代阿语中"军舰"或"战船"的复数。作者的这种用法，说明当年阿拉伯人对出现在不同海域、同样配有火器的海盗船的称谓是不一样的。

### 33. 第 2 卷，第 35 页（关于法兰克人的记述）：

我们已经讲过这些岛屿和以火山而闻名的那个岛的事情。它是活火山，喷出一些燃烧着的物质，形状像人但没有头。这种东西夜间升上高高的空中，然后落入海里被水熄灭。它是一种石头，人们用它擦去本册上的字迹。它很轻，白色，形状像蜜蜂或小黄蜂的蜂窝。这个岛以西西里火山而闻名。……

同样我们也已讲过大地上其他的活火山，比如位于哈达拉毛和希赫尔的拜莱胡特（Barahūt）山谷火山、中国海中的扎比吉火山和艾赛克（'Asak）火山。艾赛克位于法尔斯和属于艾尔疆[1]辖区的阿瓦士之间。这个火山喷出的火焰，夜里在相距20波斯里的地方都能看见。它在伊斯兰国家是非常有名的。

**注释：**

[1] 艾尔疆（'Arjān），古代著名城市，位于设拉子通往伊拉克的交通要道上（今伊朗境内）。638 年曾被阿拉伯人占领，中世纪以丝绸制造

业闻名于世。《地名辞典》中说："该地为一非常大非常富饶的城市，有很多枣椰树和橄榄树，盛产水果；离海很近，距设拉子和苏格阿瓦士（Sūq al-'Ahwāz，意为阿瓦士市场）均为 60 波斯里；该地既具陆地性质又具海洋性质，既属平原又属山区。"

## 34. 第 2 卷，第 194 页（关于阿拉伯人和外族人的年历与月份）：

在阿拉伯人和其他一些外族人那里，一年被分为 12 个月。现在让我们讲述那些以其高贵而著称的民族的年、月、日，它们是阿拉伯人、波斯人、罗马人、古叙利亚人和科卜特人，而罗马人所沿袭的，实际上是希腊人的相关论点。我们不会谈及印度人关于年、月、日的论点及其计算方法，也不会谈及因袭他们论点的中国和其他很多民族和王国，因为他们的论点和计算方法并不为大多数人所熟知所使用。

## 35. 第 2 卷，第 214 页（关于两亮星对世界的影响）：

在人们当中，流传着古人和后世律法学家关于双辉星（指太阳和月亮）如何对这个世界产生作用和影响的很多说法。他们有时将此两亮星作为一个话题，有时则分别论述之。根据本书前文所述，他们曾经谈到其中第 2 颗亮星也就是月亮，以及它对中国海、印度海、阿比西尼亚海和也门海涨潮落潮的影响。

36. 第 2 卷，第 222 页（关于世界的四大特性和四大部分）：

很多普通民众都相信关于野人的传说是真的，认为他们在这个世界上确实存在，比如关于中国等极其辽远的国度有野人的传说。有些人说他们在东方，有些人则说在西方。东方的人说他们在西方，西方的人则说在东方。总之每个地方的人都对本地居民说野人在离他们很远很远乃至遥不可及的国家。

37. 第 2 卷，第 234 页（同上）：

中国的辖区面积，自东方算起是 31000 波斯里乘 11000 波斯里。

38. 第 2 卷，第 241 页（关于著名神庙的记述）：

第 7 座神庙位于中国的最上方，由阿布尔·本·苏布勒·本·雅菲思·本·努哈的后裔所建。选在这个位置的首要原因，是此处为该王国的发祥地、起点和照耀之光的光源。他们有一个关于这个庙的秘密，在中国他们对这个秘密都守口如瓶，即这个庙里有一种被妖魔鬼怪美化后用来迷惑人的东西。

他们对这个庙宇有这样一种认知：天体及其作用与受其影响的现实世界之间存在联系，天体活动变化时这个世界也会发生相应的活动和变化。于是他们头脑中逐渐形成一个想法，即通过观察天体的变化，可以知晓在这个世界将会发生什么对他们不利的事情。

39. 第 2 卷，第 250 ～ 251 页（关于萨比教神庙的记述）：

据一些对这个世界的事情颇有研究并对其记述进行过考证的人说，在中国最远方有一座圆形大庙，庙有 7 门，庙里有一十分厚固的七角形巨大穹顶。在这个穹顶的最高处，有一块比牛犊的头还要大的、看上去很像宝石的东西，它放出的光照亮大圆庙的每一处地方。曾有若干国王试图取下这块宝石，但他们走到一定位置便无法再向前接近它，而且一个个由于焦热难耐而当场倒地身亡。其中有人企图利用长长的工具，比如矛枪一类，将宝石取下，但同样到了那个位置，那些东西就会被弹回来，而且从此不能再用了。假如有人用什么东西向它投掷，结果也是一样的。总而言之，没有任何方法和途径可以取到它。要是有人想拆掉这座庙，哪怕刚有一点动静，此人立刻暴毙。一些富有经验的人认为，这种现象缘于各种磁石作用下的一种独特的反作用力。

这个庙里还有一口七角井，当人来到井边一门心思打水时，很有可能他会像倒栽葱似的一头扎到井底。井边刻有一个像项圈似的图形，里边用一种很古老的字体——依我看是信德体——写着："这口井通向藏书的库房、世界的历史、天体的学问，以及过去已发生的事和以后将发生的事；这口井也通向这个世界各种愿望的仓库。不过，除了那些与我们的能力难分强弱、与我们的知识难分多寡、与我们的智慧难分高低者，是无人可以到达那里并从那里得到收获的。凡是有能力到达这个宝库的人，他就该知道他已经能和我们平起平坐了；凡是无力到达那里的人，他就该知道他不如我们勇敢、不如我们聪明、不如我们博学、不如我们深刻、不如我们精细。"

庙宇、穹顶和水井所在之地，是一片高高隆起于地面的硬石地，犹如一座拔地而起的高山。上面的城堡无人可以企及，下面的山路无人可以通过。人的目光一旦落在那个庙宇、穹顶和水井，就在他看的那一刻，他马上会感到恐惧和悲伤。同时他会觉得自己的心已被它们所吸引，这种吸引诱发出他想要破坏它们的欲念，这种对其造成一点破坏或将其拆毁的欲念又使他陷入痛苦与懊恼之中。

40. 第 2 卷，第 253 页（关于拜火教神庙的记述）：

还有一座寺庙叫作坎杰达（Kanjadah），建造者是强大的西亚乌赫斯·本·卡乌斯[1]。该庙建于他派兵前往与拜尔坎德（al-Barkand）毗邻的中国东部地区时期。

**注释：**

[1] 西亚乌赫斯·本·卡乌斯（Siyāwukhs Ben Kāwus），应是指古代波斯国王凯卡乌斯（Kaykāwus）的儿子、王储西亚乌什（Siyāwush）。古波斯诗歌绘画等文艺作品中有关他的题材非常之多。

41. 第 3 卷，第 326～327 页（关于哈里发麦赫迪的记述）：

穆拜莱德[1] 说：

艾布·阿塔希叶[2] 在元旦[3] 那天送给麦赫迪一个中国瓷罐（Burnyyah Sīniyyah），里面放有一块用麝香熏过的布，上写两句诗：

我的心为世上某位佳人所牵挂，

麦赫迪具有足够的权力左右她。

本来我对心上人已经彻底绝望，

但你的大度让我重燃爱的火花。

麦赫迪看后有点动心，想把其夫人的侍女欧特白赏给他。欧特白对他说："陛下，以我的地位和权力，加上我在宫中服

侍主人多年，您怎么能把我赏给一个会诌几句诗的卖水罐儿的
呢？"

**注释：**

[1] 穆拜莱德（al-Mubarrad，826—898），古代阿拉伯最著名的语
法学家之一，巴士拉语法学派代表人物。最重要的著作为《辞章集成》
（al-Kāmil）。雅古特在《文学家辞典》中称其为"巴格达语言学界泰斗"，
其作品堪称"语言学知识的宝库"。

[2] 艾布·阿塔希叶（'Abū al-'Atāhiyah，748—825），本名伊斯梅
尔·本·加西姆，号艾布·伊斯哈格。阿拔斯王朝著名诗人，出身贫寒
但本人后来十分富有，大部分作品的主题为劝诫人们修行和放弃尘世享
乐，但他本人却嗜财如命。他之所以被人称为艾布·阿塔希叶，是因为
他曾热恋王后一个叫欧特白的侍女，遭拒绝后，痴心不移，仍写诗追求。
"艾布·阿塔希叶"作为他的绰号，就是由此而来，意思是疯癫的人。

[3] 元旦（Nawrūz，亦作 Nayrūz），波斯语，为波斯人和科卜特人
的元旦。

## 42.第4卷，第234页（关于哈里发穆阿台迪德的记述）：

当时正在拜莱德（Balad）的穆阿台迪德[1]将盖特尔·奈达[2]
的聘礼装运到艾布·杰伊什那里。聘礼包括100万银币和其他
财物、香料，以及中国、印度和伊拉克的各种奇珍异宝。

**注释：**

[1] 穆阿台迪德（al-Mu'tadid），阿拔斯王朝第16任哈里发（892—

902在位）。857年生于巴格达。在位期间对国家财政事务进行了许多改革，同时提倡廉政，平反冤狱。被阿拉伯历史学家称为"杰出的政治改革家"。曾与当时埃及突伦王朝统治者胡马莱威（Khumārawayh，864—895）缔结和约，并娶其女儿为妻。

[2] 盖特尔·奈达（Qatr al-Nadā，意为露珠），胡马莱威的女儿。她与穆阿台迪德的婚姻是阿拉伯历史上的重要事件。

43. 第 4 卷，第 247 页（同上）：

我们在《时光记述》一书中，已经讲到过关于黑人地区、赛加利拜（al-Saqālibah，指斯拉夫）、罗马和中国的太监的事情。因为中国人将他们很多的男孩阉割了，就像罗马人将他们的男孩阉割了一样。我们也讲到过那些被阉割的人，在那个器官被割掉之后，所共有的与常人不同的脾性。

# 《肇始与历史》

(Kitāb al-Bad'i wa al-Tārīkh)

**作者与作品简介:**

本书作者是阿拉伯古籍作者中较为特殊的一例。大约在公元966年，穆塔海尔·麦格迪西（Muttahar al-Maqdisī，卒于966年之后）来到锡吉斯坦，应一位大臣的要求，写了一部简明扼要的历史著作，书名即《肇始与历史》。但后来不知什么原因，这部著作却归在哲学家艾哈迈德·巴勒希（al-Balkhī）名下。以本次翻译所依据的版本为例，封面写麦格迪西，封二却写巴勒希，书的结尾又写麦格迪西。哈利法在其《古籍释疑》一书中明确记载该书作者为巴勒希，只字未提麦格迪西。齐里克利则在其《名人词典》中说，法国东方学家玉尔

（C.Huart）考证出《肇始与历史》的作者为麦格迪西而不是巴勒希，因为该书伊历 947 年成书，巴勒希于伊历 934 年就已去世。另外值得注意的是，此麦格迪西与阿拉伯著名地理学典籍《世界区域之最佳区分》的作者麦格迪西（卒于 990 年）并非同一人。

《肇始与历史》是中世纪阿拉伯历史典籍中的重要著作，属纪事本末体。它记载了当时各个民族和各地国王的历史和传闻，而且除了使用已知的材料外，作者还以穆斯林学者的博学，阐述了自己独到的研究成果，并将自己与拜火教和犹太教著名人士的会晤情况公之于世，因而颇受后世学者关注。写作风格上尤其注重删繁就简，并剔除了一些不实的传说和说书人的夸张演义成分。全书约合中文 60 万字。

译文所据版本为黎巴嫩萨迪尔书局 1988 年版 6 卷本。


1. 第 1 卷，第 14 页：

本书第 12 章，讲述大地上人们的各种宗教、信条和学说，以及他们对有经书者的看法；讲述印度人的种类及其律法、礼仪和嗜好；讲述中国人的情况。

2. 第 1 卷，第 143 页：

至于中国人，其大多数属于二神论者（al-Thanawiyyah），
他们中不信神的人说，不存在世界的创造者和掌管者。

3. 第 2 卷，第 60 页：

印度人和中国人对世界年龄的计算很长，但愿我们在适当
的地方讲到它。

4. 第 2 卷，第 147 页：

第 4 种是中国人。他们认为他们世界的年龄是 165 利卜沃
（Ribwah），加三分之一利卜沃，加半个十分之一利卜沃。每
个利卜沃是 1 万年。

5. 第 3 卷，第 88 页：

令人困惑的问题有：戈伦的屈辱，撒米里的牛犊，法板的
降世，开山，七十人之事，焚烧哈伦子民，将各支派迁升到隋
尼后面（Mā warā'a al-Sin）[1]，梦兆的问题，黄牛的故事……

**注释：**

[1] 此段与下面一段文字，均出现在原书第 10 章——关于诸位先知

及其年龄、故事和记述中。作者在不断引录《古兰经》经文的同时，也在同其他宗教进行比较。两段文字中出现的"后面"，原文表述上有一点差别，一个有"Mā"，一个则没有，表达的意思是一样的。这个地名在宗教典籍《古兰经条例大全》中也曾两次出现。此处该地名若译为"中国后面"，恐有不妥，因为阿拉伯古籍有记载，称在埃及西奈一带有一叫作"隋尼"的地方。实际上确有中国译者在翻译《圣经》及其宗教传说中，将该地区译为"中国"，令人困惑。而其他一些阿拉伯古籍，比如泰伯里的《历代民族与帝王史》中，也曾出现过"中国后面"的表述，根据前后文可以明确是在中国附近。

6. 第 3 卷，第 89 页：

他们说，主把他们迁升到隋尼后面（Warā'a al-Sin）一块圣洁的福地。那里的人们不相互欺侮，那里的猛兽也不相互为敌。据传，先知曾在登宵之夜到过他们那里，他们信赖他，追随他。

7. 第 3 卷，第 144～145 页：

他们说，艾弗利宗有 3 个儿子：赛莱姆、突吉和伊尔吉。他把大地分成 3 份给了他们。中国归突吉，罗马和马格里布归赛莱姆，伊拉克和波斯归伊尔吉。然后他要找德貌兼备的三姊妹做儿媳，在奈赫布部族的一个分支中找到她们后，他让她们嫁给了自己的 3 个儿子。

8. 第 3 卷，第 154 页：

于是他在拔汗那和克什米尔与沙姆之间的地区立了 70 个国王，各王之间互不臣服。然后他离开当地，征服了印度，并攻克中国。很多人都说此人便是双角王。

9. 第 3 卷，第 175 ～ 176 页：

之后继位的是纳希尔·尼阿木（Nāshir al-Ni'am，意为造福者），他取此名是因为他给人们带来福祉。人们说，他对外扩张期间曾到过希玛利沙谷，下令在当地造一铜制偶像，造成后他在上面写道："在我之后，再无其他信仰。"他在位 85 年。之后是舍米尔·本·伊夫里基斯，正是他攻入了中国，征服了波斯、锡吉斯坦和呼罗珊大部。他破坏了撒马尔罕，所以那里曾经也叫舍米尔罕。他在位时间是 137 年。

10. 第 3 卷，第 208 页：

当阿穆鲁·本·阿米尔·麦齐基安出也门时，他与儿子失散了。后来这个儿子成了沙姆国王们的座上宾。这是这些地区国王历史中所记载的。印度和罗马的史书中肯定也有记载，中国也是一样。

11. 第 4 卷，第 19 ～ 21 页：

关于中国人的记载。

人们说，中国人普遍属于二神论者和素姆那派（al-Sumaniyyah，印度信仰轮回之说者）。他们有庙宇，里面有他们崇拜的诸偶像。这是他们的宗教。他们有礼教和道德，在组装有趣好玩的物件和制作奇特工艺品方面技艺高超。他们所具有的、在其他民族中不曾见到的、有口皆碑的礼教是：小孩子不能在父亲面前坐下，不能和父亲一同进餐，也不能在父亲面前走动；他们见到父亲要跪拜；同样，所有晚辈见到长辈，为表示尊重都要跪拜。

他们的律法要求人们敬拜太阳、月亮、星辰、水和火。他们对自己认为是美好的东西，统统跪下便拜。每个新生儿降生，人们都立即记写下其出生的时辰，他们为他占星，并裁定一颗代表他的星星。在中国王国，没有一个男人不被枢密院（Dīwān al-Malik）记录在案，因为国王按男人的统计数字收取人丁税。他们的人如果死去，遗体一定要保存至次年其出生的那一月[1]。

他们在尸体上使用一种药，以免腐烂。

偷窃超过 300 铜钱 [2]——相当于我们的 10 个银币——以上者，处以死刑。凡被朝廷判处罚、打、杀者，均必须亲笔写一悔过书，并当着有威望的族长和贤人的面，亲口宣读："我犯下什么什么罪过，我被判受罚或受打或受死是罪有应得。"然后他就去受该受的惩罚。

证人和誓言在他们那里不受重视，因为某人一旦接受某种贿赂便会作伪证。他们在这方面的规矩是，假如某甲借给某乙钱，那么双方须各立一字据，并盖上自己的印鉴。借方写"某人从我这里借去多少钱"，贷方写"我从某人那里借来多少钱"。如果过后双方因借款金额发生争执或贷方不认账，那么双方取出各自的字据对质，以求公允。

某人若在一地出生，后迁出此地并在异地死亡，尸体要运回出生地，在故乡埋葬。某人若纳外乡人中的女子为妾，而该女子生了孩子后那些外乡人又要离开此地，那么他们会把孩子交给他，同时带走孩子的母亲，并对他说："果，归你；根，归我们。" [3] 对贱民和贫弱群体中的通奸现象，他们放任自流，但与富人显贵的家人通奸者，杀无赦。他们对于罪行的处罚大都是死刑。

他们的种植物大多数是富有营养的。人们说，如果干旱少雨，引起物价高涨，国王便会把素姆那派教徒和偶像看守者召集起来，威胁他们：要是求不来雨，格杀勿论。于是他们一直被拘禁关押，雨不下不放人。人们说，国王的宫中有一些铜鼓，每到日落时分他们就会敲一下，于是城中马上不见人影，居民们听到鼓声，纷纷胆战心惊地跑回自己家中，关闭房门。夜晚，大街小巷只有兵士和值更人在巡视，直到次日清晨。其间若发现有人在户外走动，当场斩首，并用他的血在他的后背写上：这就是违抗国王命令者的下场。

**注释：**

[1] 此句原文逻辑上似有不通，可能指保存到次年生日。

[2] 铜钱原文为 Fals，北大版《阿拉伯语汉语词典》注释为："铜钱，铜币，钱，钱财。"也可读作 Fils，为阿拉伯钱币单位名称。

[3] 类似的传说，在伊本·纳迪姆（卒于 1000 年）的《索引书》一书中也有记载，内容略有出入。他说："当我们有人娶了中国的妻子，并要离开时，人们会对他说：'留下土地，带走种子。'如果他把妻子偷偷带走而被人们发现，他将被罚款，款数是事先就确定好的，并被投入监狱，有时还会遭到痛打。"（见《阿拉伯波斯突厥人东方文献辑注》第 151 页）

12. 第 4 卷，第 57 页：

至于僧祇海，则由于水温高和水质硬而没有任何动物生存。

在淡水海中是没有珍珠和宝石的，但中国海是个例外，它的水
是淡水却出产珍珠。

13. 第 4 卷，第 92 页：

大地的奇迹及其创造者，很多书中已经提到过。有的说世
界奇观有 4 个：白头翁（al-Zurzūr）树，亚历山大灯塔，鲁哈 [1]
教堂，大马士革清真寺。其他奇观还有：埃及的两座金字塔，
呈锥形，直刺云天，足有 450 腕尺 [2] 高，上面写着："谁要自
称力大无比，那就把它毁掉吧，毁掉它比建造它更容易。"奇
观还有：中国的呼檀 [3] 吊桥，从一个山头架到另一个山头，是
中国人在以前的时代拴结架设的。奇观还有：吐蕃的一座山，
人称"毒山"（Jabal al-Summ），人一旦从山上经过，便会喘
不上气来，轻则舌头化脓坏死，重则立时毙命。

**注释：**

[1] 鲁哈（al-Ruhā），雅古特《地名辞典》中写作 Ruhā'，位于摩苏尔
和沙姆之间杰济拉（al-Jazīrah）的一座城市。

[2] 腕尺（Dhirā'），自肘至中指尖的长度。阿拉伯腕尺等于 0.5883 米。

[3] 呼檀（Khutan），通指我国新疆和田一带。

14. 第 4 卷, 第 96 页:

在人的种类的怪事中, 我们已经讲过了雅朱者和马朱者。同样还有瓦巴尔[1]的怪人。怪人中有一种在帕米尔一带, 这是中国边远地区的一片荒蛮之地。这些人是一种除了脸浑身上下长满毛的野人, 他们像羚羊一样蹦跳。不止一个瓦汗[2]人对我讲过, 他们要是抓到野人就把他吃了。

**注释:**

[1] 瓦巴尔（Wabār）, 古代位于奈季兰和哈德拉毛之间的一个国家。已经消亡的一些阿拉伯南部部落出自这里。阿拉伯人在讲述古代居住在阿拉伯半岛的人民时常常提到它。其遗迹同最早的阿拉伯部落阿德族和赛木德族的一样, 已经不复存在。

[2] 瓦汗（Wakhān）, 中国史称休密、护密, 位于今阿富汗东北部。

15. 第 4 卷, 第 100 页:

有谁去统计城市和村庄的建造者呢? 又有谁知道它们何时开始被建造的呢? 说到波斯的城市, 我们无非被告知一些他们书里记载的事情。伊斯兰教兴起后所建的城市, 由于时间近, 我们是了解的, 但我们中间谁又知道印度、中国、罗马的城市究竟是怎样呢? 更何况并不是每一座城市或村庄的名字都可追溯到它的建造者。因为城市可能因其建造者而得名, 也可能在其建造之前，那个地方已经由当地的一个水源或一棵树或一个人们经常聚集的地方而得名。


16. 第5卷，第183页：

当叶兹戴杰尔德（伊嗣俟）看到阿拉伯人连连得胜时，他派人把自己的金钱宝物运到中国去了。他已下了决心，一旦战败，他就到那里去。


17. 第5卷，第195页：

叶兹戴杰尔德取道锡吉斯坦到达木鹿沙赫疆，他想由此转奔中国。事前他已将自己的辎重和金钱运到那里去了。


18. 第5卷，第197页：

叶兹戴杰尔德在位20年，其间王国动荡不安，处于分崩离析的边缘。他被杀之后，他的侍仆、随从等一干人也就树倒猢狲散。将领们投奔巴勒赫，歌手们跑到赫拉特，仆人们逃往木鹿。马赫威将叶氏的金银财宝交给了阿卜杜拉·本·阿米尔。至于他事先运到中国的那些东西，则落入中国人手中。

19. 第 6 卷，第 74-75 页：

艾布·阿拔斯[1]得势 3 年后（751 年），布哈拉爆发起义，为首的是舒莱克·本·谢赫·菲赫利。他率 30000 名阿拉伯人和其他人对艾布·穆斯林展开报复行动，反抗他的血腥手段和滥杀无辜的行为。艾布·穆斯林前去镇压，派齐亚德·本·萨利赫[2]和艾布·达乌德·哈立德·本·伊卜拉欣·祖赫利为先锋。双方交锋，舒莱克被杀。他再次征服布哈拉和粟特，并下令构筑撒马尔军墙，以期在敌人进攻时成为一道防御屏障。他派齐亚德继续挺进，后者征服了河外地区的城镇乡村，一直打到怛逻斯（Tarāz）和伊特莱赫（'Itlakh）。于是中国人出动了，发兵 10 万余人。赛义德·本·侯梅德在怛逻斯城加固城防，艾布·穆斯林则在撒马尔罕的军营中镇守。大批将领和招募来的兵士聚集在赛义德那里。他们分几次将中国人各个击败，共杀死 45000 千人，俘获 25000 人，其余纷纷败逃。穆斯林们占领了他们的军事要地，进军布哈拉，降服河外地区的国王和首领们，将他们斩首，并掳走他们的子孙，抢去他们的全部财产。他们不止一次将俘虏 5 万人 5 万人地赶过河去。

艾布·穆斯林决意进攻中国，并为此做好了准备。但接下来发生的一件事使他改变了这一计划——齐亚德向他展示了一封无法证实其真实性的、来自艾布·阿拔斯的信，信上说委任他为呼罗珊的总督。艾布·穆斯林开始施展计谋，最终将齐亚德杀死，并派人把他的首级送到艾布·阿拔斯那里。

**注释：**

[1] 艾布·阿拔斯（'Abū al-'Abbās，约 702—754），中国史籍称：阿蒲罗拔，阿拉伯帝国阿拔斯王朝创建者，首任哈里发。出身于麦加古莱什部落哈希姆家族。750 年其军队攻占大马士革，推翻伍麦叶王朝统治。本文中所说"得势"并非从登基算起。754 年因患天花在安巴尔去世。

[2] 齐亚德·本·萨利赫（Ziyād Ben Sālih），此人即为公元 751 年在怛逻斯一带直接与唐朝安西节度使高仙芝交战的阿拉伯帝国军事将领。我国有些著作提到他时，可能由于从其他文种音译，故将其名字译作：齐亚德·噶利。《册府元龟》中称"谢多诃密"，"诃密"应是艾米尔之旧译。

第三章
编年体史籍中的中国

# 《历代民族与帝王史》

（Tārīkh al-'Umam wa al-Mulūk）

**作者与作品简介：**

作者穆罕默德·本·杰里尔·泰伯里（838—923），号艾布·贾法尔。以泰伯里闻名于世，此附名说明其祖籍是里海南岸的泰伯里斯坦。伊斯兰教著名经注学家、圣训学家、法学家，同时也是中世纪阿拉伯最著名的历史学家。45岁后定居巴格达，从事学术研究达40年之久。一生著述宏富。第一部名著为《〈古兰经〉经注大全》（后世通称《泰伯里经注》），被公认为经注学的典范，蜚声于伊斯兰世界，后世的《古兰经注》作者，无不从这部巨著中摘抄转录有价值的资料。

《历代民族与帝王史》，阿拉伯古籍中有时也称作《历代先知与帝王史》，根据雅古特在其名作《文学家辞典》中的记载，实际上是指泰伯里的同一部著作。后人考虑到其名气，并出于简化的目的，通称为《泰伯里历史》。如同人们将麦斯欧迪的《黄金草原与珠玑宝藏》，通称《麦斯欧迪历史》，将伊本·赫勒敦的《阿拉伯人、异族人、柏柏尔人及其同时代最有权势者时期之殷鉴集与始末录》，通称为《伊本·赫勒敦历史》一样。

《历代民族与帝王史》是一部编年体世界通史巨著。其内容从古代创世的传说讲起，到公元915年为止，以阿拉伯伊斯兰历史为主，兼及其他各民族历史。作为阿拉伯历史上第一部编年体历史著作，它被誉为阿拉伯史学划时代的里程碑和世界史的不朽之作，对后世史学家影响极大。泰伯里也因此被称为"阿拉伯历史学的奠基人"。全书约合中文500万字。

译文所据版本为黎巴嫩遗产书局1967年第2版11卷本。

1. 第1卷，第212页：

艾弗利敦有3个儿子：长子赛莱姆，次子突吉，幼子伊尔杰。艾弗利敦担心自己死后他们兄弟阋墙，互相倾轧，便将自己的领土分成3份，每人各辖一地。他拿来3支箭，将地名写在上面，然后让他们各取一支。结果罗马和马格里布一带归赛莱姆，中国归突吉，伊拉克和印度归排行老三的伊尔杰。他还将王冠和御座交给老三。艾弗利敦死后，两个哥哥向伊尔杰发动进攻，并将其杀死。后兄弟二人各自统治其领地达300年之久。

2. 第1卷，第214页：

艾弗利敦将大地分给3个儿子——突吉、赛莱姆和伊尔杰。他将海宰尔（Al-khazar，指可萨突厥）和中国分给突吉，他们把它叫做隋尼布伽[1]，他还将与其相连的地区并入中国。

**注释：**

[1] 隋尼布伽（Sīn Bughā），该称谓在笔者浏览过的近百部阿拉伯古籍中仅见此一次，比较特殊，是否有汉语专门对应称谓不详。"布伽"一词在阿拉伯古籍中也出现在人名中，多为埃及马穆鲁克王朝来自蒙古或波斯的大将。一般认为该词为蒙古语，人名中对音为"不花"，原意为牛。鉴于泰伯里在古代阿拉伯史学界的地位，他的这一记述，至少让我们知道，阿拉伯史籍中曾有一指中国及其十分广袤的西域地区的专门称谓。

3. 第1卷，第511～512页：

凯胡斯洛希望士兵们从4个方向攻入突厥地区，以便从陆地和海上将其包围。他命令密拉兹从紧靠中国的地区发动进攻。

4. 第 1 卷，第 567 页：

他[1]向安巴尔[2]、摩苏尔和阿塞拜疆进发。他遇到突厥人，经过一场恶战取得胜利并俘获大批人马。然后他返回也门住了一段时期。此时各地国王慑于他的强大，纷纷前来朝贡。有印度国王使者前来进献丝绸、麝香、沉香和印度的其他各种珍奇物件。他看着这些自己从未见过的殊方宝物，对使者说："你这该死的，我见到的这些全都来自你们国家吗？"使者道："大王息怒，您见到的这些好东西，小部分出自鄙国，大部分出自中国。"接着使者描述了中国辽阔的疆域、丰富的物产和数不清的奇珍异宝。他听后发誓要征服中国，于是率领希木叶尔人沿海岸进军，来到莱卡依克人和黑帽人[3]居住的地区。他命一个叫做萨比特的手下带大队人马前往中国，此人一去不返。于是土伯尔亲自率兵攻入中国，大战一场后，将那里的一切席卷一空。

**注释：**

[1] 此处指古代也门著名土伯尔——祖艾阿扎尔，意思是：令人恐惧者。

[2] 伊拉克著名古城。位于幼发拉底河畔。阿拔斯王朝开国第 1 任哈里发艾布·阿拔斯曾将其作为临时首都。伊拉克现有安巴尔省，省会拉马迪。

[3] 黑帽人即戴黑帽子者，北大版《阿拉伯语汉语词典》解释为：僧

侣。莱卡依克，为复数形式，此处语义不详。

5. 第 1 卷，第 577 页：

亚历山大大帝一往直前，来到印度，杀死了它的国王，征服了它的城市。然后他进入中国，在那里的做法与在印度的如出一辙。自此两地百姓皆臣服于他。他统治了中国。

6. 第 1 卷，第 632 页：

也门一土伯尔派儿子哈萨前往信德，派赛米尔·祖吉纳赫前往呼罗珊，并命他二人比赛，看谁先进入中国。[1] 赛米尔兵临撒马尔罕，鏖战一番，直至破城。他大开杀戒，俘获甚多。他率先攻入中国。哈萨随后也进入中国。也门人中有人传说二人后来死在那里，也有人传说二人携大量战利品返回土伯尔处。

**注释：**

[1] 类似"派两人进攻中国，谁先攻入谁便统治它"的传说，在阿拉伯古籍中不止一次出现。据阿拉伯文献载，伍麦叶王朝末期，哈加吉曾派两员大将进攻中国，说过同样的话，走的路线也一样。可见此类记述为无史实依据的演义传说。

7. 第 2 卷，第 97 页：

舍米尔·祖吉纳赫[1]一直来到撒马尔罕，将它包围，但一时无法破城。他见久攻不下，夜里便在四周布下哨兵，直到抓获一个从城里出来的人。他问此人城里及其国王的情况。那人道："您要问这国王，他是个最傻的人，整天除了吃喝什么事也不管。他有个女儿，真正主事的是她。"于是舍米尔让他带上礼物去找这位公主，并对他说："你告诉她，我来自阿拉伯之邦，因久闻她聪慧过人，所以想娶她为妻，并和她生下一个能够统治波斯和阿拉伯的王子。我此行并非为钱而来。我这里有 4000 大箱金银财宝，准备放在她这儿，然后我向中国进军。如果我占领那片土地，她就做我的女人；如果我丧身疆场，财宝就归她所有。"得知他这个口信后，那位公主说："我答应他，让他把说的东西送过来吧！"于是舍米尔找来 4000 个大箱子，每个里面藏两人。撒马尔罕有 4 座城门，每座由 4000 士兵把守。他与手下约定以打铃为号，而他自己则混入运箱人当中。他们刚一进城，他便敲响铃铛，隐藏的士兵们听到铃声，从箱里一跃而出，迅速拿下城门。舍米尔亮出自己的身份，人们惊慌失措，城市顷刻陷落。他杀死大量守城军民，掠夺无数财物，之后向中国进发。途中他与突厥大军相遇，将其打败。他到达中国时，发现哈萨·本·土伯尔已先于他 3 年攻入中国。他们两人在那里住了下来——有人说他们就死在那里。他们在那里住了 21 年。

至于有人说他们在中国一直住到死，事情据传是这样的：一个土伯尔在自己和他们之间筑起烽火台，遇有事件发生，便在夜间点火报信。他与他们约定：他这边如果点两堆火，表示亚福尔已亡，点三堆，表示土伯尔已亡；他们那边如果点一堆，表示哈萨已亡，点两堆表示二人皆亡。他们就这样住着，直到后来土伯尔那边点起两堆火，于是他们知道亚福尔死了，再后来见到三堆火，知道土伯尔也死了。

但流传更广的说法是，舍米尔和哈萨从原路回师，带着从中国获得的大量金钱及各种珍宝、香料等战利品，与土伯尔会合后，一同返回他们的国家。

**注释：**

[1] 舍米尔（Shamir）在阿文史籍中有时也作赛米尔（Samir）。祖吉纳赫的意思是有翅膀的人。关于舍米尔取道撒马尔罕攻入中国的传说，阿拉伯史家记述常有自相矛盾之处，实为子虚乌有的传说，人们从也门土伯尔的寿命少则一两百岁多则四五百岁，便可知晓。

8. 第 2 卷，第 103 页：

他 [1] 战无不胜，威名远扬，所有国家都惧怕他。一时间宫廷门前各国来使络绎不绝，分别来自中国和海宰尔以及其他此类大国。

**注释：**

[1] 指蒙济尔·本·努尔曼，希拉王国蒙济尔一世（418—462）。

9. 第 2 卷，第 111 页：

以上是希木叶尔王国以土伯尔为王号者的家系。正是舍米尔攻入了中国，建了撒马尔罕 [1]，给希拉起了名字 [2]。正是他吟出这样的诗句：

　　吾乃舍米尔，统辖也门地。

　　本国与沙姆，万马任调集。

　　中国以远族，众奴叛乱起。[3]

　　征服行公道，无人越法纪。

**注释：**

[1] 阿拉伯历史传说中他只是摧毁了该城。

[2] 传说当年舍米尔向中国进军途中，在伊拉克某地迷路，一时不知该往何处走，于是便给此地起名希拉。阿语希拉意为：困惑、迷惘。

[3] 此句中的"中国以远"，直译应为"中国的后面"。

10. 第 3 卷，第 594 页（"伊历 14 年"条下）

欧特白·本·盖兹旺[1]带领 300 人来到巴士拉。当看到眼前一片片芦苇，听到呱呱的青蛙叫时，他说道："哈里发命我在离阿拉伯陆地最远、距波斯乡村最近的地方扎营。我看这里正是我们应该遵令落脚之地。"于是他在胡莱伊拜扎营。乌布莱有 500 波斯骑兵守卫。当时这里是来自中国等地船舶停靠的港口。

**注释：**

[1] 欧特白（卒于公元 638 年），穆罕默德门弟子，第 7 位信奉伊斯兰教的人。曾迁徙至阿比西尼亚和麦地那。随穆罕默德参加过所有对外征服的战争。哈里发欧麦尔委任他掌管巴士拉地区事务，于是他在那里建了巴士拉城。

11. 第 4 卷，第 167 页（"伊历 22 年"条下）：

当时正在木鹿鲁兹（Marw al-Rūdh）[1]的叶兹戴杰尔德修书给可汗求援，也修书给粟特国王求援。于是他的两个使者前往这两个王国。同时他还修书给中国国王，请求援助。

**注释：**

[1] 雅古特在《地名辞典》"木鹿鲁兹"条下说："鲁兹为波斯语，意思是河。所以木鹿鲁兹意译应是木鹿河。它是离木鹿沙赫疆（Marw al-Shāhjān）很近的一个城市，两城之间有 5 日路程。它坐落在一条大河旁，故得名。它比另一个木鹿沙赫疆规模要小。"

12. 第 4 卷，第 170～171 页：

叶兹戴杰尔德在将木鹿手中掌控的金银财宝聚集在一起之后，急于把这些财宝运出此地，带着它去追赶可汗。由于这些财宝对于波斯人来说至关重要，所以他们问他："你究竟要做什么？"他说："我想去追赶可汗，和他在一起，或者到中国去。"他们说："且慢。这是个非常糟糕的主意。你这样做，只能是到他们的王国去做臣民，而不再有自己的国土和臣民。这样还不如你把我们带回到这些人（指攻打他们的阿拉伯人）那里，我们去和他们讲和。我们宁可让他们统治我们的国家，因为他们是信守诺言的人，而且有宗教信仰。"他和他们各执己见，谁也不能说服对方。

13. 第 4 卷，第 172～173 页：

他们说：

可汗过河时，波斯萨珊王朝科斯鲁王室的侍从们或跟随叶兹戴杰尔德前往巴勒赫（Balkh）的人，遇到了叶兹戴杰尔德先前派往中国国王那里的使者。使者带有中国国王的回信和赏赐的礼物。他们问他此行的结果。他禀报说，当他见到国王时，他呈上信件，献上礼物，国王也赏赐他礼物。说着使者让众人看中国国王赏赐的礼物。使者说中国国王给叶兹戴杰尔德写这封回信前，曾对他说：

"我知道，当国王们受到攻击时，其他国王们理应出兵援救。你再给我描述一下这些把你们赶出家园的人的品行。我听你提到他们人少，你们人多，可我从未听说在数量悬殊如此之大的情况下，人少的他们能连战连胜、人多的你们却节节败退的情况。"

使者说："那您想问什么就问吧。"

国王问："他们是信守诺言的吗？"

使者说："是的。"

国王问："在进攻你们之前，他们对你们说了什么？"

使者说："他们让我们在3件事情里选择1件：要么信奉他们的宗教——如果我们答应，他们就对我们一视同仁；要么交纳人丁税甘当顺民；要么宣战。"

国王问："他们对自己的首领是如何表示尊服的？"

使者说："他们是最尊服自己引导者的民族。"

国王问："他们允许什么，禁止什么？"

使者告诉他后，他问："他们是否禁止你们做允许他们做的事，或允许你们做禁止他们做的事？"使者说没有。于是他说："这些人，直到他们使禁戒成为合法、使合法成为禁戒之前，是永远不会灭亡的。"停了一下，他又说，"给我讲讲他们的衣着。"使者告诉了他。他又问他们骑乘的动物。使者说有纯种阿拉伯马，而且描述得很仔细。他说："这才是真正的好马啊！"使者又给他描述了骆驼，以及它如何卧下、如何用驮子驮起很重的物品。他说："这正是有长脖子的牲口的特点。"

中国国王在写给叶兹戴杰尔德的信中说：

"我清楚地知道我应尽的义务，本可派出一支先头部队在木鹿、后续部队在中国的大军。然而，你的使者为我描述的这些人，倘若要攻克群山，他们能将其夷为平地；倘若他们一路无阻，那连我也抵挡不住——如果他们像所描述的那样。所以，你还是与他们讲和为上，委曲求全让他们满意好了，只要他们不惹恼你，你也不要去激怒他们。"

14. 第 4 卷，第 295 页（"伊历 31 年"条下）：

有人说，叶兹戴杰尔德决定在呼罗珊暂时落脚，然后聚集了一些人马，带领他们去和占领他王国的人交战。他和跟随他的人前往木鹿，同行的有作为人质的一些部落酋长的儿子们，还有他们的一个首领法鲁海扎兹。到达木鹿后，他给各地国王写信求救，同时也写信给中国君主、拔汗那国王、喀布尔国王和海宰尔国王求援。[1]

**注释：**

[1] 以上第 4 卷的 4 段所述内容涉及唐与波斯的交往，是中国伊朗关系史上的大事。叶兹戴杰尔德即耶兹底格德三世（651 年卒），我国史称伊嗣俟，亦作伊嗣侯。范文澜说："633 年，大食侵波斯，波斯战败，国王伊嗣侯逃亡。647 年，伊嗣侯遣使来朝，请求援助。因道路遥远，唐太宗不允出兵。伊嗣侯死，子卑路斯逃亡到吐火罗，又遣使求救，唐高宗仍因路远不允出兵。"（见《中国通史简编》修订本第 3 编第 1 册第 295 页，人民出版社，1965 年）

对于此事，泰伯里的记述和中国史家的论述，在大的方面基本上是一致的。然而在一些小的问题上，有些出入，比如唐王不允出兵的理由。泰伯里所述关于路遇从中国返回的使者、使者与中国皇帝之间的对话和中国皇帝回信的内容，恐有传说成分，只能作为一种参考。

15. 第 6 卷，第 312～313 页（"伊历 77 年"条下）：

布凯尔曾说："我担心这些和我一起的骑兵会战死。"艾哈奈夫答："你是怕人马不够？要是这些人阵亡了，我从木鹿人当中给你补充兵源。"布凯尔说："我担心穆斯林战死太多。"艾哈奈夫答："你只要大声疾呼就是了：谁成为穆斯林，我们就免去谁的地租！你马上就可募集 5 万名比这些人更听命于你更顺从于你的穆斯林。"布凯尔说："要是伍麦叶和他的手下也因此而死了呢？" 艾哈奈夫答："他们怎么会死呢？！他们人马众多，后援充足，武器精良，装备齐全，自己都可以一直打到中国去！"

16. 第 6 卷，第 437 页（"伊历 88 年"条下）：

关于古太白征服努木舍克斯（Nūmushakath）和拉密塞那（Rāmīthanah）的经过。

巴希利部族的人说："突厥人以 20 万之众抵抗穆斯林，为首的是中国国王的外甥库尔·穆加努·突尔基（Kūr Mug-hānūn Turkī）。穆斯林最终战胜了他们。"[1]

**注释**：

[1] 此说与纳忠在《阿拉伯通史》中所述基本相符——706 年古太白向粟特地区大举进军，"粟特地区的突厥各部族人民见势不妙，乃打破各自为战的孤立局面，实行各方大联合，号召了 20 万人众，奋勇抵抗。但仍挡不住阿拉伯人的凌厉攻势，终于被各个击破"（见该书上卷第 269 页）。而此处有关中国国王外甥一说，不知我国史籍有否记载。阿拉伯部分史书和古游记有关征服或游历河外地区的记述中，曾提到若干个中国国王的外甥，引起中外学者兴趣并加以考证，结果众说不一。有唐与外藩和亲的真外甥（其实不一定真有皇室血统，皇上嫁给外藩的所谓姐妹或女儿中不乏侍女甚至民女），有大食人以为是中国国王其实为藩王的外甥，也有唐叛将在边陲自立为王、被大食人称为"中国国王"的外甥。

17. 第 6 卷，第 500～503 页（"伊历 96 年"条下）：

这一年，古太白·本·穆斯林进攻了中国，并征服了喀什。[1]

有关消息是这样的。伊历 96 年，古太白（继续向前）扩张。他和手下都带着家眷。因为担心苏莱曼的不利之举，他想把他们安置在撒马尔罕。过锡尔河时，他在渡口挑选了一员信得过的、人称花拉子密的大将，并对其下令道："未经我许可，任何人不得过河。"接着他前往拔汗那。他将最先到达通往喀什之路的人，派往伊萨姆山道。喀什是最近的中国城市。他是在拔汗那得知哈里发瓦立德的死讯。也有说古太白派凯西尔·本·福兰前往喀什。后者所俘甚多，并在这些作为古太白之战利品的俘虏脖子上盖了戳[2]。然后古太白回返，并得知瓦立德的死讯。

还有人说古太白深入到临近中国的地区时，中国国王修书一封给他，云："请你派一名你们当中出身高贵者前来告之你们的情况，同时我们也将向他询问关于你们宗教的情况。"古太白从其兵士中挑选了 12 人，也有人说是 10 人，他们都来自一些荒野的无名部落，但个个英俊强壮，能言善辩，智勇双全。他考问他们后，认为他们是再合适不过的人选；测试他们后，发现他们才貌兼备。于是下令为他们准备最好的兵器和丝毛混织、刺绣彩饰、细白柔软的各色上好服装，以及靴子和各种香料，再配上几匹良种高头大马驮运行李，外加他们骑乘的骡子。

他们当中口才最好的要数胡白菜·本·木沙拉吉·基拉比。于是古太白问他："你将如何行事？"答："愿真主成全大帅！您的文才武略谁人不晓。您说吧，您怎么说我就怎么说，您让我怎么做我就怎么做。"古太白道："那你们就去吧，到达他们的国家前，不要摘下你们的缠头巾。如果你们见到他们的国王，就告诉他，说我已经发誓，不脚踩他们的国土，不在他们王子王公的脖子上盖了戳，不收了他们的人头税，我决不收兵。"

在胡白菜的率领下，他们上路了。到了以后，中国国王要召见他们。于是他们进了浴室，出来时全都先穿上衬衣，后穿上白色外衣，然后擦上一种叫做"加利叶"的麝香和龙涎香的混合香料，接着又往衣服上熏了香，最后穿上靴子和长袍。他们来见国王，他侧旁有不少王公大臣。他们坐下来，但国王以及他的幕僚们没一个同他们讲话。于是他们便站起来走了。国王问在场者："尔等如何看这些人呀？"众人答："他们跟女人没什么两样，他们身上散出的味儿简直让人受不了。"

第二天，国王再次召见他们。于是他们穿上彩饰礼服，围上丝毛混织的缠头巾，披上花缎外袍，来到国王面前。孰料他只说了句："你们回去吧。"过后他问他的朋友们："今儿这样子，尔等怎么看呀？"众人答："这样子比起第一次来像点男人了。"

第三天，国王又召见他们。这次，他们把兵器搬了出来，然后披甲戴盔，佩剑持矛，肩背弓弩，跨上战马，直奔王宫而去。中国国王一见，以为群山向他压将过来。待到近前，他们摩拳擦掌，挺起长矛，朝中国人步步逼近。在他们靠近之前，有人说了句"你们请回吧"，因为恐惧已然占据了他们的心。胡白菜等人扬长而去，他们一边挺起手中矛枪向前一伸一缩做刺杀状，一边策马飞奔，仿佛要让马儿去追赶矛枪。国王问手下："尔等如何看他们？"众人答："从未见过如此好汉！"

晚上，国王派人来对他们说："你们选个首领，也就是最优秀的人前来晋见。"于是他们推选了胡白菜。国王见到他，说道："我的赫赫王权，想必你们已经见识了。在我这儿，没人敢把你们怎么样。在我的国家，你们就像我手心的一个鸡蛋一样安全。我问你一件事，你要照实说，否则我便把你们全杀了。"胡白菜说："请问吧。"国王问："你们这三天穿三种衣服，原因何在？"答："第一天的是我们国民平日穿的服装，那香也是他们平日所熏；第二天的是我们晋见领袖时穿的服装；

至于第三天，则是面对我们的敌人时穿的服装，换句话说，若有人把我们惹火了，我们穿的就是这个。"国王感叹道："如此这般，真可谓天衣无缝也。你们回去吧，见到你们的统帅就说我说了：让他退兵吧，我已知道他的贪图，也知道他兵少将寡，如不退兵我将派人迎战，把你们连同他一起斩尽杀绝。"胡白菜道："我们大帅的马队，先锋在你的国家，后续连绵不绝，一直到橄榄树生长的地方，你怎能说他兵少将寡？再者说，一个能够征服天下，连你的国家都敢攻打的人，怎么能说是个贪图者呢？至于你以杀我们相威胁，我想告诉你，我们的死期是天定的，若是它来了，我们将视死如归。我们不厌恶死期，更不惧怕它。"

国王听后道："那你说，什么能让你们的统帅满意而归呢？"胡白菜答道："他已发誓，不脚踩你们的国土，不在你们王子王公的脖子上盖了戳，不让你们交了人头税，他决不收兵。"国王道："这样吧，我们来让他解除这个誓约。我们送去我们国土上的土，让他去踩好了；我们送去几个我们的子弟，让他去盖戳好了；我们送去人头税，让他心满意足好了。"

过后，他叫人拿来几个大金盘子，上面放了土，又取出大批丝绸和金银财宝，并从他和王公们的儿子中找出 4 个后生跟他们回去。国王赏赐了他们，之后放他们踏上归程。于是他们带着中国国王送的东西上了路并回到古太白那里。后者接收了人头税，在那几个后生的脖子上盖了戳并将他们放了回去，然后他踩了土。

赛瓦戴·本·阿卜杜拉·赛鲁里曾为此吟道：

你派使团前往中国绝无错误，

只要使者们走的是光明正路。

**注释：**

[1] 有关伍麦叶王朝后期古太白曾率兵攻打、攻入乃至征服中国一事，在阿拉伯古籍中屡被提及，被看作是阿拉伯帝国对外扩张史上的辉煌战果，至今仍有一些阿拉伯人甚至阿拉伯百科全书照说不误。所有相关记述的源头就是泰伯里以上这段文字。而泰伯里在这段记述的开始是写明了其"传述系统"的，即这段传闻是谁听谁说的。实际上泰伯里七转八转最终追溯到的人，是一个无名无姓的呼罗珊老头。由此可见，他所记述的这段内容中的绝大部分属于极富夸张色彩的民间传说。

[2] 在俘虏或人质的脖子上盖戳，是原文直译，其象征意义不难理解。但这是否为古代阿拉伯人的一种传统行为，未见其他资料佐证。

18. 第 6 卷，第 521 页（同上）：

泰里马赫吟道：

那些人将古太白残忍地杀害，

马队也愤然飞踏起漫天尘埃。

在那称为中国草原的草原上，[1]

有件事情阿拉伯人终于明白——

谁是北方先民最尊贵的将才！

**注释：**

[1] 中国草原（Marj al-Sīn），确切位置不详。雅古特在《地名辞典》中没有提到这个地名。古太白被部下杀死在呼罗珊，但他所谓建功立业之地是在河外地区。

19. 第 7 卷，第 10 页（"伊历 104 年"条下）：

关于海莱希（Harashī）和粟特人之间的战事。当时在粟特人手中有一些穆斯林王子王孙，他们杀了其中 150 人，也有说杀了 40 人。其中一个少年得以逃脱，向海莱希报信。也有说是一个男人给他报的信。海莱希质问俘获的粟特人此事，他们矢口否认。他派一个了解他们底细的人前去打探，结果发现消息是真的。于是他下令杀死他们，但将其中的商人挑出来——这些商人有 400 个，携有从中国带来的大量金钱。

20. 第 7 卷，第 113 页（伊历 119 年条下）：

这一年，阿萨德·本·阿卜杜拉进攻胡泰勒（al-khuttal）[1]，征服了宰格尔宰克城堡。他从那里前往希达什（khidāsh），虏获战俘羊群无数，因为当地军队已经逃往中国。

**注释：**

[1] 宋岘译《道里邦国志》第 43 页有注曰：《西域记》所言之珂咄罗国，其国"南北千余里。国大都城周二十余里。东接葱岭至拘谜多陀国"。

21. 第 7 卷，第 128 页（同上）：

胡泰勒国王苏布勒临终前嘱咐继任者伊本·萨伊吉不要与阿拉伯人交战。军队已经逃到中国去了。因为当阿萨德把可汗的下场告诉伊本·萨伊吉后，后者已不想与阿萨德交战了。

22. 第 7 卷，第 460 页（"伊历 133 年"条下）：

这一年，艾布·达乌德·哈立德·本·伊卜拉欣自斡合什（al-Wakhsh）前往胡泰勒。他进入该地，没有遇到其国王的抵抗。国王连夜带领一些酋长和手下弃城堡而出逃，一直逃到拔汗那，最后投奔中国国王。

23. 第 7 卷，第 464 页（"伊历 134 年"条下）：

这一年，艾布·达乌德攻打渴石 (Kass) 人，杀死其王艾赫里德。后者本已归顺，此前曾献出巴勒赫。艾布·达乌德在杀死国王及其属下时，得到许多他从未见过的镶刻黄金的中国瓷器，以及全部用锦缎所做的中国马鞍，还有大量中国的奇珍异宝。

24. 第 7 卷，第 614 页（"伊历 145 年"条下）：

据人们说，在兴建巴格达城之前，哈里发艾布·加法尔·曼苏尔曾独自一人出巡，想找一个能够作为自己和士兵们的驻地继而能够修建一座城市的地方。他先往下走，来到杰尔杰拉亚（Jarjarāyā），随后转到巴格达、摩苏尔，然后又回到巴格达。他说："此处是个驻军的好地方。而且这底格里斯河可以让我们轻而易举地和中国联系起来，海上的一切都能顺河而上到达我们这里。"

25. 第 7 卷，第 617 页（同上）：

有人把巴格达村长找来向曼苏尔陈述当地情况。村长说："信民的领袖，您在这得天独厚的地方，借幼发拉底河之利，可用船只将马格里布的粮秣和埃及、沙姆的珍宝运来；借底格里斯河之利，可用船只将中国、印度、巴士拉和瓦西特的粮秣运来。"

26. 第 9 卷，第 542 页（伊历 265 年条下）：

关于艾哈迈德·本·莱赛威与赞吉（Zanj）部族将领苏莱曼之间的战役。苏莱曼带领全部军队来到舍里提亚（al-Sharītyah），驻扎了约一个月，并将作乱者投入河中。在此期间，他没有骚扰周围的胡斯鲁（Khusru）人。他的粮草是从隋尼（al-Sīn）[1] 一带筹运来的。

**注释：**

[1] 根据上下文，此次战事发生在库法一带，所以此处"隋尼"不宜译作"中国"。此地是否与中国有渊源，阙疑。

27. 第 9 卷，第 563 ～ 564 页（"伊历 267 年"条下）：

赞吉人战败，全部退至泰希萨（Tahīthā）。艾布·阿拔斯则在欧木尔扎营。他在此住了一段时日，同时向各地派出先遣部队。赞吉人将领苏莱曼和部下兵士在泰希萨加紧设防，沙拉尼也在苏格海密斯（Sūq al-Khamīs，意为周四市场）加紧设防。当时他们在隋尼娅同样拥有重兵，统领他们的是一个名叫奈斯尔·信迪的人。他们将能破坏的东西全都破坏掉，将能运走的粮草全都运走，统统运到他们所住的几个地方。艾布·阿拔斯派手下几个大将率骑兵前往隋尼娅，其中有沙赫、库木什朱尔、费德勒·本·穆萨·本·不花和他的弟弟穆罕默德。一场战斗后艾布·阿拔斯满载而归，回到军营。他征服了隋尼娅，将赞吉人从那里赶了出去。

穆罕默德·本·舒阿布说："当我们正和赞吉人在隋尼娅交战之时，忽然有一只灰鹤从艾布·阿拔斯头上飞过。于是他搭弓放出一箭，将其射中，掉落在赞吉人手中。当他们看到箭射得如此之准，并知道这是艾布·阿拔斯的箭时，他们感到更加恐惧。这是他们那次战役失败的一个原因。"

28. 第 9 卷，第 569～570 页（同上）：

艾布·艾哈迈德来到隋尼娅，命令艾布·阿拔斯的部队轻装前往哈瓦尼特 (al-Hawānīt, "店铺"的复数)，去探听住在那里的苏莱曼的虚实。穆罕默德·本·哈马德说："这次战役中，曾发生穆罕默德·本·舒阿布在隋尼娅之战[1]中提到的关于艾布·阿拔斯和灰鹤的事。"

**注释：**

[1] 泰伯里在以上两段记述中，共提到"隋尼娅"6 次，并且使用了"隋尼娅之战"的表述，亦可译为"隋尼娅之日"或"隋尼娅战日"，是阿拉伯历史上重要战役的传统表述形式。加上记述中前前后后提及的不少周围村镇的地名，让我们感到这个可能与中国有关的地点并非那样

虚无缥缈，考证出它的具体位置不是不可能的。此外在本段记述中，将隋尼娅和哈瓦尼特明确为两个地方，而在其他阿拉伯古籍中，两个词都是连在一起，表示为一个地方即"隋尼娅哈瓦尼特"，其字面意思似为"中国店铺"。

# 《历代民族与帝王史通纪》

## (al-Muntazam fi Tārīkh al-'Umam wa al-Mulūk)

**作者与作品简介：**

伊本·焦济（Ibn al-Jawzī，1116—1200），全名阿卜杜·拉赫曼·本·阿里·本·穆罕默德，号艾布·法尔吉。生卒均在巴格达。著名历史学家、教义演说家、罕百里学派教法学家，被认为是当时的学界泰斗。著述达 300 余部，涉及各种学科，主要是关于历史学和圣训学的。在今天经点校出版的阿拉伯古籍中，其著作所占比重相当大，不仅因为重要，而且比较有趣。比如著名的《智者录》和《傻瓜蠢材录》。其他著作尚有：关于历史的《前朝的散珠》《国王传记中的金锭》，关于阿拉伯人医学和占卜术的《裨益的果实》，关于伦理的《理智制约爱情》，关于训诫说教的《甘甜的泉水》《一颗宝石》《泪海》，关于埃及尼罗河和其他河流的《福从何处来》，等等。

《历代民族与帝王史通纪》是其最有名也是部头最大的史学著作。从书名即可看出，作者试图在泰伯里的《历代民族与帝王史》问世100多年后，重撰一部编年体通史著作，颇有一点争衡之意。然而，后世学者几乎一致认为，他的这部史著无法与泰伯里的史著相提并论，并批评作者既从泰伯里和巴格达迪（《巴格达志》的作者）的著作中引用大量史料，却又不明确注明出处的做法，也批评他未能像亚古比（《亚古比历史》的作者）和麦斯欧迪（《黄金草原与珠玑宝藏》的作者）那样，注重记述世界其他民族特别是中国和埃及等"大国"的信息和情况。尽管如此，学者们也客观地承认，他的这部史学著作，至少在两个方面开了先河。一是作者在书中记录了3370位哈里发、国王、大臣、教法学家、圣训学家、史学家、哲学家、诗人和其他著作家的传记，而这在编年体总框架下的阿拉伯史籍中是前所未有的。二是作者在史籍撰述手法上的创新，即不像前人那样要么重纪传轻纪事、要么重纪事轻纪传，而是以一种均衡的叙述风格将两者恰到好处地糅合在一起。他的这种写作风格被他之后的阿拉伯史学家竞相模仿。全书约合中文900万字。

译文所据版本为贝鲁特学术书籍出版社 1993 年第 1 版 18 卷本。

1. 第 1 卷，第 129 页（"大地创始"条下）：

盖塔代（Qatādah）说：

大地有人居住的地方共有 24000 波斯里，其中信德人和印度人占 12000，他们是哈姆·本·努哈的苗裔；中国人占 8000，他们是雅菲思的苗裔；罗马人占 3000，阿拉伯人占 1000，阿拉伯人和罗马人都是萨姆·本·努哈的苗裔。

2. 第 1 卷，第 131 ～ 136 页（"各国记述"条下）：

其他学者们说：

整个大地分为 7 个区。第 1 区为印度，第 2 区为希贾兹，第 3 区为埃及，第 4 区为巴比伦，第 5 区为罗马，第 6 区为雅朱者和马朱者，第 7 区为中国。每个区的面积为 700 乘 700 波斯里，其中不包括山和河谷。所有地区被最大的海所围，所有这一切又被哥夫山（Jabal Qāf）[1] 所围。

艾布·哈桑·艾哈迈德·本·加法尔说：

第 1 区从东方的中国最远之地开始，从连接南方的海岸经过中国，那里有中国国王之城[2]。然后沿海岸到印度南部，然后是信德，然后过海到阿拉伯和也门。

第 2 区从东方开始，经过中国，然后经过印度……

第 3 区从东方开始，经过中国北部，然后是印度……

其他人说：

大地上不同国家有人居住的地区被划分为 7 个民族，即中国、印度、黑人地区、柏柏尔、罗马和波斯。波斯位于这些王国的中间。

中国沿海的长度是两月路程。中国有 300 座城市，座座人口稠密。据说，没有一个进入中国的人想出而出得来，特别是别想从中国那个叫作伊什比拉（al-'Ishbīlā）[3]的地方出来，那里有大量的黄金。

中国的名称出自隋尼·本·亚布尔[4]，其边界在希贾兹和沙姆之间，直至塔伊夫（al-Tā'if）。[5]

要知道，伊斯兰王国（Mamlakah al-'Islām）东接印度，西接罗马王国，北接中国王国，南接波斯海（Bahr Fāris）。至于波斯王国，其东是伊斯兰王国，其西其南为环海（al-Bahr al-Muhīt）[6]。

## 注释：

[1] 这个山名，在《一千零一夜》中经常出现，动不动就"把你扔到哥夫山去"，给人感觉有点类似中国人说的"九霄云外"等虚无缥缈之地。有的西方译者在《一千零一夜》的注释中说世界上确有此山，在外高加索一带。《阿拉伯语汉语词典》对 al-Qāf 的注释为"[宗]哥夫山（传说中环绕地球的大山）"，并举例说"他住在哥夫山外"，意思是离群索居，单独居住。实际上"哥夫山"显然牵扯到古代阿拉伯人对天体宇宙的认知。雅古特在《地名辞典》中提到这个"地名"时说："有人说这哥夫是一种绿玉，天的绿色就是从它的绿色而来。有人说它的绿色是由它上面的绿色而来，哥夫山是其支脉。有人说所有的山都是哥夫山的支脉。有人说哥夫山与天之间的距离只有一人高，甚至说天就附着在它上面。有人说它的后面是只有真主知道的世界和被创造物。更有人说它的后面被认为是来世所在，太阳从那里落从那里升。"

[2] 中国国王之城（Madīnah Malik al-Sīn），作者可能是指所谓"京城"，具体地点阙疑。阿拉伯古籍偶尔提到中国京城时，所用地名有些"古怪"，比如塔贾、班珠、新城等等。此类地名确切所指尚待考证。

[3] 伊什比拉（al-'Ishbīlā），所指不详。可能是传说中的地方，也可能是阿拉伯古籍中常有出现的"西拉"（al-Sīlā /）一词的变体。后者被一些中国学者考译为新罗（指今朝鲜）。

[4] 隋尼·本·亚布尔（Sīn Ben Ya'bur），一些阿拉伯古籍所述传说中第一个来到中国（al-Sīn）的人。

[5] 作者在此段文字中所说的中国"版图"如此之大，以至成为阿拉伯本土的邻邦，这在其他阿拉伯古籍中较为少见。历史上的中国版图时有变化，所属西域范围也十分广阔，但其边界延达今沙特境内塔伊夫一带，似未有所闻。

[6] 根据雅古特对此海的记述，阿拉伯人沿袭着古代希腊地理学家的

认知：环海像月晕环绕月亮一样环绕着地球。因此有些阿拉伯古籍对环海的记述，时而似指今大西洋，时而又似指今印度洋。

3. 第 1 卷，第 139 页（"山脉之记述"条下）：

塞兰迪布[1]群山，同样是高耸入云。其中包括阿丹（'Ādam）[2]从天堂下来的那座山。此山叫作瓦什（Wāsh），也有人说叫瓦希姆（Wāshim）。人们说山上有阿丹的脚印。这是一座在离它有几天路程的海船上都能看到的高山。据说有人丈量过阿丹的脚印，足有 70 腕尺。人们说，在这座山上有一种类似闪电的东西，无论冬夏长年不断。山的四周有五颜六色的宝石，山谷中还有钻石。这种钻石可用来划断玻璃和石头，钻透珍珠，或做其他的事情。这座山上出产沉香、胡椒和各种食用香料，山上还有灵猫（Dābbah al-Zabād）[3]和一些产麝香的动物（Dawābb al-Misk）。然后山就直着延伸到中国山脉（Jibāl al-Sīn）[4]，那里有各种各样的植物、熏用香料（al-Tīb）和很多其他有用的东西。

**注释：**

[1] 塞兰迪布，亦译细轮叠，通指锡兰，即今斯里兰卡。中国古代曾经称其为狮子国、师子国、僧伽罗。

[2]《阿拉伯语汉语词典》注释为："〔宗〕阿丹，亚当（据说是人

类始祖）。"《中国伊斯兰百科全书》"阿丹"条下云："《古兰经》中记载的人类始祖。是安拉用泥土造化的第一个男人。"

[3] 灵猫（Dābbah al-Zabād），一种哺乳动物，肛门下部有分泌腺，能发香味，亦称香猫。分泌物称灵猫香，阿语为：al-Zabād。

[4] 中国山脉（Jibāl al-Sīn），这一地理概念鲜见于阿拉伯古籍。位于印度洋岛国斯里兰卡的中国山脉，其名称起源为何不详。

## 4. 第 1 卷，第 143 页（同上）：

接下来是位于海岸的加尔 [1]，来自阿比西尼亚、埃及、巴林地区和中国的船舶在此停靠。

**注释：**

[1] 加尔（al-Jār），位于古代红海东岸、今沙特境内的一个港口。随着时间的推移，其海运业务逐渐被另一沿海城市延布所取代。

## 5. 第 1 卷，第 153 页（"大海之记述"条下）：

西方的海乏善可陈，而且航行其上险象环生。没有比东方的海更吉祥的海。它的长度为 4500 波斯里，自古勒祖姆 [1] 起至瓦格瓦格止。人们从信德输入藤本植物、白茅和药用沉香。从散丹 [2] 输入麻栗木（al-Sāj）和白茅。从木勒 [3] 输入胡椒，那里的胡椒每一串都有一片叶子为其遮雨——下雨时叶子就横过来，雨一停叶子就竖起来。从塞兰迪布输入钻石，那里还有宝石。从拉米岛输入藤本植物和苏木（al-Baqqam）——据说其汁液可解野兽噬咬之毒，水手们被蛇咬后，也曾尝试用它解毒。从莱布凯亚鲁斯[4]岛输入椰子。从简罗岛同样输入藤本植物，这里有不少铅矿。从萨鲁斯[5]岛输入樟木。从加拜[6]岛和沙拉姆特[7]输入香茅、檀香和丁香。从中国输入麝香、沉香、高良姜[8]和桂皮。从瓦格瓦格输入金子和黑檀。从印度输入沉香和樟木。从也门输入龙涎香和姜黄[9]。

**注释：**

[1] 古勒祖姆（al-Qulzum），指古勒祖姆海——阿拉伯人以前对红海的称谓。该名一说源自法老时期红海北部叫作古勒祖姆的港口，一说源自苏伊士附近的古城古莱宰麦（Qulayzamah）。

[2] 散丹（Sandān），与人们所说的信丹（Sindān）应是同一概念。雅古特在《地名辞典》中说："奈斯尔说它是印度的都城。我不知他此说何所指。一般说都城应是该地最大的城市。印度没有叫作散丹并作为都城的城市。散丹是紧靠信德的一个城市。"

[3] 木勒（Mull），一作木拉（Mulā），我国史称"没来国"。

[4] 此处原文为 Labkayālūs，学者们考证此地为位于安达曼海的尼科巴群岛。

[5] 萨鲁斯（Sālūs），指婆罗洲，今加里曼丹。

[6] 加拜（Jābah），即通常所说之爪哇（Jāwah）。此处可能为原作者传抄之笔误，也可能为古代某一时期阿拉伯人对该地的一种称谓。

[7] 沙拉姆特（Shalāmut），指今苏威亚岛。

[8] 高良姜（al-Jūlanjān），多年生草本植物，花白色，干燥根茎入药，

是健胃剂。

[9] 姜黄（al-Wars），多年生草本植物，叶子很大，开黄花，根茎入药，也可以做黄色染料。

## 6. 第 1 卷，第 156 页（同上）：

在印度和中国之间有 30 个国王，最小的王也统辖着和阿拉伯人统辖的相等的地方。

## 7. 第 1 卷，第 164 页（大地上的奇观条下）：

世界上的奇观有 4 个：

亚历山大灯塔——上有一面铁镜，人在日升和日落前坐在镜下，可以隔着海看到君士坦丁堡那里的人。

立于罗马城东门铜柱上的黑人铜像——每当橄榄成熟季节，那个黑人便吹一声口哨，于是就会飞来一位带着 3 颗橄榄的黑女人——脚上两颗，嘴上一颗。她把橄榄投向那个黑人。罗马城的居民接到橄榄，拿去榨油，榨出的油够他们点灯和食用一直到来年。

也门土地上一个男人的铜像——他站在树的中间，一只手向后指着，仿佛在说："我的后面没有任何道路。"这是一片不停抖晃的土地，人的脚在上面根本站不住。双角王曾率 7 万大军侵入这里，当时出现一群像土包一样的大蚂蚁，每只蚂蚁都能把骑士从马鞍上掀翻在地。

印度和中国之间一个叫库萨尔（Kuthār）的地方的铜柱上有一只铜鸭子——每逢阿舒拉日[1]鸭子都先喝足了水，之后它张开嘴让水流出，这水足够当地人浇庄稼、饮牲口，一直用到来年。

**注释：**

[1] 阿舒拉日，伊斯兰教纪念日。"阿舒拉"在阿拉伯语中有第10的意思，专指伊历1月10日。据伊斯兰教传说，真主于该日创造天园、火狱和人类。该日也是十大先知获救之日，又是什叶派纪念先知穆罕默德外孙、阿里之子侯赛因的哀悼日。

8. 第1卷，第299页（"双角王的记述"条下）：

双角王到达中国后，下令建了许多城市，其中有：达布艾西亚[1]、哈姆丹[2]、希尔克（Shīrk）和布尔吉希加莱（意为石塔）。

**注释：**

[1] 达布艾西亚（al-Dabū'asiyah），应是雅古特《地名辞典》中"达布西亚"（Dabūsiyah）之误写。雅古特称后者是河外地区粟特辖区的一个小国，出过不少学者。

[2] 哈姆丹（Hamdān），是阿拉伯古籍记述中提到中国时，较难确定的地方。而阿拉伯古籍中也会出现与之近似的地名，譬如海姆丹

（Khamdān），在古达麦·本·加法尔（卒于 948 年）的名著《税册》一书中指中国喀什附近的一个地方。再譬如在不少古籍中出现的胡姆丹（Khumdān），学者们一般考证为古代中国都城西安府，也有考证为洛阳的。

9. 第 1 卷，第 415 页（"土伯尔的故事"条下）：

土伯尔伊本·宰德出发了，并将一部分人留在艾兹德[1]、莱赫姆[2]、朱扎姆[3]、阿米莱[4]和古达[5]等地，那些人便在这些地方居住下来。然后他向安巴尔进发，继而是摩苏尔和阿塞拜疆。后来遇到突厥人，他打败他们，缴获辎重无数。之后他率部返回也门。各地国王均慑服于他，纷纷前来进贡。再后来他攻入中国，席卷了那里的一切。

**注释：**

[1] 艾兹德（al-'Azd），古代阿拉伯著名大部族之一，下分大约 20 个部落。后因马里卜水坝被冲垮，离开也门。

[2] 莱赫姆（Lakhm），古代阿拉伯著名部族之一，祖籍也门。后其中一部迁徙至阿拉伯半岛北部、叙利亚、巴勒斯坦和伊拉克等地。曾在希拉建立莱赫姆国。

[3] 朱扎姆（Judhām），阿拉伯古代部族。原先生活在希贾兹、叙利亚和埃及之间的沙漠地区，信奉基督教。叶尔穆克战役后成为穆斯林的支持者。

[4] 阿米莱（'Āmilah），古代阿拉伯南方部族。后生活在沙姆地区沙漠中。曾参加台德木尔女王扎芭（al-Zabbā'，一译宰巴伊，266—272

在位）的军队，参加抗击罗马人的战斗。至今其部分后裔生活在黎巴嫩南部阿米勒山区。

[5] 古达（Qudā‘ah），古代阿拉伯南方部族。生活在希贾兹与叙利亚、埃及之间的沙漠地区。其中一部分为基督教徒。


10. 第 1 卷，第 425 页（"亚历山大情况片段"条下）：

然后他从印度向中国进军，在那里所做的同在印度所做的一样。大地上的人们，包括中国等地国王莫不臣服于他。


11. 第 2 卷，第 77 页（"关于太斯姆部族的记述"条下）：

土伯尔艾斯阿德来到叶斯里布（麦地那），驻扎在一个叫作"国王落脚处"的地方。他杀了大量犹太人，理由是奥斯[1]和海尔扎吉[2]两部落的人抱怨说与他们无法和睦相处。他派他的儿子哈萨前往信德，派赛米尔·扎吉纳赫前往呼罗珊，并命他二人比赛看谁先进入中国。赛米尔途经撒马尔罕，将其征服，掠获当地财产无数。而后他进入中国，发现哈萨已经先于他到达那里。

**注释：**

[1] 奥斯（al-’Āws），古代也门艾兹德部族的一个分支部落。后迁徙至麦地那，皈依伊斯兰教。

[2] 海尔扎吉（al-Kharzaj），古代也门艾兹德部族的一个分支部落。马里卜水坝被冲垮后，与其姊妹部落奥斯部落一起离开南部迁移到麦地那一带。后皈依伊斯兰教。先知穆罕默德迁徙至麦地那时就住在这个部落中。

## 12. 第 4 卷，第 322 页（"伊历 22 年"条下）：

我们前面提到，艾赫奈夫[1]将叶兹戴杰尔德的意图告诉欧麦尔，欧麦尔决定先发制人。于是他将呼罗珊大军交给艾赫奈夫·本·盖斯指挥。后者武力征服了赫拉特，之后向木鹿挺进，并将穆塔拉夫·本·阿卜杜拉·本·舍希尔派往内沙布尔（Nīsābūr）。人在木鹿的叶兹戴杰尔德急忙写信向汗甘（Khānqān）求救，同时给中国国王写信求援。

**注释：**

[1] 艾赫奈夫（意为罗圈腿，他因此得名），即艾赫奈夫·本·盖斯（al-'Ahnaf Ben al-Qays，691 年卒）。阿拉伯历史上著名人物。出生于巴士拉，后成为本地泰米姆人（Banū Tamīm）首领，力劝该族人归信伊斯兰教。后因显露军事领导才能而受重用，曾征服赫拉特、巴勒赫和木鹿等地。卒于库法。

## 13. 第 5 卷，第 209 页（"伊历 44 年"条下）：

阿卜杜·麦利克·本·欧麦依尔说："我在穆阿维叶的公

牍局中见过一封中国国王的信。上面写道：拥有 1000 只大象的、王宫用金砖银砖建造的、由千王之女服侍的、有两条河浇灌国土的中国国王，致穆阿维叶。"

14. 第 7 卷，第 12 页（"伊历 96 年"条下）：

古太白·本·穆斯林征服喀什，进攻了中国。[1]

**注释：**

[1] 古代阿拉伯史学家关于古太白曾进攻中国一事的记载，反映出他们对此事可信性截然不同的态度。他们似乎可以分成三派：一派是以泰伯里、伊本·艾西尔、伊本·凯西尔为代表，他们分别在《历代民族与帝王史》《历史大全》《始末录》中，对此事详细记述，尤其伊本·凯西尔更是大肆渲染；一派是像本书作者一样的诸多史学家，基本上以一句话带过，不作任何评述；一派是在自己的史学著作中只字不提此事。

15. 第 7 卷，第 324 页（"伊历 134 年"条下）：

这一年里，艾布·达乌德·哈立德·本·伊卜拉欣攻打了凯什[1]人，杀死艾赫利德（al-'Akhrīd），他是他们的国王。艾布·达乌德的部下得到很多中国鞍辔（al-Surūj al-Sīniyyah）和中国描金瓷器，以及中国的珍奇物件。他把这些好东西统统运到艾布·穆斯林那里。

**注释**:

[1] 凯什（Kashsh），亦有学者认为其读音应为 Kishsh，均指我国史称之史国。

16. 第 8 卷，第 54 页（"伊历 144 年"条下）：

当我们坐下后，伊本·穆加法[1]问我们：

"你们说哪个民族的人最为睿智？"

我们面面相觑，悄声道："他大概想让我们说他的祖籍波斯。"于是我们便对他说："波斯。"

"他们算不上。"他说，"他们确实占领过大片土地，战胜过很多敌人，曾经王权威震天下，长期占据上风，但他们既没有用自己的头脑创造任何东西，也没有用自己的心灵悟出任何哲理。"

"那罗马人呢？"我们问。

"长于设计者。"他说。

"中国人呢？"

"精于工艺者。"

"印度人呢？"

"精通哲学者。"

…………

于是我们问："那你说呢？"

他回答："阿拉伯人。"

我们听后全笑了。

他说："我不指望你们赞同我的看法。不过，假如我命中注定没有选择祖籍的运气，那我绝不会错失选择知识和睿智的机会。阿拉伯人的聪明才智可谓无与伦比。他们既是驼和羊的主人，又是毛和皮的居民[2]。他们以慷慨大方闻名于世，都会将自己的口粮布施。他们将勤劳作为一种美德，无论甘苦同样执着。他们用头脑描述什么，那描述就是经典；他们用肢体做些什么，那做法就是经验。他们想让某种东西成为美的，那东西便会更优美；想让某种东西成为丑的，那东西便会更丑陋。"

**注释:**

[1] 即《卡里来和笛木乃》编译者伊本·穆加法（约 724—759），生于波斯祖尔城的一个乡村。

[2] 阿拉伯语以此表述代指游牧民族。


**17. 第 8 卷，第 69 页（"伊历 145 年"条下）:**

这一年，巴格达城开始兴建。其原因是：

哈里发曼苏尔将该办的事情办妥后，先是在库法旁边的伊本·胡白依莱城对面建了哈希米亚城。他还在库法后面建过一座城市，并把它叫作鲁萨费[1]。当里万迪亚派[2]的人在哈希米亚城发动反抗他的叛乱后，他开始仇视那里的居民，同时自己也没有安全感，于是他外出巡视希望找一个适合自己居所和驻军的地方另建新城。他先顺地势向下走，来到杰尔杰拉亚[3]，然后转向巴格达，去过摩苏尔后又回到巴格达。他说："此地甚好。底格里斯河使我们和中国之间没有任何阻碍，海上来的任何东西都可以顺利到达我们这里，杰济拉和亚美尼亚等地的粮秣运输也将十分通畅。而幼发拉底河则能将沙姆和拉卡[4]的一切都输送过来。"之后他将士兵们调集到大小塞拉特[5]河附近，并对城市做出规划，把工区分为 4 个，每个工区派一名将领管理。

**注释：**

[1] 鲁萨费（al-Rusāfah），一译鲁萨法，一般对译为卫城。巴格达卫城是指哈里发曼苏尔在巴格达以西建成曼苏尔城后，在其东侧兴建的城市。

[2] 里万迪亚派（al-Riwandiyyah），是当年反对哈里发曼苏尔的什叶派的一个分支。

[3] 杰尔杰拉亚（Jarjarāyā），雅古特说："它是瓦西特和巴格达之间的一个地方，原先是一座城市，后遭破坏。"

[4] 拉卡（al-Raqqah），一译腊卡，今叙利亚拉卡省省会，历史名城。

据说为亚历山大大帝所建。古希腊人和古罗马人均对其有专门称谓。哈里发曼苏尔曾于 772 年在此再建新城。另一位哈里发哈伦·拉希德曾于 803 年将该城作为自己的夏都。

[5] 塞拉特（al-Sarāt），巴格达附近两条河的统称，即大塞拉特河与小塞拉特河。雅古特说："塞拉特指巴格达的两条河，即大塞拉特河与小塞拉特河。我只知道其中一条是伊撒河的支流。有学者说大塞拉特是萨珊人在消灭奈伯特人后挖凿的。"

### 18. 第 8 卷，第 72 页（同上）：

苏莱曼·本·穆加里德说：

哈里发曼苏尔外出寻找安身之地，于是我们去了萨巴特 [1]。当时我的一个朋友因患沙眼去找大夫治病而未能一同前往。大夫问他："信民的领袖要上哪儿呀？"他说："他想找个能够安心住下的地方。"大夫说："我们这里有一本书，从书里我们知道有个叫米格拉斯的人在底格里斯河和大小塞拉特河之间建了一座城，名叫扎乌拉 [2]。在他开始建城打地基时，突然出现一条通向希贾兹的大裂缝，于是他填补这条裂缝，就要填好时突然又出现一条通向巴士拉的、比前一条更大的裂缝，而且两条裂缝很快便连在一起。他费了很长时间终于将裂缝修补好并建起了城市。人们说此地可能有'王气'。"

苏莱曼接着说：

正当信民的领袖为找地在山边巡视时，我的那位朋友来了。他给我讲了他听到的消息，我便转告信民的领袖。他立刻召见那个人。那人讲过事情的经过后，曼苏尔陷入沉思，想起幼年的一段往事。他说："我与此地有缘啊。我小时候也叫米格拉斯，后来人们便不叫了。"于是他与下属商议此事，大家一致说就选在这个叫巴格达的地方好。他们对他说：

"通过幼发拉底河，可以将阿拉伯人的粮秣以及埃及和沙姆的奇珍异宝给您顺利运来；通过底格里斯河，可以用船将中国、印度、巴士拉和瓦西特的粮秣运来；通过流入扎布河的塔麦拉河<sup>[3]</sup>，可以将亚美尼亚及周边地区的粮秣运来；至于阿米德<sup>[4]</sup>、杰济拉和摩苏尔的粮秣，通过底格里斯河也可运来。您得诸河环绕之利，敌人若不通过桥和吊桥休想接近您。若有近敌来攻，您只要毁掉这些桥梁，城池便固若金汤；若有东方和西方的远敌来犯，东面他们必须渡过底格里斯河，而西面的幼发拉底河自当是信民领袖之城的天然堑壕。"

**注释：**

[1] 萨巴特（Sābāt），亦称萨巴特科斯鲁。科斯鲁（Kisrā）是古代波斯国王的徽号。该地为泰西封附近、古代曾经很出名的一个城市。

[2] 扎乌拉（al-Zawrā'），巴格达附近小城。雅古特《地名辞典》该词条下列举了包括巴格达和麦地那等地多处叫这个名字的地方，底格里

斯河巴格达段有时也被称作此名。关于巴格达附近的扎乌拉，一说在城东一说在城西，雅古特认为在城西。

[3] 塔麦拉河（Tāmarrā），雅古特认为此词为外来语，原指巴格达东部远郊的一片地区，并说那里曾有一条大河可行船，该河发源于库尔德斯坦奥拉曼山西侧。

[4] 阿米德（'Āmid），古代阿拉伯人对迪亚巴克尔（Diyār Bakr，今土耳其境内）的另一称谓。

19. 第 11 卷，第 244 页（"伊历 236 年"条下）：

这一年去世的知名人士有：

穆罕默德·本·叶齐德，以隋尼依（中国的）而闻名。他听阿卜杜拉·本·达乌德·海利比和鲁哈·本·伊巴代等人传述过圣训。艾布·伯克尔·本·艾布·敦亚等人提到过他。阿卜杜·拉赫曼·本·艾布·哈提米说："我在麦加时写过他的事情。我曾向艾布·奥恩询问过他，艾布·奥恩说他是不可信的圣训传述者，于是我没有采信他传述的圣训。"

20. 第 14 卷，第 356 页（"伊历 381 年"条下）：

当时的麦加艾米尔[1]（掌管麦加的行政长官）是艾布·福图赫，这一年正好艾布·加西姆·马格里比也来朝觐。后者怂恿前者脱离埃及统治者阿齐兹[2]，自立为王。艾布·福图赫听从了他的话。马格里比还花言巧语让他取走天房里的银子去铸银币。当时正好有个叫麦图依的人在吉达去世。此人有很多印度和中国的钱[3]。他遗留下一大笔钱。生前他曾以10万金币的价码委托艾布·福图赫保护他的遗产和存放在他那里的钱财。马格里比又乘机撺掇艾布·福图赫将此人的这一大笔遗产攫为己有。

**注释：**

[1] 此处艾米尔特指掌管麦加事务的行政长官。

[2] 此处应是指法蒂玛王朝第5任哈里发阿齐兹·比拉（955—996）。

[3]“印度和中国的钱”，确指不详。似可理解为通过经商从两地赚来的钱，也可理解为两地制造的钱币。若为后者，则要么证明当时各地金银币至少在吉达可以通用；要么证明两地钱币成色较好，有储存乃至收藏价值；要么证明当时阿拉伯商人与两地贸易往来频繁，为避免兑换的麻烦，留存一定数量的两地货币，直接用其与两地商人结算。

### 21. 第18卷，第51页（“伊历541年”条下）：

这一年去世的大人物有：

萨德·海依尔·本·穆罕默德·本·赛赫勒·本·萨德，其附名为马格里比·安达卢西·安萨利。他周游过从安达卢西亚到中国的各个地方，曾远渡重洋，遇到过各种各样的艰难险阻。后回到巴格达，跟艾布·哈米德·安扎里学习伊斯兰教教法学，听泰拉德、伊本·奈泽尔、萨比特等很多人传述过圣训，聆听过呼罗珊的权威学者的教诲，跟艾布·扎克利亚学习文学并得到很多珍贵的书籍。

# 《历史大全》

（al-Kāmil fī al-Tārīkh）

**作者与作品简介：**

伊本·艾西尔（1160—1234），中世纪阿拉伯最著名的历史学家之一。生于杰济拉地区的一个富有家庭。早年在摩苏尔受过传统的伊斯兰教育，后游学巴格达和麦加等伊斯兰文化名城，遍访名师，搜集资料，苦心钻研泰伯里和麦斯欧迪等大师的历史著作，奠定了学业基础。曾在萨拉丁领导的抗击十字军的穆斯林军队中担任过书记官。后住在阿勒颇和大马士革，离群索居，潜心学问，著书立说。1234 年卒于摩苏尔。他博学多才，虽专攻历史学，但在教义学、哲学、文学和语言学等方面同样造诣极深。他治学严谨，采集史学各家之长，运用归纳、比较、分析和判断的方法，考订史料真伪，纠正前人记述中的讹误，寓观点于叙事之中，把编年、传记、谱系、传说、见闻和记载结合起来，为伊斯兰史学发展做出了巨大贡献。

《历史大全》（又译《全史》）是伊本·艾西尔的代表作，也是阿拉伯通史著作中的传世之作。该书集中体现了他的治史观念和方法，历来为阿拉伯史学家和世界各国研究阿拉伯历史的学者所重视。原书为 12 卷（约合中文 1000 万字），成书于 1231 年，记述了上古至 1230 年阿拉伯世界历史概况，内容极为丰富。尤其是第 10～12 卷，由于作者目睹了十字军东征和蒙古人西征两大战争，所以对其论述更为精辟深刻。此外，他的主要著作尚有：《莽丛群狮》《谱系修正撮要》和已失传的《奇谈选粹与逸闻掇英》等。

《历史大全》中关于中国的记载有相当大的部分引录自泰伯里的《历代民族与帝王史》，故以下译文有所删节。

译文所据版本为贝鲁特阿拉伯书籍出版社 1999 年第 2 版 11 卷本。

1. 第 1 卷，第 215 页：

待大军集结完毕，凯胡斯鲁告诉众人他想从 4 个方向进攻突厥地区。他令朱德兹率主力从巴勒赫方向攻入突厥地区，并将他们当中级别最高的大将迪尔菲什·卡比扬派给他。此人以前只被派去陪同一些王子外出办理重大事务。他令第2路人马从中国方向进攻，第3路从紧靠可萨突厥的地区进攻，第4路从后两路之间的地区进攻。大军从各个方向攻入了突厥地区。

## 2. 第1卷，第226页：

据说，宰拉都什特（Zarādusht）[1]是波斯人。他编了一本经书，带着它周游各地。但没有一个人明白书的内容。他声称书中所言皆为天启之语，他把此书称为依什塔（Ashtā）[2]。他从阿塞拜疆前往法尔斯，但无人理解、接受该书。他再到印度，向其国王展示，后又转往中国，各地君主均加以拒绝并将他驱逐。他来到拔汗那，当地国王欲将他杀死。于是他逃奔国王比什塔斯布（Bshtāsb）[3]处，后者下令将他关押了一段时间。后来国王把在巴勒赫的他放了出来。他见到国王后，给他解释了自己的宗教，国王感到很惊奇，不仅自己信奉了这种宗教，而且强迫臣民也信奉。在国王杀了很多人之后，人们接受并皈依该教。

### 注释：

[1] 即琐罗亚斯德（Zoroaster，古波斯语作 Zarathustra），琐罗亚斯

德教创始人。约卒于公元前 583 年，终年 77 岁。该教我国史称祆教或拜火教。

[2] 此处可能指《波斯古经》（Avesta）；也可能指该经书第 4 部分耶斯特（Yashts），即对神祇和天使的各种赞歌；也可能指该经书的第 1 部分耶斯那（Yasna），因为这是该经书的主要部分，也是最古老的部分，据说是琐罗亚斯德本人的说教。

[3] 疑指中亚古国吐火罗国王维斯塔巴（Vishtappa）。

3. 第 1 卷，第 250～251 页：

双角王亚历山大大帝从印度向中国进发。到达那里时，他的侍从在夜里向他通报：中国国王使者到。他召见了使者。使者向他致意，并要求与他单独晤谈。于是众侍从对其进行搜查，未发现任何可疑之物。原先和亚历山大在一起的人统统退下。这时，使者说道：

"我就是中国国王。此次前来，是想询问一下你的要求。倘若我能够做到，我就满足你的要求而放弃战争。"

亚历山大对他说："我凭什么答应你？"

他说："我知道你是位睿智和英明的人。你我之间也不存在敌意和仇隙。而你是知道的，即便你将我杀死，那么我的被杀也不能成为将中国民众从我的王权下转交给你的理由。况且这样做，你还会背上不仁不义的名声。"

亚历山大知道他机智过人，便道："我要你立即交出国库中 3 年的地租，今后每年地租的一半归我所有。"

他说："我可以答应你。但你应该问问我，我的处境将会如何。"

"那你说说你的处境将会如何。"

"我将成为士兵杀死的第 1 人，猛兽吃下的第 1 餐。"

"那我收你两年地租怎样？"

"我的情况会好些。"

"收你一年的呢？"

"我可以继续执掌王权，但我的享乐将会失去。"

"如果我免收过去的，只要今后每年三分之一的地租，那么你的处境会是什么样呢？"

"这样的话，也就是六分之一归穷人寒士和老弱病残并应付国之所需，六分之一归我本人，三分之一归军队将士，三分之一归你。"

"我看如此甚好。"

他向亚历山大表示感谢后便回去了。兵士们听说此事，都为双方能够讲和感到非常高兴。翌日，中国国王突然率大军出现，将亚历山大的兵士包围。亚历山大立刻上马率部下来到阵前。只见中国国王头戴王冠，坐在一头大象上。亚历山大对他说：

"莫非你背信弃义，反悔了不成？"

"不。"国王答道，"但我想让你知道，我顺从于你，不是因为怯懦和无力应战，而是因为我发现上天的吉星正高照于你。我只是想以顺从你来顺从它，以接近你来接近它。"

亚历山大说："像你这样的君主，实在不该被强行收取地租，因为除你之外我从未见过有谁堪称仁君或明主的。我免除原来向你要求的一切，马上从你这里撤军。"

"你不会损失什么的。"

中国国王说完，命人送给他比先前准备送给他多一倍的礼物。亚历山大当日便退兵而去。


4. 第 2 卷，第 318 页（"伊历 14 年"条下）：

也有人说巴士拉是在杰鲁拉和提克里特之后于（伊历）16 年建为城市的。赛阿德奉欧麦尔之命派欧特白前往那里。欧特白到达巴士拉后驻扎了约 1 个月的时间。乌布莱城里的人出城迎战，那里当时有 500 骑兵驻守，是来自中国的船只停靠的港口。欧特白与他们交战并打败了他们。

5. 第 4 卷，第 14 页（"伊历 88 年"条下）：

据说，在这一年古太白·本·穆斯林占领了努木舍克斯，并派弟弟叶萨尔接替自己攻打木鹿。努城人请和，他同意后转攻拉密塞那，当地人不战而降，于是他离开他们继续前进。突厥人联合粟特人和拔汗那人，集 20 万之众，浩浩荡荡赶来阻击穆斯林军队，他们的统帅是中国国王的外甥库尔穆加努。他们追上殿后的古太白的另一弟弟阿卜杜拉，当时后者与古太白及先头部队之间有 1 古里距离。眼看突厥人逼近，阿卜杜拉急忙向古太白报信。突厥人追上了他并发起攻击。古太白掉头回奔，增援正在与突厥人交战的弟弟。当时突厥人几乎占了上风，但当穆斯林们看到古太白前来增援时，人人心中都有了底。双方激战至正午时分。当日战斗中，与古太白一起的尼扎克表现神勇。突厥人最终败北。古太白遂继续前进，在提尔密兹（Tirmidh）过河，来到木鹿。

6. 第 4 卷，第 67 ～ 68 页（"伊历 96 年"条下）：

这一年，古太白征服了喀什。他和手下将家眷安置在撒马尔罕。过河后他派一将把守渡口，传令没有他的允许任何人不得后撤。然后他向拔汗那开进，并派一将前往伊萨姆山道为攻打喀什扫平道路。喀什是最近的中国城市。他派凯比尔·本·福兰率军攻打喀什。他所俘甚多，并在俘虏们脖子上盖了戳。古太白继续向前挺进，直至到达中国内陆。

中国国王写信给他，云："请派一名出身高贵者前来告诉我你们的宗教和情况。"于是他挑选出 10 个英俊、善辩、勇敢、机智和品行端正的人，并下令配之以上好装备和丝毛彩饰行装以及骏马。这其中有胡白莱·本·木沙拉吉·基拉比。古太白对他们说："去了之后告诉他，我已发誓，不脚踩他们国家的土地，不在他们王子王公脖子盖了戳，不收了他们的地租，我决不收兵。"

胡白莱率队出发。到达后中国国王准备召见他们。他们先穿上内衣和白色外衣，熏了香，再穿上靴子和长袍，然后前去晋见国王。当时他们国家的大人物都坐在国王旁边。孰料国王和在场者无一人与他们说话。他们便退下了。国王问在场者："你们怎样看这些人？"众人答："说实话，我们看到的只是一些女人。"

次日，国王再次召见。他们穿上彩饰礼服，戴上丝毛混织的缠头巾，披上锦缎外袍，来见国王。哪知他见到他们只说了句"你们回去吧"。他问属下："今天这样子，你们如何看？"

众人答："比昨天的样子更像男人了。"第3天又召见他们。这次他们把兵器搬了出来，然后披甲戴盔，佩剑持矛，跨上战马。中国国王见状，以为一座高山压将过来。待到近前，他们摩拳擦掌，挺起长矛。此时有人说了句"你们请回吧"。于是他们手举矛枪，策马飞奔，仿佛在追杀敌人。国王问属下："你们如何看？"众人答："从未见过如此好汉！"

到了晚上，国王派人传话："你们派个头领到我这里来。"他们推选了胡白菜。国王对他说："我的赫赫王权，想必你们已经见到。在我这里你们就像我手心里的一个鸡蛋，我想怎么做任何人都奈何我不得。不过我问你一件事，你要照实说，否则我将把你杀了。"他回答："请问吧。"国王问："你们3天穿3种衣服，原因何在？"他回答："第1天的是我们国民平日的装束，第2天的是我们进见王公贵族时的服饰，第3天的是我们与敌人交战时的穿戴。"国王说："如此安排，可谓天衣无缝。你们回去告诉你们的统帅，我知道他兵马不多，让他退兵吧，否则我会派手下将你们消灭。"胡白菜道："我们主帅的先头部队在你的国家，后续部队在橄榄树生长之地，你怎么能说他兵马不多呢？至于你以死来威胁我们，我们认为如果死期到了谁也逃不掉，而最有尊严的死便是被敌人所杀，我们不厌恶死也不惧怕死。我们主帅已经发誓，不脚踩你们的国土，不在你们王子王公脖子上盖了戳，不收了你们的地租，他决不撤兵。"

国王听后说道："我们来让他解除这个誓约，我们送去我们国家的土让他踩好了，我们交给他地租让他满意好了，我们派去几个子弟让他去盖戳好了。"然后国王赏赐了他们，并让他们带着礼物和 4 个王公的儿子踏上归程。他们回到古太白那里，后者接受了地租，踩了土，在那几个后生的脖子上盖了戳并把他们放了回去。赛瓦戴·本·阿卜杜拉·赛鲁里曾吟道：

> 既然使者们走的是光明正道，
>
> 你遣使中国便没有丝毫错误。
>
> 多少人因惧死惶惶不可终日，
>
> 唯君子胡白莱将它视作归途。
>
> 他圆满完成了你交付的使命，
>
> 带给你不致违背誓约的出路。

古太白随即派胡白莱去向哈里发瓦立德报捷，但半路上胡白莱死在波斯一个叫盖里耶的地方。

**7. 第 4 卷，第 238 页（"伊历 119 年"条下）：**

当时将可汗到来的消息通报给阿萨德的伊本·萨伊吉，已经被胡泰勒国王赛布勒临终前指定为王国的统治者，并留下3条遗嘱。他说："你对胡泰勒人的统治，不能像我一样长，因为我是国王，而你只是他们中的一员。"他又说："你要去找侯奈伊什，将他召回国。我死后可立他为王。"当时侯奈伊什已经逃到中国去了。他还说："你们不要同阿拉伯人交战，要千方百计让他们离开。"

### 8. 第4卷，第243页（同上）：

阿萨德攻占了大城堡，它的上面还有一个小城堡，里边有胡泰勒的一个首领白戴尔·突尔汗的儿子和钱财。阿萨德没有派人攻占它，而是令士兵们分头冲向胡泰勒各条河谷。他们虏获无数战俘和牲畜，当地人纷纷逃往中国。

### 9. 第5卷，第40页（"伊历133年"条下）：

这一年，拔汗那国王与沙什[1] 国王反目为仇。拔汗那国王向中国国王求救。中国国王派出10万大军驰援，将沙什国王包围。沙什国王归顺中国国王。他和手下没有受到中国国王的迫害。消息传到艾布·穆斯林[2] 那里，他派齐亚德·本·萨利赫前去交战。两军大战于怛逻斯 [3] 河。穆斯林们最终战胜了他们，消灭近 5 万人，俘获约 2 万人，残部逃回中国。此役发生在（伊历）133 年 12 月。

**注释：**

[1] 沙什（al-Shāsh），我国古籍称之为石国（位于今哈萨克斯坦塔什干一带），亦作柘支、柘折、赭时等。中亚古国，昭武诸国之一。公元 6 世纪中叶后，隶属突厥地区。7 世纪中叶，中国唐朝破西突厥，于其地设大宛都督府。怛逻斯之战后，石国臣属大食。

[2] 艾布·穆斯林，《唐书》中称"并波悉林"，卒于公元 758 年（一说 755 年），祖籍呼罗珊。阿拔斯王朝开国元勋。原为奴隶，后被反对伍麦叶王朝的教长伊卜拉欣看中，以 400 银币赎为释奴。747 年在呼罗珊揭"黑旗"起义，为阿拔斯王朝的建立立下汗马功劳。后为东方省（呼罗珊）总督，拥兵自重。哈里发曼苏尔恐其谋反，遂设计将其杀死于宴会上。

[3] 怛逻斯（Tarāz），我国史籍亦称怛逻私、塔剌斯、塔剌寺、答剌速等。据考证，当年的怛逻斯城位于怛逻斯河右岸，旧址在今哈萨克斯坦江布尔城，也有说在该国塔拉兹城。

10. 第 6 卷，第 375～376 页（伊历 267 年条下）：

赞吉人 [1] 在隋尼娅同样驻有重兵。艾布·阿拔斯派几员大将率骑兵向隋尼娅方向前进。他命令他们走陆路，如果遇到河要渡过去，他则率另一批人马，上了叫做"沙扎"（al-Shadhā）

和"苏梅里亚特"（al-Sumayriyāt）的两种船。赞吉人看到骑兵非常害怕，急忙上了水边的船。哪料艾布·阿拔斯的"沙扎"很快追了上来。他们无路可逃，只好投降。于是他们一部分被杀，一部分被俘，还有一部分自己跳入水中。艾布·阿拔斯的部下缴获了他们装满稻米的船只，占领了隋尼娅。

此前，艾布·阿拔斯曾在此地看见一只灰鹤，于是放箭将其射中，掉落在赞吉人的兵营里。他们认出此箭，心中更加恐惧。艾布·阿拔斯回到自己的兵营。后来他征服了隋尼娅。[2]

**注释：**

[1] 赞吉为音译，意译为黑人。

[2] 泰伯里《历代民族与帝王史》中关于隋尼娅之战有类似记载，但没有"水战"的情节。此段内容提醒我们，隋尼娅这个可能与"中国"有关的地方应当离河或湖不远。

11. 第 7 卷，第 458 页（"伊历 383 年"条下）：

这一年，人称布格拉汗[1]的希哈布道莱·哈伦·本·苏莱曼·伊力克，统治了布哈拉城。他先前已占有中国边界内的喀什和巴拉沙衮[2]。

**注释：**

[1] 布格拉汗（Bughrākhān，一译波格拉汗），是伊尔汗国或喀喇汗

国几位王子的称谓，其中最著名的布格拉汗是萨图克·阿卜杜凯里木。据说他是该王族中第一个信奉伊斯兰教的人，其生平传记中所记载的消息和故事，则多带有传奇色彩。

[2] 巴拉沙衮（Balāsāghūn，旧作八剌沙衮），是中国宋辽时期突厥、回鹘民族建立的喀喇汗国之首府。位置在唐碎叶故城以东，今吉尔吉斯斯坦托克马克以东。

12. 第 7 卷，第 642 页（"伊历 408 年"条下）：

这一年，超过 30 万帐各种血统的突厥人从中国出兵，其中包括占据河外地区的契丹人[1]，但愿我们在下文中会讲到他们的国王。他们出兵的原因，是托干汗[2] 占领突厥地区后大病一场，很长时间医治不好。因此他们便想乘机进攻他的国家。他们攻占了一些地盘，虏获甚多，一直打到离巴拉沙衮 8 日路程的地方。身患重病的托干汗得知消息后，祈求真主让他康复，痊愈后他调集军队，并致信各伊斯兰国家，动员人们加入战斗。结果共有 12 万志愿兵应召前来。当突厥人知道他已康复以及征召了大批士兵时，他们立刻退兵回国。他尾追他们达 3 个月之久，终于追上了以为路途遥远便可高枕无忧的突厥人。他袭击了他们，杀死 20 万人以上，俘虏约 10 万人，并掠获牲畜帐篷无数，以及从未有人见识过或听说过的金银器皿和中国各色制品。他踏上返回巴拉沙衮之路，到达那里后旧病复发，不治而终。

**注释：**

[1] 契丹（al-khitā'iyah）一词，在阿拉伯古籍中指中国古代民族契丹族或其在中国北方地区建立的契丹国即辽朝。有时阿拉伯人在地理概念上也用契丹泛指中国北方，或代指中国，即便在辽灭之后。比如，有中国学者认为："在十二世纪以后，中国的火器也传入阿拉伯。据一种阿拉伯文兵书说，那时候阿拉伯有两种火器：一种叫'契丹火枪'，是和敌人交手时用的；另一种叫'契丹火箭'，是用于远射程的。很明显，这种火枪和火箭，必然是南宋人所习用的火枪和火箭。书中所说的'契丹'就是中国，并不是契丹和辽。"（见《中国通史全编》，第 1343 页，青海人民出版社，1998 年版）

[2] 此处指喀喇汗王朝大汗艾哈迈德·托干汗。作者此段记述的，是11 世纪初喀喇汗伊斯兰王朝同高昌回鹘佛教王国之间的宗教战争，史称"喀喇汗高昌战争"。此战以喀喇汗王朝的胜利而告终。这次战争造成大量人口死亡，同时使高昌地区的佛教文化遭到严重破坏。

13. 第 7 卷，第 643 页（同上）：

盖戴尔汗（Qadar Khān）[1] 是位公道贤明、行为正派的人。他发起了多次战争，征服的地方包括位于中国的和田地区。那里出了很多学者和杰出人物。

**注释：**

[1] 此处应是指优素福·盖戴尔汗（一译卡迪尔汗）。他曾取得史称"喀喇汗于阗战争"的最后胜利。

14. 第 8 卷，第 360 页（"伊历 485 年"条下）：

马立克沙[1]生于（伊历）447 年。他相貌英俊、心地善良，被认为是表里如一的好人。从中国边疆到沙姆尽头，从北方伊斯兰国家的最远端到也门的最顶端，人们在做宗教演讲时都会提到他。罗马诸王也要向他交纳人丁税。他实现了自己所有的抱负。他在位期间，天地公道，国泰民安，堪称清穆之世。

**注释：**

[1] 马立克沙（Malikshāh，1055—1092），阿拉伯历史上大塞尔柱王朝（1037—1175）第三任苏丹，治国有方，使塞尔柱王朝势力达到鼎盛。著名诗人、《鲁拜集》作者欧麦尔·海雅姆曾在其宫廷中任太医。

15. 第 9 卷，第 117～118 页（"伊历 536 年"条下）：

有关这次事件[1]，历史学家们众说纷纭。我们将全面叙述它，以免疏漏和失真。我们说：

这一年的一月，素丹桑扎尔[2]败于突厥地区的异教徒。如前所述，原因是此前他杀了花剌子模沙·艾特西兹·本·穆罕默德的一个儿子。于是花剌子模沙遣派使者到正在河外地区的契丹人那里，极力说服怂恿他们出兵攻打桑扎尔的王国，并以联姻相许。他们出动了 30 万骑兵。桑扎尔率兵迎击。两军在河外地区展开厮杀，战斗异常激烈。此战以桑扎尔全军覆没而告终，10万人被杀，其中11000名全部为戴缠头巾者[3]，还有4000女人，素丹王后亦被俘。桑扎尔败逃铁尔梅兹（Tirmidh）[4]，后转至巴勒赫。

在此之前的（伊历）522年，中国独眼[5]已经率部众到达喀什的边缘地区，其部众多到无法计数。喀什首领准备迎战，他的名字是汗·艾哈迈德·本·哈桑。他调集军队，率兵出击。双方大战一场。中国独眼败北，众多部下被杀，后来他便死了。中国可汗[6]取代了他的位置。

可——在中国语言中是他们最大之王的称谓；汗——是突厥诸王的称谓，意思也是最大之王。中国可汗的穿戴与那些国王一样，连面罩也不例外。他信奉摩尼教。

艾尔赛兰汗（'Arsalān Khān）·穆罕默德·本·苏莱曼，每年都将1万帐的突厥人驱置在他的本土和中国之间的各条山道上，以阻止任何一个国王穿越他的国家。他批给他们粮饷和封地。有一年他对他们非常不满，便抢走了他们的女人，以免他们生儿育女。于是他们感到生活压抑，但又茫茫然不知何去何从。事有凑巧，这时正好有一支载着大量金银财宝的庞大商队从他们那里经过。他们将其扣住，把商人叫来并对他们说："如果你们想要自己的钱财，那就告诉我们一个可以容纳我们的水肥草美牧场宽阔的国家。"经过合计，商人们一致推荐巴拉沙衮国，并把它好好描述了一番。于是他们把钱财还给了商人，但将他们的一些代理人作为人质捆绑起来，还抢走了他们的女人。然后他们向巴拉沙衮开拔。艾尔赛兰汗经常发动战争，侵扰他们，所以他们对他怕得要命。

日复一日，到了中国可汗出兵时，他们也与他联合起来。于是他们的势力更加强盛，人丁也成倍增加。他们每占一城，对当地居民并不强行改变他们什么，只是向城乡每户索取一个金币，至于庄稼牧草等则全留给当地居民。每个归顺他们的国王，腰间都要佩带一个类似银牌的物件——这是归顺者的标记。

桑扎尔出发与突厥人会战。他于（伊历）535 年 12 月过河向河外地区前进。迈哈穆德·本·穆罕默德汗，向他抱怨葛逻禄[7]人的骚扰。桑扎尔遂出兵打击葛逻禄人，致使后者投奔中国可汗。接着桑扎尔在撒马尔罕扎营。可汗修书一封给他，为葛逻禄人说情，要他宽恕他们。桑扎尔没有接受他的调解，回信让他信奉伊斯兰教，并威胁恐吓他：若不改宗，将率大军将其消灭。桑扎尔说他的士兵不仅人数众多，而且在战斗中能够娴熟使用各种兵器。他甚至夸张地说："他们能用箭将头发射断。"

当时他的宰相认为此信甚为不妥，但他不听劝告，坚持派使者将信送出。当这封信读给可汗听了之后，可汗命人将使者的胡子揪住，并给使者一根针，让他用针扎断自己的一根胡须。使者无论如何做不到。可汗遂道："你用针尚且无法将胡须扎断，你的同伙岂能用箭射断头发？"

可汗准备开战，并与桑扎尔正式交锋。两支大军在一个叫做卡特万（Qatwān）的地方杀得难解难分，犹如两片汹涌碰撞的大海。可汗渐占上风，将对手逼入一个叫做戴尔盖姆（Dargham）的河谷。当时桑扎尔的右翼是盖马吉王子，左翼是锡吉斯坦国王，辎重在后面。双方交战的时间是（伊历）536 年 2 月。

此日之战，可汗一方作战最为勇猛的是先前在桑扎尔面前落荒而逃的葛逻禄人，而苏丹一方作战最为出色的是锡吉斯坦国王。最终穆斯林军队惨遭败绩，被杀者不计其数，仅在戴尔盖姆河谷中死伤即达 1 万人。素丹桑扎尔败阵而逃，锡吉斯坦国王、盖马吉王子和素丹王后——艾尔赛兰汗的女儿皆被生擒。过后异教徒们将他们释放了。伊斯兰历史上，穆斯林在呼罗珊从未遭到比这更惨重的失败，从未有如此多的人被杀。

可汗住到（伊历）537 年 4 月，在这里去世。他相貌英俊，气宇轩昂，衣服只穿中国丝绸制作的。他在属下面前很有威严。他从不给任何首领封地，而是由他本人发给俸禄，并且每个首领手下的骑兵不可超过百名，以防他们犯上作乱。他禁止属下横行霸道和酗酒生事，违者严惩。他死后，他的一个女儿继承父位。未过多久，她也死去，取而代之的是他的妻子和侄女。他们占据河外地区，一直到（伊历）612年阿拉丁·穆罕默德·花剌子模沙从他们手中将其夺回。

**注释：**

[1] 这次事件，指公元1141年，大塞尔柱王朝与中国西辽王朝之间进行的一场重大战役。双方在撒马尔罕以北的卡特万草原对峙，并于9月9日展开会战。

卡特万之战是中亚史上的著名战役，西辽耶律大石在此战中以少胜多，击败10万中亚联军。此战之后，大塞尔柱王朝的势力退出河中地区，西辽成为中亚霸主，声名威震亚欧。

[2] 桑扎尔（Sanjar，一译桑贾儿），大塞尔柱王朝最后一位素丹，公元1157年死后，该王朝灭亡。

[3] 此处"戴缠头巾者"，确指不详，可能为大食人。

[4] 铁尔梅兹（Tirmidh），位于阿姆河北岸今乌兹别克斯坦境内的一个城市，与阿富汗仅一河之隔。铁尔梅兹或特尔梅兹等均为现译名。《新唐书·大食传》中称"怛满"或"怛没"。

[5] 中国独眼（al-'A'war al-Sīnī），不知所指何人。依辽朝世系表，耶律大石的前任是天祚帝耶律延禧，但此人是在夹山（今内蒙古萨拉齐西北大青山中）附近与金兵作战中被俘而亡的。他是否为独眼，更不得

而知。因此此处的"中国独眼"应另有其人。

[6] 中国可汗（Kukhān al-Sīnī），应是指辽朝的耶律大石（1131—1143 在位）。他在征服突厥各部落后，建号称帝，号天祐皇帝，又号古儿汗。仍用辽国号，史称西辽，又称哈喇契丹（黑契丹）。1134 年在巴拉沙衮建都，号为虎思斡鲁朵。建都后东征喀什进至和田，向西征服撒马尔罕和花剌子模。死后，依汉制立庙号德宗。他死后由皇后执政 7 年，再传子（仁宗），子死后其妹摄政。作者记述中的女儿、妻子和侄女继位，虽与中国史籍记载不完全相符，但他对"中国可汗"的家系是有一定了解的。

[7] 葛逻禄（al-Qārghuliyah）亦称割禄，是 6—13 世纪中亚的一个操突厥语的游牧部落，为铁勒人诸部之一，地处北庭西北，金山 ( 今阿尔泰山 ) 之西。

16. 第 10 卷，第 126 页（"伊历 590 年"条下）：

伽色尼国王希哈布丁·古利，先前已派手下大将古特布丁·艾拜克进军攻打印度。他攻入该国，屠杀抢掠一番后返回。贝拿勒斯（Banāris，今印度瓦拉纳西）国王听到这个消息后，屯聚人马，集结兵力，大举进军伊斯兰国家。他是印度最为强大的国王，领土上自中国边界，下至马拉瓦（Malāwā）国，左起拉合尔再行 10 日之地，右到大海。

17. 第 10 卷，第 288 页（"伊历 611 年"条下）：

阿曼人之所以服从霍尔木兹首领，是为了保障从霍尔木兹到阿曼的船主们的安全。霍尔木兹是一个非常大的港口，是来自远方印度、中国和也门的商贾们的聚集地。

18. 第 10 卷，第 334 页（"伊历 617 年"条下）：

这一祸国殃民的事件[1]，其发展犹如风卷残云一般。他们从中国边疆出发，攻打喀什和巴拉沙衮，继而又占领了河外地区，比如撒马尔罕、布哈拉等地。

**注释：**

[1] 原文指这一事件的小标题为：关于鞑靼人出兵伊斯兰国家的记述。此处鞑靼人系指成吉思汗西征所率领的军队。

19，第 10 卷，第 347 页（同上）：

这些鞑靼人的所作所为，人们从古至今闻所未闻。一个从中国边境出兵的部族，在不到 1 年的时间里，其中一部从这个方向竟然打到了亚美尼亚，而从哈马丹方向竟然穿越了伊拉克。

## 《前尘殷鉴》

( al-'Ibar Fi Khabar Man Ghabar)

**作者与作品简介：**

扎哈比（al-Dhahabī，1274—1347），古代阿拉伯著名历史学家。阿拉伯史学史研究者有时将古代阿拉伯人治史模式粗分为两类，即"编年＋事件"和"编年＋人物"。前一模式的代表人物是伊本·赫勒敦，后一模式的代表人物之一便是扎哈比。但他并不排斥前一模式，而是兼容并蓄，以致成为阿拉伯史学史上以两种模式双管齐下的伟大历史学家。扎哈比还是阿拉伯历史上勤勉好学的楷模，颇得后人嘉赞。据传他的父亲对他特别疼爱，当他为亲聆大师教诲外出游学时，父亲常为此担惊受怕，于是不让他再外出。他非常孝顺，遵从父亲的旨意待在家里，但内心深处还是向往外出求学，遂终日郁郁寡欢。父亲见状心有不忍，于是父子约定外出求学一次最长不得超过 4个月，儿子每次都按期返家。扎哈比有一首自勉长诗传世，其中两句是这样的：

> 前人经纶书万卷，
>
> 求知不容半日闲。
>
> 一席教诲百愿足，
>
> 终生向学死无憾。

《前尘殷鉴》是扎哈比诸多历史著作中的代表作，也是阿拉伯史籍中将编年体、纪传体和纪事本末体结合得比较完美的典型，属于简史类作品。在阿拉伯学术史上，根据前人鸿篇巨制进行缩编，是古代阿拉伯著作家一大技巧，常有青出于蓝而胜于蓝之作。扎哈比本人便曾缩编过伊本·阿萨基尔的《大马士革全史》、海提布的《巴格达志》等著名地方志著作。《前尘殷鉴》的时间跨度为伊历元年至 764 年。全书约合中文 120万字。

译文所据版本为贝鲁特学术书籍出版社 1995 年版 4 卷本。

1. 第 1 卷，第 76 页（"伊历 88 年"条下）：

这一年，突厥人联合拔汗那和粟特人，在中国国王外甥的率领下，聚集了从未听说过有如此之多的大批人马，发动反击。据说他们有 20 万之众。古太白·本·穆斯林与他们会战，并战胜了他们。

2. 第 1 卷，第 460 页（"伊历 310 年"条下）：

教法学家艾布·哈米德·伊斯法拉依尼说：

"即便有人走到中国去收集像穆罕默德·本·杰里尔[1] 这样好的《古兰经经注》，其所获也不会很多。"

**注释：**

[1] 即《历代民族与帝王史》作者泰伯里。

3. 第 2 卷，第 460 页（"伊历 541 年"条下）：

这一年去世的还有艾布·哈桑·萨德海依尔·本·穆罕默德·本·赛赫勒·安萨利·安达卢西·巴伦西，圣训学家，曾前往中国经商。他是位教法学家和知识渊博的学者。听艾布·阿卜杜拉·尼阿利和塔拉德·本·穆罕默德等人传述过圣训。曾在伊斯法罕居住过一段时间，后移居巴格达。曾师从安扎利

（al-Ghazzālī）学习教法学。1月去世。

### 4.第4卷，第14页（"伊历706年"条下）：

这一年，人称伊本·赛瓦米勒的著名商人领袖、伊拉克人杰马勒丁·伊卜拉欣·本·穆罕默德在设拉子（Shīrāz）去世，享年76岁。"赛瓦米勒"的意思是瓷制茶杯（这个词与此人的名字有关）。当初他以给珍珠钻孔为业，攒下2000银币后，前往中国经商，赚了大钱。他对待百姓十分友善。他有几个儿子像国王一样。后来他遭遇抄家之祸，巨额财产被查没。

### 5.第4卷，第37页（"伊历713年"条下）：

这一年中，著名商人领袖、伊赞丁·阿卜杜阿齐兹·本·曼苏尔·库莱密，在亚历山大寿终正寝。他的父亲原是阿勒颇的犹太教徒，后改宗伊斯兰教并开始从事商业活动。伊赞丁去过中国。他是位仗义疏财、乐善好施的人。当他经过也门时，曾被也门君主索去30万银币。

# 《往事镜戒》

## ( Mir'āt al-Janān Wa 'Ibrat al-Yaqzān)

**作者与作品简介：**

　　本书书名全译应作《了解被认为是往昔事件的心灵之镜和警醒之戒》。作者亚菲依（al-Yāfi'ī，1298—1367），本名阿卜杜拉·本·艾斯阿德·本·阿里，以附名亚菲依闻名于世。附名源出其出生成长之地——也门亚丁附近的亚菲阿。卒于麦加。著名阿拉伯学者，尤以史学见长，同时也是也门沙斐依教派名士。主要著作有：《传播高贵美德》和《君子美德的香草花园》等。

　　《往事镜戒》是作者的史学代表作，为其赢得很大声誉。该书特点是语言简洁明了，叙述简明扼要，省略了大量一般读者觉得比较烦琐的人名，一改前人面面俱到、不厌其详的治史风格，被认为是阿拉伯"简史"类著作中的经典之作。该书为编年体，时间跨度为伊历元年至750年。全书约合中文150万字。

译文所据版本为贝鲁特学术书籍出版社，1997年第1版4卷本。

1. 第1卷，第143页（"伊历88年"条下）：

这一年，突厥人会同拔汗那和粟特[1]人，在中国外甥的率领下，聚集了据说20万人马发动反攻。古太白·本·穆斯林与他们展开会战，最终战胜了他们。

**注释：**

[1] 粟特，是中国古书中记载的西域古国之一，亦为民族名称。粟特一词在阿拉伯古籍中的写法不一，一种是本文中的 al-Sufd，更多的则是 al-Sughd，应为抄本中相似字母难以辨识所致。雅古特在《地名辞典》"粟特"词条下说："据说粟特是'两个粟特'的统称，即撒马尔罕的粟特和布哈拉的粟特。"

2. 第2卷，第195页（"伊历310年"条下）：

以伊本·胡泽麦闻名于世的伟大教长说：

"我不知道在大地上还有比穆罕默德·本·杰里尔更优秀

的人，罕百里教法学派的人对他是不公平的。"

教法学家艾布·哈米德·伊斯法拉依尼说过：

"即便有人前往中国去收集像穆罕默德·本·杰里尔这样好的《古兰经经注》，其收获也不会很多。"

我要说："两位伟大的教长如此高的评价和如此美好的赞誉，对于他来说仍是远远不够的。"

3. 第 4 卷，第 46 页（"伊历 624 年"条下）：

据说那些事发生在那个鞑靼[1]暴君死去的年代。他是他们最大的素丹，破坏摧毁了大地上的国家和城市。正是他纠集大批军队，从中国沙漠出发，降服了蒙古[2]。他的名字据说叫铁木真（Tamarjīn）。

**注释：**

[1] 鞑靼（al-Tatār），阿拉伯古籍中有时也写作 al-Tatar，其出现频率比"蒙古"要高得多，时间也早得多——这同中国古籍中的情形基本一样，即"鞑靼"一词的出现比"蒙古"一词要早三四百年。早期阿拉伯著作家认为进行震惊世界的西征的成吉思汗及其后裔属于鞑靼民族，尽管以今天的概念这显然是不够准确的。

[2] 蒙古（al-Mughul），阿拉伯古籍中有时亦作 al-Mughūl。这个词在阿拉伯古籍中出现较晚，指当年成吉思汗建立的蒙古帝国。

4. 第 4 卷，第 87 页（"伊历 644 年"条下）：

这一年，穆斯林夺取阿斯盖兰 [1]，此前数日夺取太巴列 [2]。

同年，国王萨利赫·奈杰姆丁 [3] 从国王赛义德手中夺取隋尼娅 [4]，

并为此补偿他很多金钱。

### 注释：

[1] 阿斯盖兰（'Asqalān），古称 'Ashqalūn，我国出版的地图一般根据后者译作阿什克伦或阿什凯隆。位于地中海沿岸今巴勒斯坦境内加沙以北。古时为迦南一城市，巴勒斯坦人占领后，使其成为古代巴勒斯坦 5 大名城之一。十字军战争时的重要战场。1247 年曾遭马穆鲁克王朝军队破坏。

[2] 太巴列（Tabariyyah），位于今巴勒斯坦境内太巴列湖西岸的城市。著名古城，约建于公元前 26 年。

[3] 萨利赫·奈杰姆丁（al-Sālih Najm al-Dīn），阿拉伯历史上著名人物，阿尤布王朝末代素丹（1240—1249 在位），同时也被认为是马穆鲁克王朝的创始人。更重要的是，他是人称第 1 位伊斯兰女王的莎婕莱杜尔（Shajarah al-Durr）的丈夫。他们的经历与故事，一直是后世史家研究的对象和文学家创作的素材。

[4] 此段记载中出现的地名隋尼娅（al-Siniyyah）比较特殊，因为大多数阿拉伯古籍中该地名均出现在伊拉克。其是否为雅古特等人曾经说到的"亚历山大附近有一叫隋尼娅的地方"，阙疑，尽管阿尤布王朝的势力范围基本是在今埃及和叙利亚一带，但依本段记载的地名顺序，亦不能排除其在巴勒斯坦一带。

# 《始末录》

(al-Bidāyah Wa al-Nihāyah)

**作者与作品简介：**

伊本·凯西尔（Ibn Kathīr，1302—1373），本名伊斯梅尔·本·欧麦尔·本·凯尔·本·道伊，以伊本·凯西尔闻名于世。阿拉伯著名经注学家、教法学家和历史学家。生于叙利亚南部的布斯拉，幼年丧父，随兄长前往大马士革求学，凭借自己的刻苦勤奋和聪明才智，在几位学术大师的教导下，成为伊斯兰历史上著名学者。其经注学名作《伟大的古兰经之诠释》（亦称《伊本·凯西尔古兰经注》），选用资料多系圣训及伊斯兰教前贤的言论，是"以经解经"的经典之作，"被认为是传闻经注中最有权威的著作"。同时其以经解经的注释方法也成为后世学者所遵循的基本方法之一，即如果在《古兰经》经文中找不到相应的节文加以注释时，引用圣训来阐释；如果在圣训中找不到相应的材料时，则举前辈学者的言论加以佐证。其传于后世的著作约30部，涉及经注学、圣训学、教法学、先知传记、历史、人物传记以及音乐等学科。

《始末录》是作者最为重要的历史著作，在阿拉伯史学史中占有重要地位。作品沿袭阿拉伯通史类史籍的写作惯例，从创世开始，继而是天地形成和当时已知世界及江河湖海之概述，然后是世界各民族和伊斯兰教诞生前阿拉伯社会状况之记述，以上部分为纪事本末体，从伊斯兰纪年开始以编年体形式记述了从先知穆罕默德生平到自己逝世前两年的历史。该著作与众不同之处是，在先知传记上用了大量笔墨，从第2卷末至第5卷结束，加上对四大哈里发的记述，占去全部著作相当大的篇幅。这部分内容，使他成为先知传记学方面的权威，备受后人推崇。他本人也据此又写成《众先知的故事》一书，传于后世。阿拉伯当代知名学者沙基尔·穆斯塔法在其史学史名著《阿拉伯历史和史学家》中这样评价："伊本·凯西尔的《历史》（即《始末录》）脉络清晰，选材精审，详略适当，而对过去事件发表看法并提出批评，更成为这部著作的鲜明特点。"全书原为14

卷，约合中文 700 万字。

译文所据版本为贝鲁特知识书局 1990 年第 2 版 8 卷合订本。

1. 第 1 卷，第 25 页（"海洋与河流"条下）：

然后有人居住的世界向东延伸，再转向大地之南，那里有扎比吉群岛（Jazā'ir al-Zābij），其岸上有许多荒凉的土地。然后向东北方向延伸，直到与中国海和印度海连接，继而向东直至已发现之东方大地的尽头，那里是中国。接着从中国东部转向北方，穿过中国至雅朱者和马朱者壁垒。

从东洋[1] 分支出另外几个海，其中岛屿密布，以至据说印度海中就有 1700 个岛，此间除无人群岛（al-Jazā'ir al-'Ātilah）外均有城市和建筑。这片人称绿海的海域，其东为中国海，西为也门海，北为印度海，至于其南则人所未知。

人们说在印度海和中国海之间有群山相隔，山与山之间就是人们行船的通道，就像他们在陆地走在山谷一样。

**注释：**

[1] 东洋（al-Muḥīt al-Sharqī），应是古代阿拉伯人所指大洋的东部。他们的古籍中亦称"大洋"为环海或绿海（al-Bahr al-'Akhdar），他们沿袭古希腊地理学家的认知，即这个洋或海像月晕环绕月亮一样环绕着世界。

**2. 第 7 卷，第 127 页（"伊历 22 年"条下）：**

当艾赫奈夫接近木鹿沙赫疆时，叶兹戴杰尔德（伊嗣俟）离开那里前往木鹿鲁兹。于是艾赫奈夫占领了木鹿沙赫疆并驻扎下来。叶兹戴杰尔德到了木鹿鲁兹之后，修书给粟特国王和中国国王，希望他们前来救援。

**3. 第 7 卷，第 128 ～ 129 页（同上）：**

当叶兹戴杰尔德被一些首领问及他究竟要到哪里去时，他说："我决定前往中国，或是与其他国王在一起。"于是他们说："我们以为不如与这些阿拉伯人讲和，因为他们是信守诺言的人，而且有宗教信仰。我们与他们为邻比同别人在一起要好得多。"他没有接受他们的劝告，并派使者前往中国国王那里请其出兵相助。中国国王向使者询问这些一路攻城拔寨所向披靡的人的特点，后者如实禀报，并告诉他这些人如何骑乘马和骆驼、如何为人处世、如何祈祷等等。于是中国国王让他带回信件给叶兹戴杰尔德，信中说："我清楚地知道我应尽的义务，本可派出一支先头部队在木鹿、后续部队在中国的大军。然而你的使者为我描述的这些人，攻克群山如履平地，如果我去援助你，那我也会全军覆没——假若他们真像你的使者描述的那样。所以，你还是委曲求全与他们讲和为上。"

### 4. 第 9 卷，第 75 页（"伊历 88 年"条下）：

这一年，古太白·本·穆斯林攻打了中国国王的外甥库尔布伽努[1]。后者领有粟特和拔汗那等地 20 万之众的军队。古太白手下则有一先前被俘的突厥王奈伊扎克（Nayzak）。两军交战异常激烈。古太白大获全胜，缴获很多金钱财产，杀死并俘虏众多敌军士兵。

**注释：**

[1] 此处提到的中国国王外甥的名字库尔布伽努（Kūrbughānūn），在泰伯里《历代民族与帝王史》中作库尔穆伽努（Kūrmughānūn）。

### 5. 第 9 卷，第 87 ～ 88 页（"伊历 93 年"条下）：

至于古太白，则征服了突厥地区，杀敌获物甚多，一直打到中国边界。他派人出使到中国国王处，要他归顺。中国国王非常害怕他，于是派人给他献上很多金银财宝和珍奇物件，尽管他势力强大、兵多将广，但还是派使者前去求和。至此，那一带的所有国王出于对古太白的恐惧，无不向他缴纳地租。要是哈加吉活着，那他是不会放过中国的，一定会与其国王会战。

哈加吉死了，大军只好撤回。后来古太白被杀，死在一些穆斯林手中。

6. 第 9 卷，第 95 页（"伊历 94 年"条下）：

这一年，古太白征服沙什（石国）和拔汗那（大宛），直抵隶属拔汗那的另两座城池呼兼德[1]和喀珊[2]。这是在他料理完粟特的事情和征服撒马尔罕之后。接着他继续征战，一直打到喀布尔。他将该城包围，并最终占领了它。为此他曾与为数众多的、来自突厥地区的偶像崇拜教徒在呼兼德展开激战，经过几次交锋最终大获全胜。他从他们手中夺下该地，杀死和俘虏很多敌兵，缴获钱财无数。泰伯里说，赛哈班·瓦伊勒曾在自己的诗句中提到他们在呼兼德——这个距离中国很近的城市——的战斗情景。

**注释：**

[1] 呼兼德（Khujandah），即《新唐书·西域传》中之俱战提，《酉阳杂俎》中之俱振提。西域古地名，唐安西都护府属地。位于今塔吉克斯坦列宁纳巴德州。

[2] 喀珊（Kāshān），今译卡尚或卡善，指今伊朗境内卡尚一带。

7. 第 9 卷，第 140 ～ 142 页（"伊历 96 年"条下）：

这一年，古太白·本·穆斯林征服属于中国领土的喀什。他向中国国王派出使者，对其进行恐吓和威胁，并发誓，若不脚踩中国的土地、不在他们王公贵族的脖子上盖了戳、不收取他们的人丁税，决不收兵，除非他们皈依伊斯兰教。使者们前去进见他们最大的王。他在一座非常大的城市里，据说此城有 90 座门，并有城墙围绕。人们称此城为汗八里 [1]，它是最大的城市，也是收入最丰、人员往来最多、最为富有的城市，以至有人说幅员宽广的印度对于中国的势力范围来说不过是脸上的一颗痣。中国人由于自己钱财充足、物质丰富，所以根本不用到其他国家去，而其他国家的人则由于中国疆域辽阔和物产繁多需要到他们那里去。因为中国国王兵多将广、强大无比，其他国家的国王都要向他缴纳地租。

当使者们进入中国后，他们发现那确是一个十分伟大而且设防非常严密的王国，到处是河流和市场，无论走到哪里都是一派美好繁华的景象。他们要见的国王住在一个异常坚固的大城堡中，其规模与一座大的城市相差无几。中国国王问他们：

"你们是些什么人啊？"

当时的使团共有 300 人，为首的是胡白莱。未等他们回话，

中国国王又对自己的通译说:

"你问问他们,他们是什么人?此番前来目的是什么?"

"我们是古太白·本·穆斯林的使者,"他们说,"他要你皈依伊斯兰教。如若不然,要么交纳人丁税,要么兵戎相见。"

中国国王生气了,命人将他们带到一个住处。次日他召见他们,问道:

"你们是如何敬拜你们的神的?"

他们按照自己的习惯做了礼拜。看到他们反复跪拜的样子,他笑了起来。他又问:

"你们在自己的家中是什么样子呢?"

于是他们穿上表示各自职业的服装。之后他命他们退下。再一日,他派人去问他们:

"你们晋见自己的国王时是什么样子呢?"

于是他们穿上彩饰礼服,戴上缠头巾,披上花缎外袍,来到国王面前。国王说了句"你们退下吧",他们便回去了。过后国王问他的手下:

"尔等如何看这些人?"

"这次看着比前一次更像男人的样子了。"这些人回答。

第3天他又派人去问他们:

"你们如何面对你们的敌人呢？"

这次他们拿出兵器，披戴铠甲头盔，佩剑持矛，肩背弓弩，跨上骏马，直奔王宫而来。中国国王看到他们，就像看到群山迎面而来。待到近前，他们个个挽起袖子，举起长矛向国王冲去。此时有人说了句"你们请回吧！"——因为恐惧已然占据了中国人的心。于是他们扬长而去，一边挺起手中矛枪向前一伸一缩做刺杀状，一边策马飞奔，仿佛要让马儿去追赶矛尖。

国王问手下：

"尔等如何看这些人呀？"

"我们从未见过像他们这样的好汉。"众人回答。

到了晚上，国王派人到他们那里传话说：

"你们派一位首领也就是最优秀的人前来晋见吧。"

他们推派了胡白莱。国王见到他后，说道：

"我的赫赫王权，想必你们已经见识了。在我这里，你们就像我手心的一个蛋，我想怎么样别人都奈何我不得。我问你一件事，你要照实说，否则我便杀了你。"

"那你问吧。"胡白莱说。

"你们这3天所穿的衣服分别表示什么意思呢？"

"第1天所穿的，是我们和自己家人、女人在一起时穿的衣服。第 2 天的，是进见我们的国王时所穿。第 3 天的，是与敌人相遇交战时穿的。"

"如此看来，你们的所作所为真可谓无可挑剔。"国王说，"你们回到你们主帅——也就是古太白——那里去吧，并且转告他，让他从我的国家撤兵，就说我已经知道他贪得无厌，也知道他兵力不足，否则我将派人把你们杀个片甲不留。"

胡白莱听后说道：

"你就这样对古太白说？他的军队先头骑兵在你的国家，后续部队一直排到橄榄树生长的极西之地，你说他兵力不足？再者说，一个能够征服世界、现在已经打到你家门口的人，你怎么能说他贪得无厌呢？至于你以杀死我们相威胁，我得告诉你，我们知道自己都有天定的死期，如果它要来，那么在我们看来最荣耀的就是被敌人所杀，因此我们不讨厌死，也不害怕它。"

"那怎样才能使你们的主帅满意呢？"国王问。

"他已发誓，若不脚踩你的土地、不在你们王公贵族的脖子上盖了戳、不从你的国家收取人丁税，他决不收兵。"胡白莱说。

"我可以让他解除这个誓约。"国王说，"我给他送去我国土上的土，再派去 4 个王家子弟，同时献上无人可以估量其价值的大批黄金、丝绸和中国服饰。"

接着，双方反复进行讨价还价，最终达成一致：中国国王要用一些特大黄金盘子放上其国土的土，送到古太白那里让他踩；派一批王子和王公子弟，让他在他们的脖子上盖戳；送上大量金银财宝抵人丁税，好让古太白解除誓约。据说他总共派出 400 名王家子弟。

古太白见到中国国王送来的这些人和物之后，全部收下。因为此前他已得知信民的领袖瓦利德·本·阿卜杜·麦立克（705—715 在位）亡故的消息，所以他继续进攻的决心也就破碎了。

**注释：**

[1] 汗八里（Khān Bāliq），元代蒙古人称北京为汗八里，为元代都城大都（今北京）的别称。伊本·凯西尔是与《伊本·白图泰游记》作者同时代的人，他知道汗八里很正常，但他将此地名加在公元 715 年的记载中便很不正常了。说明他的一些记载特别是这段涉及中国的记载中，很多信息是不正确的。同时亦有很多情节明显带有夸张色彩，形成一种演义性质"戏说历史"。

8. 第 9 卷，第 165 页（同上）：

这一年死去的哈里发瓦利德，在位期间完成了许多重大的对外征服。在与罗马国的历次交战中，他都派自己的儿子参战。

他还征服了印度、信德、安达卢西亚和波斯的诸多地区，他的军队甚至进入了中国。

### 9. 第9卷，第175页（"伊历98年"条下）：

这一年，叶齐德·本·穆海莱布[1]攻打了中国领土古希斯坦[2]。他先是将该城包围，然后与守军进行激烈战斗，最终拿下该城。他杀死城中4000手无寸铁的突厥人，并掠获多得无法计算的金银财宝和好得无法描述的珍奇物件。

**注释：**

[1] 叶齐德·本·穆海莱布（674—721），伍麦叶王朝时期呼罗珊总督。后因觊觎哈里发之位被杀。

[2] 古希斯坦（Quhistān），亦作库希斯坦（Kūhistān），来源于波斯语，意为山区。雅古特认为波斯有很多地方叫这个名字，最有名的是赫拉特与内沙布尔之间的山区。一般认为此地指呼罗珊的一个地方。另据《蒙吉德词典》中"四大哈里发时期对外扩张示意图"显示，库希斯坦位于赫拉特、内沙布尔、锡吉斯坦、克尔曼、伊斯法罕等地围绕的中心，地位相当重要，地域也相当大。

### 10. 第9卷，第223页（"伊历103年"条下）：

这一年，伊拉克艾米尔欧麦尔·本·胡白莱·赛义德被解除了统领呼罗珊的职务，哈里发任命赛义德·本·阿姆鲁·杰里什担任该职。这后一个赛义德是大名鼎鼎的英雄。突厥人害怕他到了闻风丧胆的程度。所以他们从粟特向后面的中国撤去。

### 11. 第 11 卷，第 38 页（"伊历 266 年"条下）：

这一年，罗马人的一队人马偷袭了迪亚莱比阿[1]一带。他们烧杀抢掠，无恶不作，并掳走大约 250 人。于是摩苏尔人和中国人[2]对他们群起而攻之，罗马人打不过他们只好逃回自己的国家。

#### 注释：

[1] 迪亚莱比阿（Diyār Rabī'ah），古代位于两河流域北部摩苏尔与拉斯艾因（今叙利亚境内）之间的国家。雅古特说其边界一直延伸到迪亚巴克尔一带。

[2] 此处出现"中国人"（'Ahl al-Sīn），十分蹊跷，应是抄本有误。查本书另一版本（黎巴嫩阿拉伯遗产复兴书局，1997 年版），其校勘者根据泰伯里等人著作中的记载，将此处的"中国人"改作"努赛宾人"（'Ahl Nasībīn）。努赛宾是今土耳其境内与叙利亚交界处的一座城市，距摩苏尔不远，古代也是一座贸易繁荣的城市。校勘者的更正应当说比较合乎情理，因为在这个地理位置有大量中国人存在的确不可思议。

### 12. 第 13 卷，第 48 页（"伊历 604 年"条下）：

撒马尔罕国王背信弃义，将抓到的花拉子模国（Khuwārizmiyyah）的所有俘虏统统杀死。他甚至将人拦腰斩成两截，弄到市场上像挂羊肉一样挂在那里。他本已决定杀死自己的妻子也就是花拉子模国王的女儿，后来改变主意将其监禁在一个城堡中百般折磨。消息传到花拉子模国王那里，他立即起兵直取撒马尔罕。他将该城包围后经过强攻最终破城，遂灭杀当地居民近20万人。那个国王也被从城堡中抓了出来，在他面前杀了，其子孙后代一个不留全部杀死。如此，花拉子模沙占领了那一地区的所有王国。当时契丹人正和鞑靼人在与中国交界的克什里汗（Kashlī Khān）交战。契丹人给他写信求援，说："他们战胜我们之日，便是进攻你们之时。"鞑靼人也给他写信希望结盟，说："这些人是我们的敌人，也是你们的敌人。你要和我们一起对付他们才是。"他则分别给双方回信安抚他们。

13. 第13卷，第86页（"伊历617年"条下）：

这一年，巨大的灾难与惨祸降临了。本名叫作铁木真的成吉思汗（Jankizkhān）以及和他在一起的鞑靼人势不可当，从中国极远之地一直打到伊拉克及其周边地区。

# 《了解各地国王的途径》

（al-Sulūk fī Ma'rifah Duwal al-Mulūk）

**作者与作品简介：**

麦格里齐（Maqrīzī，1365—1441），本名艾哈迈德·本·阿里·本·阿卜杜卡迪尔，麦格里齐为表示其祖籍的附名。埃及马穆鲁克王朝著名历史学家，被后世学者尊为"埃及史学家之王"。生于开罗，祖籍为今黎巴嫩巴勒贝克地区一个叫做麦格里扎的街区，卒于麦加（一说开罗）。自幼随父亲学习经训、教义、教法，对历史、地理、天文、数学均有研究。1385 年起任政府高级官员及清真寺宣教师，1408 年被派往大马士革管理卡勒尼西亚清真寺、努里亚医院和宗教慈善机构。后返回开罗，致力于学术研究。一生著述约 40 种，涉及历史、地理、法律、圣训学、人物传记和音乐等诸多领域。其中比较特殊的有：被认为是阿拉伯伊斯兰钱币史开山之作的《钱币项链上的珠球》；堪称埃及饥荒史的《驱散阴霾救众生》，时间跨度上自埃及远古，下至作者生活的年代，包括作者对经济和社会因素的分析，有专家称之为作者最有深度的著作；关于音乐的《歌唱可以消除疲劳》；记述人类各种原始宗教崇拜的《获救者的大街》；地理方面的《从馨香的花园采撷花朵》等。

为他带来世界声誉的，是其代表作《埃及志》。《了解各地国王的途径》虽然在作者著作中经常被置于第 2 位，但由于它的"全方位性"，后世史家无不对这部历史著作给予高度重视。从问世至今，其在历代史籍中和史籍校勘工作中的引用率非常之高。作者以大量资料详述了埃及历史上阿尤布和马穆鲁克两个王朝的历史，被认为是"最出色的埃及史著作之一"。尽管作者同时代的学者认为他所记录的很多事情，在当时是众所周知、不值一提的，甚至认为他的记录到了"絮叨"的程度，比如他笔下的货币、物价、建筑、瘟疫、火灾、礼品、织布机等等，但在今天看来，这些记录毫无疑问已成为珍贵的史学财富。与其他阿拉伯史籍略有不同的是，其概述部分十分简要，仅用 40 余页介绍各民族概况和塞尔柱王朝、国王纳赛尔等方面的内容，随后即以编年体形式直接切入主题，自伊历 569 年开始至 844 年结束。全书 12 卷，约合中文 300 万字。

译文所据版本为埃及著作、翻译与发行委员会 1956 年第 2 版 12 卷本。

### 1. 第 1 卷第 1 部，第 9 页：

在我们的先知穆罕默德创立伊斯兰教前，所有的人分为阿拉伯人和外族人两种。后者中最大的 7 个民族是：大地东南方的中国，大地南方中部的印度，大地西南方的黑人地区，大地西北方的柏柏尔，大地北方中部的罗马，大地东北方的突厥和被这 6 个王国围在中央的波斯。[1] 自古以来，在宗教立法出现前，所有民族都是叫做素姆那 [2] 和迦勒底 [3] 两种名称的同一类人。后来他们有了 5 种宗教，即萨比教、拜火教、多神教、犹太教和基督教。

**注释：**

[1] 作者此处采纳的地理分布与其他古代阿拉伯地理学家的观点相左。他明显沿袭了伊朗人马资达克认为波斯位于世界 7 大区中央的看法。

[2] 素姆那（Sumaniy），古代印度的一个民族。

[3] 迦勒底（Kaldān），古代南美索不达米亚的闪族，公元前 7 世纪末形成新巴比伦国家。

2. 第 1 卷第 1 部，第 12～13 页：

这便是我们的先知创教之前大地上人们的信仰。当时的王国分为 5 部分：波斯王国，其国王称谓是科斯鲁；罗马王国，其国王称谓是恺撒，罗马与波斯之间的战争仍在继续，这两个王国掌握着世界的最大部分；突厥王国，其国王曾与波斯国王交战，在哈里发的历史记述中，我们从未听说他们曾战胜其他王国；印度王国，其国王只能治理自己手中的疆土；中国王国。至于由阿比西尼亚人、僧祇人和柏柏尔人组成的含族人，则没有重要的国王。

3. 第 1 卷第 1 部，第 32 页：

图格鲁勒比克[1] 占领了久尔疆[2] 和泰伯里斯坦，继而是花拉子模，之后他向山国（Baladu al-Jabal）挺进并将其占领。5000 帐突厥人皈依伊斯兰教，他们后来分散在各伊斯兰国家。只有中国一带的契丹人和鞑靼人迟迟不愿改宗。

**注释：**

[1] 塞尔柱王朝创建者塞尔柱之孙，也被认为是该王朝的真正奠基者。卒于 1063 年。他的名字(Tughrulbik)在阿拉伯史籍中有时连写有时不连写。

[2] 久尔疆（Jurjān），雅古特在《地名辞典》中说它是"呼罗珊和泰伯里斯坦之间一座非常著名的大城市"。位于今伊朗境内马赞德兰省

戈尔甘一带。

4. 第 1 卷第 1 部,第 204 ~ 205 页("伊历 616 年"条下):

这一年,鞑靼人开始出现。他们的居住地是中国土地上的泰木加吉[1] 山脉。他们占领了很多伊斯兰国家。他们不信奉任何宗教。他们占领了中国,国王叫成吉思汗。

**注释:**

[1] 泰木加吉（Tamghāj）,在阿拉伯史地典籍中写法比较混乱。国内学者也将其译为"桃花石"或"唐家子"。这个名称,曾引起中外学术界广泛讨论。

5. 第 1 卷第 3 部,第 742 页("伊历 687 年"条下):

这一年,为了那些希望前来埃及和沙姆的人,由法塔赫丁·本·阿卜杜扎希尔执笔,给信德、印度、中国和也门的王公贵族们绘制了安全图[1],并派人送去原件。

**注释:**

[1] 安全图的原文是：Sūratu'Amān 。前一词可理解为图片、图像或证件文件的复制品,后一词可理解为安全、太平和保证。安全图的确切含义有待进一步考究,但其作用估计要么是地图或路线图一类,要么相当于通行证 。若为后者,那么它在中阿关系史中,可能具有某种象征意义,因为它似乎具有签证的性质。

### 6. 第 2 卷第 1 部，第 7 页（"伊历 704 年"条下）：

这一年，有几个商人 [1] 向也门国王穆埃耶德诉说他们的遭遇。孰料国王非但不表示同情，反而将他们在也门采购、价值 6000 金币、准备送给埃及国王的礼物统统没收。

**注释：**

[1] 此段文字虽未直接提及中国，但本书校勘者——埃及大学历史系著名教授齐亚代所加注释云："这个穆埃耶德于伊历 696 年当了也门国王。看来此处提到的商人是从中国来的。但在哈兹莱吉的《伊斯兰国家历史的珍珠项链》一书中，我们并未发现有关该国王苛待商人的记载。"

### 7. 第 2 卷第 2 部，第 471 页（"伊历 739 年"条下）：

这一年，传来很多起义暴动、进攻侵略和冲突对抗的消息。这些事发生在从中国到迪亚巴克尔的东方国度。

### 8. 第 2 卷第 2 部，第 533 页（"伊历 741 年"条下）：

纳赛尔素丹收到马格里布、印度、中国、阿比西尼亚、努比亚、泰克鲁尔 [1]、罗马、法兰克等地国王送来的礼物。

**注释：**

[1] 泰克鲁尔（Takrūr），雅古特《地名辞典》该词条下说其"位于

马格里布南端靠近苏丹一带，其居民与黑人最为相像"。

### 9. 第 2 卷第 3 部，第 812 页（"伊历 750 年"条下）：

3 月 24 日星期四夜，沙姆地区总督、艾米尔阿尔贡沙
（'Arghūn shāh）被杀。此人性格强硬、脾气暴躁，施政时专
横跋扈、令人生畏，平日里暴戾恣睢、嗜杀成性，家有钱财无数，
生活荒淫无度。他的祖籍是中国。

### 10. 第 4 卷第 2 部，第 1187 页（"伊历 843 年"条下）：

11 月间发生了一件耻事。素丹希望他的行为符合学者们制
定的律法。他知道东方之王穆依丁汗·沙鲁哈[1] 曾反对艾什莱
夫·拜尔塞巴依[2] 在麦加海岸的吉达，对来自印度和中国的商
人的货物收取什一税，因为这是不合法的税。于是他煞有介事
地问教法学家一个问题："所说的这些商人在亚丁时大部分钱
财被强制收去，于是他们想来吉达以求得素丹保护，并主动请
求交纳什一税，那么此时收取这种税是否合法呢？要知道素丹
为养着派往麦加的军队，开支是很大的呀！"于是四大法官便
决定这种税收为合法，并将原来律法中有关条文删去。人们对
此颇有微词，认为法官为保住自己的官职，一贯对国王们曲意

逢迎。

### 注释:

[1] 帖木儿帝国皇帝, 1405—1447 年在位。

[2] 马穆鲁克王朝素丹, 1422—1438 年在位。

# 《埃及国王中的耀眼星辰》

## (al-Nujūm al-Zāhirah Fi Mulūk Misr Wa al-Qāhirah)

**作者与作品简介：**

伊本·泰格齐·拜尔迪（Ibn Taghzī Bardī，1409—1469），全名优素夫·本·泰格齐·拜尔迪·阿卜杜拉·艾塔比基。埃及著名历史学家，开罗人氏。父亲是马穆鲁克王朝军事将领，奴隶出身。自幼跟随大法官杰拉勒丁·拜勒基尼学习教法学和圣训学，酷爱历史，长于韵律学，擅骑术。有多部珍贵著作传于后世，包括：传记类作品《〈名人全传〉后的清泉》、《素丹与哈里发趣事之源》、历史著作《目睹者的游览》、《日日月月的重大事件》和《古今之学的充盈之海》等。

作者名字中的"泰格齐·拜尔迪"为鞑靼语音译，意思是：

真主的赐予。其附名"艾塔比基"源出艾塔比克（'Atābik）。艾塔比克是塞尔柱人对能够接近王室的重要官员的突厥语称谓，意思是：父亲监护人。这些人最初只是扮演王子中能力较差者的师爷之角色，后来随着越来越多的军事将领被冠以此称，其势力和权限也越来越大，有的甚至可以凌驾于塞尔柱王子王公之上。艾塔比克的特权可以世袭。作者的这个附名，实际上上是要告诉人们他的父辈是艾塔比克。

《埃及国王中的耀眼星辰》为作者最重要也是最有名的著作，书名为了押韵原本为《埃及与开罗国王中的耀眼星辰》，有些工具书也将书名写作《埃及与开罗记述中的耀眼星辰》。我国学者有时将书名意译为《埃及帝王史通纪》。该书为编年体，始自伊历 20 年（公元 641 年），即埃及为穆斯林军队所征服的那一年，截至伊历 872 年即作者逝世的前两年。该书作为研究埃及和阿拉伯历史的重要典籍，深受后世学界推崇，引用率极高。全书约合中文 400 万字。

译文所据版本为贝鲁特学术书籍出版社，1992 年第 1 版 16 卷本。

1. 第1卷，第276页（"伊历88年"条下）：

这一年，古太白进攻突厥人。他们联合拔汗那人在中国国王外甥的率领下发起反击，据说汇集了20万人。古太白把他们打得落花流水。那是一场非常激烈残酷的战争。

2. 第1卷，第415页（"伊历134年"条下）：

这一年，发生了许多次来自中国国王和其他人方面的战争。而萨法赫[1]这年正忙于扩张其王国的势力范围。

**注释：**

[1] 萨法赫（al-Saffāh），指阿拔斯王朝首任哈里发艾布·阿拔斯（750—754在位）。萨法赫是他的外号，有两个意思：一为屠夫，二为慷慨的人。

3. 第1卷，第416～417页（"伊历135年"条下）：

这一年，中国国王同样有所行动，当时齐亚德·本·萨利赫掌管撒马尔罕事务。他给艾布·穆斯林·呼罗珊尼写信通报了此事。他与他们进行了几番争夺和多次战斗，最终中国国王败北。所有这些都是发生在齐亚德·本·萨利赫不服艾布·穆斯林调遣之前。

4. 第 4 卷，第 235～236 页（"伊历 404 年"条下）：

这一年，托干汗（Tughān）[1] 与中国国王之间爆发了大规模战争，异教徒在战争中被杀死 10 万人。战争持续了一些时日，最后以穆斯林——我的意思是指托干汗的人——的胜利而告终。

**注释：**

[1] 指喀喇汗王朝大汗艾哈迈德·托干汗。喀喇汗王朝是 10—13 世纪初回鹘人在中亚和今新疆喀什、和田地区建立的伊斯兰王朝。亦称"黑汗王朝"或"葱岭西回鹘"。这次战争是指发生在 11 世纪初的"喀喇汗高昌战争"。

5. 第 10 卷，第 156～157 页（"伊历 749 年"条下）：

瘟疫最开始是在位于第 1 区 [1] 的大汗国（Bilād al-Qān al-Kabīr）爆发的。那里最近的地方距大不里士 [2] 也有 6 个月路程。它便是蒙古国。当地人崇拜火、太阳和月亮。后来不知什么原因，骑在马背上的他们——不论在越冬地还是越夏地——全都死了，连马匹也不例外。一时间腐尸遍地，恶臭熏天。这是（伊历）742 年的事。接着风将尸体的腐臭吹向各地，凡是风吹到的地方，人和动物只要闻到很快便一命呜呼。死掉的大汗国士兵不计其数，最后大汗和他的 6 个儿子也死了，于是那个区成了无人统治的地方。

　　后来瘟疫传播到东方所有地方，包括乌兹别克[3]、伊斯坦布尔和罗马国的开塞利[4]。继而传到安塔基亚[5]，使那里的人几乎全部死亡，只有一部分山区的人暂时躲过一劫，但他们在逃亡路上也全都死去。接着瘟疫传遍阿本·卡拉曼山脉[6]和开塞利[7]，那里的居民和牲畜无一幸免。库尔德人担心死亡的命运降临，纷纷逃离家园，但他们找不到一块可以躲避死神的地方，于是重返故土，遂全部死亡。当这种情况蔓延到西斯[8]时，其国王泰克福尔（Takfūr）属地一天之内在一个小地方就死了180人，西斯国灭亡了。再后来瘟疫使中国只剩下非常少的人口。印度也是一样。瘟疫同样传到了巴格达。

### 注释:

[1] 指阿拉伯古代地理学家将世界分为 7 个区中的第 1 区。

[2] 大不里士（Tibrīz / Tabrīz），现为伊朗东阿塞拜疆省省会。古代重要贸易中心。以地毯、毛毡和丝绸制造业著称。

[3] 乌兹别克（al-'Uzbak），阿拉伯人古时也称乌兹别克为古夫加格（al-Gufjāq，即高加索），指延伸至黑海、里海和伏尔加盆地以北、属于蒙古人"黄金部落"的所在之地。

[4] 开塞利（Qaysariyyah），显然与罗马帝国皇帝恺撒有关。古代阿拉伯人笔下的开塞利主要指两个地方：一个在地中海沿岸今巴勒斯坦境内，被认为是世界最古老的城市之一；另一个在今土耳其中部，至今沿

用此名，古代为东罗马帝国重要城市。本文所指应是后者。

[5] 安塔基亚（'Antākiyyah），古代小亚细亚不止一个地方叫此名称。此处所指为今土耳其最南部与叙利亚邻近的安塔基亚。

[6] 阿本·卡拉曼山脉（Jibāl Ābn Qaramān），卡拉曼位于今土耳其南部，古称拉兰代（Lārandah），历史名城，12 世纪末土库曼人建立的卡拉曼·乌格鲁（'Ughlū）王朝曾建都于此。本段文字中"阿本·卡拉曼"的写法未查到出处，但其所指应是卡拉曼。至于"山脉"当是今土耳其南部靠近地中海的托罗斯山脉。

[7] 文中在提到"罗马的开塞利"之后，紧接着再次提到开塞利，不像是一种没必要的重复，有可能是指另一个地方，比如位于巴勒斯坦的开塞利。

[8] 西斯（Sīs），位于今土耳其南部居莱克（Kulaykiyā）一带。704年阿拉伯人曾将该城包围。1186 年为小亚美尼亚王国都城。1374 年马穆鲁克王朝军队攻入该城将其破坏。

## 6. 第 10 卷，第 191～192 页（"伊历 750 年"条下）：

这一年的 3 月 24 日星期五的夜里，沙姆总督、艾米尔赛夫丁·阿尔贡沙·本·阿卜杜拉·纳赛利被人杀死。他是国王纳赛尔·穆罕默德·本·盖拉温所豢养的军奴中的重要人物。国王将他养大，并让他做了个不大不小的官。国王去世后，他平步青云，从百夫长（'Amīr Mi'ah）一直做到千骑将军（Muqaddim 'Alf），最后连国王卡米勒·舒阿班（al-Kāmil Shu'bān）都要唯其马首是瞻。国王将他外放，先是萨法德 [1]

总督，然后是阿勒颇总督，再后来是沙姆总督。此人秉性强悍，脾气暴躁；施政时专横跋扈，令人生畏；平日里暴虐恣睢，嗜杀成性；家有钱财无数，生活荒淫无度。

他的祖籍是中国。幼年被人带给鞑靼国王布赛义德·本·海尔班达（Būsaʿīd Ben Kharbandā），后被大马士革（人名）·海加·本·朱班带走，大马士革被杀后，布赛义德又将他要回，后来把他和麦立克泰穆尔·赛义迪一起作为礼物送给国王纳赛尔。

**注释:**

[1] 萨法德（Safad），古代巴勒斯坦城市。十字军占领后将其建为重要防御城堡，1188 年萨拉丁率军收复该城。1220 年阿拉伯人又将其摧毁。

## 7. 第 12 卷，第 211 页（"伊历 803 年"条下）:

帖木儿[1]返回罗马国，他非常渴望拿下中国，但真主在他到达那里之前先把他拿下了。若非担心过于冗长，我们本可以叙述一下他在前往中国的路上发生的事情，一直讲到他死——愿真主诅咒他。但我们还是决定放弃这种叙述，免得真的太长。同时可以告诉读者，我们在另一部史书《清泉》中讲得非常详尽，诸位不妨一读。

**注释:**

[1] 帖木儿（Taymūr，1336—1405），中亚帖木儿帝国奠基人。波斯语称帖木儿兰克（Taymūrlank），意思是跛子帖木儿。

8. 第 13 卷，第 116 页（"伊历 808 年"条下）:

帖木儿死亡的原因和经过是这样的:

他从自己的国家出兵攻打中国，这时夏季已经过去，进入秋季。此前他曾写信给他的将士，要他们准备 4 年时间。他们做好准备后，从各地聚集到他那里，并造了 500 辆车拉运辎重。之后他从撒马尔罕出发，天气已经变得很冷，到达锡尔河[1] 时河面已经结冰，于是他走着就过了河。真主为了惩罚他，将一座座从未有人见过的大雪山横亘在他面前，同时伴随着极度的寒冷。他的士兵们人人耳朵、眼睛和鼻子中都灌满了雪，连牲口的耳朵和眼睛也不例外。他们几乎就要被冻死了。这时风越刮越大，漫天大雪覆盖了辽阔大地。牲口终于冻死了，很多人也被冻僵，纷纷从马背上坠地而亡。大风大雪刚过，又是一场像海一样的大雨。尽管如此，帖木儿毫无怜悯之心，根本不管人们的死活，还是执意往前走。到达乌特拉尔时，由于路途艰险，人马已然损失很多。为了御寒，帖木儿希望把酒当作"热药"

大口大口地喝下去，人们照他的话做了。他对士兵们的状况不闻不问，直到酒力发作，浑身燥热难耐，把他的肝和肠子全都烧坏了。他变得性情暴躁，身体孱弱无力，但他还是执拗地快步往前走。他的医生为了调理他的脾气，开始用雪在他肚子上摩擦降温。他躺了3天，由于内火太盛，肝脏彻底坏死。他狂躁不安，全身皮肤的颜色变成红的。他的女人们和近臣们在他身边大呼小叫，直到他死去。

**注释:**

[1] 古代阿拉伯人称锡尔河为 Sayhūn，我国史称药杀水；称阿姆河为 Jayhūn，我国史称乌浒河。

9. 第 14 卷，第 194 页（"伊历 835 年"条下）：

这一年 10 月 22 日，从麦加传来消息说：有几艘来自中国的船( Zunūk )[1]，其中两艘在亚丁靠岸，由于当地社会状况混乱，未来得及将瓷器、丝绸和麝香等货物全部售出。负责这两艘船（Zank）的总船长遂分别写信给麦加艾米尔、谢利夫 [2]——拜莱卡特·本·哈桑·本·阿吉兰和吉达城总管萨德丁·伊布拉欣·本·麦莱，请求允许他们前往吉达。于是两人写信向素丹禀报，并以此事可大获其利说服打动他。素丹复信允许他们前来吉达，并指示要好好款待他们。

**注释：**

[1] 此段文字中提到来自中国的"船"为音译，有可能源自汉语。第一次是"祖努克"（Zunūk），第二次是"赞克"（Zank）。前者为复数，后者为单数。

原书校勘者对"祖努克"加了注释："原抄本就是这样写的，它可能就是朱努克（al-Junūk）。这是一种大型多帆的中国船。它的帆是用藤条（al-Khayzurān）编织的，像草席（al-Hasīr）一样。"校勘者所言应是出自《伊本·白图泰游记》，该著作中有对中国船的详细描述：

"中国船只共分三类：大的称做艟克，复数是朱努克；中者为艚；小者为舸舸姆。大船有十帆至少是三帆，帆系用藤篾编织，其状如席，常挂不落，顺风调帆，下锚时亦不落帆。每一大船役使千人；其中海员六百，战士四百，包括弓箭射手和持盾战士以及发射石油弹战士，随从每一大船有小船三艘，半大者，三分之一大者，四分之一大者，此种巨船只在中国的刺桐城建造，或在隋尼凯兰即隋尼隋尼建造。建造的方式是：先建造两堵木墙，两墙之间用极大的木料衔接。木料用巨钉钉牢，钉长三腕尺。木墙建造完毕，于墙上制造船的底部，再将两墙推入海内，继续施工。这种船船桨大如桅杆，一桨旁聚集十至十五人，站着划船。"（见该书中译本第486页，马金鹏译，宁夏人民出版社2000年版）

[2] 谢利夫（al-Sharīf），此处并非人名，而是一种专称。特指先知穆罕默德的后裔。而麦加的"谢利夫"，则专指麦加城的市长。

# 《古人记述中的金屑》

(Shadharāt al-Dhahab fi 'Akhbār Man Dhahaba)

**作者与作品简介：**

作者伊本·阿马德（Ibn al-'Amād，1623—1679），本名阿卜杜哈依·本·艾哈迈德·本·穆罕默德，附名一为阿凯利，一为罕百里。17 世纪阿拉伯著名历史学家、教法学家和文学家。生于大马士革的萨利希耶，久居开罗。在麦加朝觐期间去世。主要著作除本书外，尚有关于罕百里教法学派的《终极释解》和文论集《抵御违背忠信的良药》等。

《古人记述中的金屑》是作者的史学代表作，编年体，记述了伊历元年至1000年的历史事件与人物。由于语言精练简洁，记载详尽丰富，因而受到后世学者重视。原作 8 卷，约合中文

350 万字。

译文所据版本为贝鲁特学术书籍出版社 1998 年第 1 版 9 卷本。

1. 第 1 卷，第 181 页（"伊历 88 年"条下）：

这一年，突厥人和拔汗那、粟特居民一起，在中国国王外甥的率领下，汇集 20 万骑兵发动反攻。麦斯莱迈 [1] 也有人说是古太白·本·穆斯林，与他们会战并最终将他们彻底击溃。

**注释：**

[1] 麦斯莱迈（Maslamah），此处应是指伍麦叶王朝著名军事将领麦斯莱迈·本·阿卜杜·麦立克·本·麦尔旺（738 年卒）。在当年阿拉伯人对外征服过程中，此人曾立下汗马功劳，打到过亚美尼亚一带。在泰伯里的《历代民族与帝王史》和伊本·艾西尔的《历史大全》等阿拉伯权威史籍中，此处记载的人名皆为古太白·本·穆斯林。

2. 第 2 卷，第 450 页（"伊历 310 年"条下）：

这一年去世的人还有：大学士 [1]、教长艾布·加法尔·穆罕默德·本·杰里尔·泰伯里。他是《经注》和《历史》[2] 以及很多著作的作者。他是位勤奋的人，从不模仿任何人。学术大师伊本·胡泽麦说："我不知道世界上还有比泰伯里知道事情更多的人。"教法学家艾布·哈米德·伊斯法拉依尼说："即便有人前往中国去收集像泰伯里这样好的《经注》，其收获也不会很多。"

**注释：**

[1] 此处大学士并非官称，而是指饱学之士，阿语原文直译为"海一样的墨水"。

[2] 指泰伯里的名作《历代民族与帝王史》。

3. 第 4 卷，第 276 页（"伊历 537 年"条下）：

这一年去世的人还有：可汗（Kūkhān）——突厥和契丹的素丹[1]。正是他击败了穆斯林，做了去年做的事情[2]。他占领了撒马尔罕。他于 7 月死去。他为人为政是公正的，尽管他不信伊斯兰教。他相貌堂堂，一表人才，勇猛无比。他不给将领封地，而是从自己的金库中发给他们俸禄。他说："他们一旦有了封地，就会欺压百姓。"他严惩酗酒闹事者，但不惩罚通奸者，也不认为那是丑行。他死后，他的女儿继位，未过多久女儿死去，由她的母亲继位。这个女人统治了契丹和河外地区。

**注释：**

[1] 此段文字中虽未直接提及中国，但这位可汗，在《历史大全》相同记载中明确写为"中国可汗"。

[2] 指公元 1141 年大塞尔柱王朝与中国西辽王朝之间发生的"卡特万大战"中穆斯林军队惨败一事。

4. 第 4 卷，第 293 页（"伊历 541 年"条下）：

这一年去世的人还有艾布·哈桑·萨德海依尔·本·穆罕默德·本·赛赫勒，圣训传述家。曾游历东方，并到中国经商。他是位教法学家和造诣很深的学者。曾在伊斯法罕居住，后移居巴格达。卒于 1 月。

5. 第 5 卷，第 145 页（"伊历 615 年"条下）：

这一年，鞑靼国王成吉思汗的使者麦哈穆德·花拉子密和阿里·布哈利，携带奇异礼物来见花拉子模沙，希望休战与和解。花拉子模沙侧身对麦哈穆德道："你是从我们这里出去的人，应该和我们一条心。"说完他赐给他王座上的一块珠宝，商定让他给穆斯林们做眼线。然后他说："你讲实话，成吉思汗真的占了中国的泰木加杰（Tamghāj al-Sīn）了吗？"听到肯定的回答，他又问："依你所见，该如何行事？"麦哈穆德答道："媾和。"于是他应允了。成吉思汗对此答复很是高兴。

6. 第 5 卷，第 151 页（伊历 616 年条下）：

这一年，鞑靼人离开他们的居住地——中国一带的泰格玛杰[1]山脉，开始行动。他们是突厥人的一支，崇拜初升的太阳，没有任何禁忌。他们的人多得难以计数。素丹花拉子模沙抵挡不住他们的进攻，退出了河外地区。人们丢下他四散逃去。他的母亲下令杀死原先囚禁的花拉子模一带的国王，总共有好几十人。然后她带着财宝细软逃到马赞代兰[2]的伊拉勒（'Īlāl）城堡中。花拉子模沙带残部 2 万人来到哈马丹，自此一蹶不振。

**注释：**

[1] 泰格玛杰（Taghmāj），应是一般译作桃花石的"泰木加杰"（Tamghāj）的抄误。

[2] 马赞代兰（Māzandarān），古时指今伊朗境内、里海南岸地区。650 年阿拉伯人占领该地后称其为泰伯里斯坦。后相继被萨曼人、加萨尼人、塞尔柱人和蒙古人统治。1596 年开始为波斯人统治。

7. 第 5 卷，第 161 页（"伊历 617 年"条下）：

伊本·艾西尔说：

"鞑靼人是突厥人的一个分支，崇拜初升的太阳。他们的居住地是中国一带的泰格玛杰山脉。一年之内他们占领了世界。驮拉他们辎重的牲口，会刨地吃草的嫩根，但不吃大麦。"

8. 第 5 卷, 第 191 页 ( "伊历 622 年" 条下 ) :

伊本·奈加尔说 :

"各国素丹皆臣服于纳赛尔, 原先与他为敌的人无不变得俯首帖耳, 自命不凡的暴君们纷纷归顺, 狂妄自大的君主也都在他的利剑下甘拜下风。他征服了许多国家, 占领了他之前的素丹、哈里发和国王们从未占领的城郡。从安达卢西亚到中国, 人们在做宗教演说时都要提到他的名字。"

9. 第 5 卷, 第 209 页 ( "伊历 624 年" 条下 ) :

这一年夏季前几天的斋月, 鞑靼人的君主、他们最大的素丹成吉思汗终于死去。正是他摧毁各国、灭绝种族。他调动千军万马从中国沙漠出兵, 降服蒙古人, 使他们俯首帖耳, 听命于他这个无往不胜的大王。他做国王之前名字叫铁木真。

10. 第 7 卷, 第 27 页 ( "伊历 784 年" 条下 ) :

这一年去世的人还有 : 舍拉夫丁·穆罕默德·本·穆罕默德·本·优素夫·麦尔达威·罕百里, 法官杰马勒丁的孙子。自幼跟祖父学习, 学有所成后以伊本·穆夫里哈闻名。他听很多人传述过圣训。他不曾在中国。[1] 卒于 4 月。这是伊本·哈

杰尔 [2] 说的。

**注释：**

[1] 此句在文中出现显得比较突兀，且表达也比较特别——并不是说他没去过中国，而是说他不曾在中国，也许是指不曾在中国生活过。此人之名在此前辑译过的阿拉伯古籍中没有出现过，或许在文中提到的伊本·哈杰尔的著作《前人的丰富记述》中可以发现更多信息。

[2] 伊本·哈杰尔·阿斯盖拉尼（Ibn al-Hajar al-'Asqalānī，1372—1449），中世纪埃及最知名的学者之一，圣训学权威、历史学家、文学家、诗人。共有著作 150 余部。生卒均在开罗。

# 《史迹奇观》

('Ajā'ib al-'Āthār Fi al-Tarājim Wa al-'Akhbār )

**作者与作品简介：**

　　书名全译应作《传记与记述中的史迹奇观》。作者阿卜杜拉赫曼·本·哈桑·杰拜里提（al-Jabaritī，1754—1822），埃及著名历史学家，生于开罗，曾就读于艾资哈尔大学。拿破仑占领埃及时被任命为王室书记官。当他的一个儿子被人杀死后，由于悲伤过度而双目失明，不久自己也遭人暗杀。1822 年 6 月 18 日夜间，他被人勒死在开罗沙布拉大街街头，尸体被拴在他骑的驴的一只腿上。据说他被害的原因是当时的财政大臣穆罕默德·贝克对他恨之入骨，遂买通杀手将其暗杀。杰拜里提是当时埃及文人学者中大师级人物，经常撰文针砭时弊，直言不讳地批评当局的腐败现象，因此招致腐败官僚记恨也就不足为奇。

《史迹奇观》也被称作《杰拜里提历史》，实际上是一部1690 年至 1821 年的埃及国别史。由于作者身逢埃及历史大变革时期，奥斯曼帝国江河日下，各种改良革新势力纷纷登场，所以他笔下的历史事件和人物成为那个时代的忠实记录。尤其是书中记载的一些官方文件和信函，更成为在其他著作中难得一见的重要文献。此外，作者对当时埃及社会的风俗习惯和风土人情做了生动详细的记述，对各种庆祝典礼的记述更是不厌其详，乃至被评论家形容为"冗长"。他还用大量篇幅描述开罗的建筑形式和风格，其细致程度也被评论家形容为"令人倦烦"。同时，作者在书中大量使用非阿拉伯语术语和词汇的做法，也为人所诟病。这些从波斯语、土耳其语、希腊语、意大利语和法语引入的外来语，加上不时出现的拼写和语法错误，经常让读者不知所云。但杰拜里提的这部名作仍被认为是关于埃及近代史的最重要著作之一。全书约合中文 100 万字。

译文所据版本为贝鲁特学术书籍出版社 1997 年第 1 版 3卷本。

1. 第 2 卷，第 59 页（"伊历 1203 年"条下）：

他们一连几日在穆罕默德·阿加·巴鲁迪家中制作那种东西。他还买来很多瓶瓶罐罐和中国瓷罐——艾斯基马丁[1]，并在里面装上用精糖做的各种饮料。

**注释：**

[1] 艾斯基马丁（al-'Askī Ma'din），是指中国瓷罐的另一种叫法，出处不详。其中"马丁"应是阿语"金属、矿物"之意，而"艾斯基"，则不知所云。

2. 第 2 卷，第 162 页（"伊历 1213 年"条下）：

法国士兵终于发现了几个存放物品的地点和藏东西的地方，里面有大箱子、什物、武器、中国瓷器和若干肯塔尔[1]的铜器。

**注释：**

[1] 肯塔尔（Qintār），埃及重量单位，等于 100 埃及磅（Ritl），约等于 44.93 千克。

3. 第 3 卷，第 285 页（"伊历 1228 年"条下）：

这一年 7 月末，我们前面提到过的古胡吉（Qūhūjī）帕夏[1]带着很多礼服、沙兰加特[2]和短刀，外出旅行。此前他赏给下人们好几口袋钱。帕夏给国王和其他达官贵人带去非常多的礼物，计有：纯金币4万枚，尼斯非亚特 [3] 也就是半金币60万枚；咖啡（al-Bunn）500夫尔格 [4]；两次提炼的精糖100肯塔尔，一次提炼的精糖200肯塔尔；人们叫作艾斯基马丁的中国瓷罐100个，里面装满各种果酱和加入麝香等香料配制的各种饮品；配有镶嵌珠宝马鞍的骏马50匹；珍珠珊瑚50驮 [5]；克什米尔布料、金银线绣制的锦缎、叫作纱喜（Shāhī）和木赫太尔汗（Muhtarkhān）的贵重布料若干大包；以及沉香和龙涎香等其他东西。

**注释：**

[1] 帕夏（Bāshā），奥斯曼帝国政府高级文武官员的尊称。

[2] 沙兰加特（al-Shalanjāt），所指不详。

[3] 尼斯非亚特（al-Nisfiyyāt），原意为由两部分或两半组成的东西。作者本人解释的"半金币"，不知是否指成色的一半。

[4] 夫尔格（Furq），一种作为量器的容器，大概类似中国的升、斗，确切容积不详。

[5] 驮，原文为"马"，指一匹马所驮的重量。阿拉伯人有时也用"一匹骆驼"来表示"一驮"。

4. 第3卷，第300页（同上）：

后来他冒出个念头要改变一下家里的格局和陈设，于是将大厅和走廊之间的隔断打掉了。人们给这个大厅起的名字是"欢乐之母"，由著名的专业建筑大师所建。它是他们整个宅院中最大的厅，所有的墙上都摆满黄金雕刻和中国瓷器，厅内还有各种造型的喷泉，装饰材料都是彩色大理石和彩色透明石膏。

5. 第 3 卷，第 307 页（同上）：

第 2 天又有一伙人来到萨达特的家，他们撕开封条，让他交出赛加姆。他们把后者带走，严刑拷打，让他说出藏东西的地点。然后他们返回那所房子，打开原先堵住的暗室，发现里边有天鹅绒扶手椅、铜、棉花和中国瓷器。他们暂时没动这些东西，离开了那里，只留下几个士兵在宅子里过夜。

6. 第 3 卷，第 339 页（伊历 1230 年条下）：

一伙士兵将糖铺的门砸开，拿走他们能找到的钱和他们喜欢的各种糖，然后又是吃又是装，并把带不走的统统糟蹋掉，把那些东西扔到大街上用脚乱踩一气。他们把铺内的糖果瓶和果酱罐全都打碎，其中有中国瓷罐。

第四章
纪传体与地方志史籍中的中国

# 《名人列传》

## (Wafayāt al-Aʿyān wa Anbāʾ al-Zamān)

**作者与作品简介：**

伊本·赫里康（Ibn al-Khallikān，1211—1282），著名伊斯兰历史学家、法学家。全名艾哈迈德·本·穆罕默德·本·伊卜拉欣·本·艾布·伯克尔·伊本·赫里康。祖籍波斯。出身于宗教学者家庭。早期随父亲学习经训和教法，及长，游学至摩苏尔、阿勒颇、开罗等地拜投名师，1246 年到大马士革师从著名历史学家、《历史大全》作者伊本·艾西尔学习历史学。1261 年起在叙利亚任大法官达 20 年之久，为官清廉，判案公正，口碑甚好。1282 年在大马士革勒吉比耶学校逝世，葬于卡斯蕴山脚下。

　　《名人列传》，原书名直译应为《名人全录和先人记闻》，是伊本·赫里康的代表作。尽管今天细分起来它应属纪传类作品，但阿拉伯学者一般将其归入历史类古籍，因此它也被称作《伊本·赫里康历史》，同时它也被认为是研究阿拉伯文学史的最重要参考书之一。作者几经修改，前后共用 25 年时间才完成了这样一部用阿拉伯文写成的历史传记文学作品。记述了 865 位穆斯林名人的生平事迹，史料详实，考订精审，文字优美。书后附有主要事件的记述，收有诗歌和逸事。此书问世后，在当时阿拉伯伊斯兰学术界引起轰动，人们竞相传抄，并有很多学者对其进行缩编。据当代著名阿拉伯历史学家沙基尔·穆斯塔法统计，可以举出缩编者姓名的本子即达 26 种。同时也有不少学者根据此书做了大量补遗工作，其中最有名的是库图比的《名人列传补遗》和萨法迪的《名人全传》。1838 年《名人列传》经奥斯曼帝国学者胡里尼校勘后刊印发行，之后有多种其他文字的版本相继问世，成为研究东方学和阿拉伯学最权威的阿拉伯典籍之一。原书 13 卷，约合中文300 万字。

　　译文所据版本为贝鲁特萨迪尔书局 1994 年版 8 卷本。

1. 第 4 卷，第 47 页：

撒马尔罕，河外地区最大的城市。伊本·古太白在《知识》[1]
一书有关也门国王舍米尔·本·伊非利基斯的传记中说："他
率大军经伊拉克前去攻打中国，穿过波斯、锡吉斯坦和呼罗珊，
一路破城拔寨、烧杀抢掠。他攻入粟特城，并将其摧毁。后来
人们便称此地为'舍米尔坎德'，意为舍米尔破坏了它，因为
波斯语中的'坎德'是阿拉伯语中'破坏'的意思。当人们用
阿拉伯语读的时候，就变成了'撒马尔罕'。后来此地得以重建，
恢复了生机，这个名字也沿用下来。"

**注释：**

[1] 伊本·古太白（Ibn Qutabah，828—889），阿拔斯王朝著名文学家、
语言学家、历史学家。《知识》（al-Ma'ārif）又译《知识大全》，是一
部历史、文学和伊斯兰教的小百科全书，内容丰富，收集了大量典故、
格言、谚语、诗歌、逸事、见闻、碑铭等珍贵资料，详细论述了伊斯兰
教兴起前后的阿拉伯文化史。

2. 第 4 卷，第 308 页：

伊斯比加布（'Isbījāb）[1]，东方之国极远之地的一个城市，
我认为它在中国，或在距中国很近的地方。

**注释:**

[1] 中国学者考证此地为《新唐书》中之白水城, 即今哈萨克斯坦境内的希姆肯特。

3. 第 5 卷, 第 157 页:

喀什: 中国境内的大城市之一。

4. 第 5 卷, 第 325 页:

智慧与人们的品性有关, 不论男人还是女人。因此, 据说上天将智慧赋予大地上人的三种器官, 即希腊人的脑、中国人的手和阿拉伯人的舌。

# 《名人列传补遗》

(Fawāt al-Wafiyyāt)

**作者与作品简介：**

伊本·沙基尔·库图比（Ibn Shākir al-Kutubī，1282—1363），阿拉伯历史学家。出生于大马士革附近的白达里亚。自幼家境贫寒，后成为书商，并因经营有方而积累大量财富。其附名"库图比"即为书商之意。由于长年与书打交道，得以钻研历史，著书立说，从而进入史学家行列。其主要著作有两部，除本书外，另一部是堪称巨著的《历史的源泉》，共28卷，约合中文3000万字。

《名人列传补遗》是作者对伊本·赫里康《名人列传》的补充，共加入600篇人物传记，被认为是该书最佳"补遗"之一。

巧合的是，伊本·赫里康逝世的年份，正是作者出生的年份。
全书约合中文 200 万字。

译文所据版本为贝鲁特萨迪尔书局 1973 年版 5 卷本。

1. 第 1 卷，第 67 页：

纳赛尔·里丁拉[1]生前品行恶劣，在位时伊拉克因他而遭
到破坏。于是国人纷纷逃散到各地，他将他们的金钱财产攫为
己有。他生前做了很多出尔反尔、朝令夕改的事情，而且心思
往往都用在射猎、玩鸟和"富图沃"[2]的裤子上。他占领了任
何一个哈里发都不曾占领的王国，是阿拔斯王朝的雄师，因
此人们在安达卢西亚和中国发表伊斯兰教宣教演说时都会赞
颂他。

**注释：**

[1] 阿拔斯王朝第 34 任哈里发（1180—1225 在位）。

[2] 富图沃（al-Futuwwah），阿拉伯语意为：侠义、青春。此词在
阿拔斯王朝在位时间最长的哈里发纳赛尔时代，具有专门的含义。特指
在纳赛尔庇护下建立并兴盛起来的一种具有侠义精神的武士组织，也被
称为"阿拉伯义勇军"。其成员穿专门的制服。

2. 第 1 卷，第 301 页：

成吉思汗，鞑靼人的暴君，是他们第一个踩蹦各国，滥杀

无辜的国王。他们原本生活在中国沙漠，后来统治了那里，并强迫那里的人像服从自己的先知一样服从他们的先知。

3. 第1卷，第412页：

法官希哈布丁·马哈穆德当年为哈利勒·本·盖拉温[1]写的著名赞美长诗中有这样几句：

> 真主将海洋支配权完全赋予你，
>
> 因你和阿拉伯人有幸统一陆地。
>
> 能从阿克和苏尔启碇远航的人，
>
> 掌控中国比之阿勒颇更加便利。

**注释：**

[1] 哈利勒（Khalīl），埃及马穆鲁克王朝国王，1290至1293年在位，人称"最荣耀之王"。曾率穆斯林军队将十字军驱回本土，收复阿克、海法、苏尔、赛达等沿海重要城市。后被暗杀于开罗。

4. 第1卷，第428页：

国王穆艾耶德·希兹比尔丁酷爱读书，库中藏书达10万卷。他乐善好施，喜交君子学士。伊赞丁·库莱米曾带麝香、丝绸和中国瓷器等礼物去拜见他，并因此得到赏金30万银币。穆艾耶德建造了一座极其壮丽、无与伦比的宫殿。

5. 第 2 卷, 第 379 ～ 382 页:

每逢星期二, 凯里姆丁·凯比尔都到法赫尔丁家去, 与他共进午餐。每次去时他都要带两个"麦赫非叶"[1], 而放它们的中国瓷盘他从不带回去[2]。

在约定时间的前一天, 所有宴会要用的东西都安排好了, 包括各种羊、鹅、肥鸡、糖和大米等, 甚至还有不少麦赫非叶和中国瓷盘……

**注释:**

[1] 麦赫非叶（Makhfiyyah）, 确义不详, 可能是一种上等佳肴。

[2] 此句可以看出当时的中国瓷盘是一种十分贵重的物件, 凯里姆丁给对自己有知遇之恩的法赫尔丁送去上等佳肴而不把中国瓷盘带回去, 实际上是变相送礼。

6. 第 3 卷, 第 77 ～ 78 页:

据说几个重要的亲王商量好要在宰相拜哈丁（卒于伊历677 年）不在场的情况下进见国王扎西尔, 他们想来想去最后决定派伊本·拜莱凯汗向国王通报。国王同意了。次日一大早他们就来见国王, 孰料国王称自己腹痛不能上朝, 于是他们在那里坐等了多半天, 直到大总管出来说:"你们可以进去了。"

他们见到国王，发现他一副很难受的样子，便先坐了一会儿。这时来了一个仆人，说："国王陛下，刚才有位大人交给我一个中国瓷杯，里边盛着南瓜做的甜食，他说让我替他送给一位正人君子，还说这东西能治很多病。"国王一听立刻让他拿过去。他只吃了一点点，便称肚子一点也不疼了。亲王们见状非常高兴。国王问："你们知道这甜食是谁送的吗？"众人回说不知。国王道："是拜哈丁送的。"众人一听全都不吱声了。出宫后其中一位亲王对同伴说："如果他认为拜哈丁送的食物能治病，那咱们还能说什么呢？"

# 《名人全传》

### （al-Wāfī Bi al-Wafayāt）

**作者与作品简介：**

萨拉丁·哈利勒·萨法迪（Salāh al-Dīn Khalīl al-Safadī，1296—1362），阿拉伯著名文学家、历史学家。幼年开始习画，成绩斐然，为日后成为著名书法家打下基础。后转攻文学，曾拜多位同时代名家为师。成年后先后在开罗、大马士革、阿勒颇等地的公牍局任职，最后放弃所有官职，在伍麦叶大清真寺专心从事教学工作。他为人谦和，极为勤勉，是一位名副其实的多产著作家。他在自传中说："我亲手撰写的著作达 500 种，而在公牍局任职期间所写的可能还要加倍。"后人一般认为其名下的著作至少有 200 种。除本书外，最著名的是《时代名人和胜利助手》和长达 30 卷、生动反映历史社会风貌、大部分已失佚的《文人的记录》，以及《盲人传略中的点睛之笔》及其姊妹篇《独眼人的感受》等。

《名人全传》是萨法迪的代表作，被公认为伊本·赫里康《名人列传》的最佳补遗性作品之一。原作 30 卷，世界各地收藏的抄本，没有一家是完整无缺的，至今也没有一家出版机构将书出齐。按已出 22 卷篇幅计，全书约合中文 1200 万字。共收人物传记 4000 余篇，各界各行名人"无一漏网"，包括先知的门弟子和追随者、国王、王公王子、法官、宰相大臣、各地诸侯、《古兰经》诵读家、圣训传述家、教法学家、教长、仁人志士、文学家、诗人、医生、哲学家、创作家和谋士等等，甚至包括以吝啬闻名于世的人。

译文所据版本为德国东方学家协会 1962 至 1992 年陆续校勘发行的 22 卷本。

1. 第 2 卷，第 130 ～ 131 页：

穆罕默德·本·艾哈迈德·本·艾布·盖里布·隋尼依（中国的），人称赛夫·道莱·伊本·哈姆丹[1]的导师。伊本·奈加尔说："艾布·穆罕默德·哈伦·本·穆萨·阿卡拜威说，（伊历）322 年他在巴格达听过此人传述圣训，此人在晚年传述过一条圣训。"

**注释:**

[1] 赛夫·道莱（Sayf al-Dawlah，意为"国家之剑"，915—965），历史上叙利亚哈姆丹王朝最强大的国王，曾为保卫叙利亚与拜占庭军队作战，大获全胜。在位期间文学和科学事业极为昌盛，大诗人穆太奈比、艾布·菲拉斯和哲学家法拉比等常在其宫中出入，伊斯法哈尼的《歌诗》便是献给他的。他治理下的阿勒颇成为当时著名的文化中心。其本人亦为诗人，所作诗歌中有一名句——"有时，分别是因为害怕分别；有时，远离是因为担心远离"，为后人所激赏。

2. 第 6 卷，第 136 页：

伊卜拉欣·本·穆罕默德·本·赛义德·杰马勒丁，伊拉克的首领，以旅行家伊本·赛瓦米里闻名于世。赛瓦米里的意思是：瓷制茶杯。他曾带着很少的钱外出游历，最远到过中国。在那里他的生计之门被打开，赚了非常多的钱。之后伊拉克的统治者让他掌管很大一片国土，他顺从天意，善待属民。后来他的好几位家庭成员当了国王。他是位信仰虔诚、慷慨大方、公正廉洁、颇有主见的慈善家。有一年他给教长伊赞丁·法拉西送去 1000 米斯加勒[1] 的黄金。后来鞑靼人欺负他，巧取豪夺，致使其家道中落，钱财所剩无几。好景不再，他便搬到吉达中部去了。伊本·蒙塔布说:"杰马勒丁说:'我只有这一箱子钱了。'说完他让我看了一个装有 8 万金币的箱子。此后他就去了中国,做了一本九利[2] 的大生意。"他的一个儿子赛拉吉丁在马巴尔(al-Ma'bar)做了国王的总督,另一个儿子穆罕默德做了设拉子的国王,再一个儿子伊赞丁统辖所有属于波斯的王国。杰马勒丁是在(伊历)706 年去世的。

**注释:**

[1] 古时阿拉伯的重量单位,等于 4.68 克。

[2] 原文直译为:从 1 个银币中得到 9 个银币。

3. 第 8 卷,第 351 页:

(人物:伍斯塔兹·达尔,意为家庭教师。)

阿尔贡沙('Arghūn Shāh),艾米尔赛夫丁·纳赛里。原先他是由契丹人凯马勒从中国带到素丹布赛义德那里的,一起带来的还有 7 个军奴和 800 套契丹毛绒衣料。这些衣料是布赛义德的财产,是他的高祖成吉思汗一代一代传下来的。后来他在布赛义德面前谗害凯马勒,致使后者被查抄家产达 10 万金币。过后布赛义德因他陷害凯马勒而厌恶他。于是他被迪马士古·哈瓦加请了去,总算没丢面子。但他接着向布赛义德告发迪马士古和图格泰可敦[1]的事情，致使两人最终掉了脑袋。布赛义德将他召回，后来把他派到国王纳赛尔那里去了。

**注释：**

[1] 可敦（Khātūn），皇后、夫人之称。为从突厥语引入的外来语。

4. 第10卷，第88页：

拿撒勒人布赫提舒阿[1]（Bukhtīshū'），是马蒙及其之后几位哈里发的御医，写了不少著作。一天，哈里发穆太瓦基勒[2]正在看人们新年送上的、件件堪称无价之宝的礼物。这时他的御医布赫提舒阿前来拜见。只见他袖子中有一乌木匣，打开后里面是一把宝石做的大勺子，闪着星星般的光芒。哈里发从未见过如此宝物，遂问道：

"你从哪里搞到的？"

御医回答："从正人君子手中。"停了一下他接着说道，"家父曾经分3次得到加法尔母亲赏的10万金币。一次她说喉咙肿痛得快喘不上气来，家父便用了放血等去火疗法。此时有人送上放在一个中国大瓷盘里的这把勺子，家父示意我将这宝物拿走，但加法尔的母亲却把它交给了下人。她要赏我1万金币，家父谢绝了，说道：'夫人，我儿从未偷过任何东西，您可不

能让他产生非分之想而害了他啊。'她听后笑了，便将这宝物
赏给了家父。"

**注释：**

[1] 布赫提舒阿（Bukhtīshū'），古叙利亚语：基督的奴仆。

[2] 阿拔斯王朝第10任哈里发，公元847—861年在位。继位时，突
厥人已窃取国家大权。他长期养精蓄锐，希图重整河山，但最终未能如愿。
861年的一天夜里被突厥人暗杀。自此后，阿拔斯王朝的哈里发实际上变
成了突厥人的俘虏，或杀或留，任其摆布。

5. 第10卷，第197页：

（人物：艾米尔赛夫丁·萨基。）

当艾米尔赛夫丁·萨基的女儿与素丹的儿子阿努克大婚之
际，我正在开罗，看到了从他家向城堡走去的送礼队伍。脚夫
的数量是：扛绣花锦缎扶手椅的40个，圆形椅的16个，长椅
的4个，乌木和包银长椅长凳的162个，其他贵重椅子的16个，
银器的29个，沙姆等地各种铜器的65个，中国瓷器的33个，
镏金玻璃器皿的12个，餐桌和大铜盘的29个，什物大箱子的
6个，以及99匹驮着被褥毯子和珠宝箱的骡子。

6. 第 11 卷，第 288 页：

（人物：《歌诗》作者。）

侯白什·本·穆萨·隋尼依 [1]，《歌诗》的作者。他编著此书是为了献给哈里发穆太瓦基勒。书中收录了不少伊斯哈克 [2] 和阿木鲁·本·巴奈均未提及的东西，记述了许多高雅风趣、与众不同的贾希利叶时期和伊斯兰初创时期的男女歌手。他还有一本书，也叫《歌诗》，按词典式字母排列，是专门记录女歌手的。

**注释：**

[1] 这位名叫侯白什（Hubaysh）的人，在世于公元 861 年之前。其附名隋尼依（中国的），有 4 种可能：1. 祖籍为中国 2. 曾经去过中国 3. 祖籍为阿拉伯地区叫作"隋尼"的地方 4. 抄本有误、与中国无关。根据阿拉伯学者考证，第 4 种可能居大。其著作《歌诗》（al-'Aghānī），与阿拉伯文学史上名声显赫的伊斯法哈尼所编《歌诗》的阿语书名完全一样。

[2] 即阿拉伯著名古籍《索引书》（al-Fihrast）作者伊本·纳迪姆（Ibn al-Nadīm，？—1047）。

7. 第 15 卷，第 189 页：

萨德·海依尔·本·赛赫勒·安萨利，巴伦西亚人氏。他来到巴格达住了一段时间，听过艾布·海塔布和侯赛因等人传述圣训。后师从泰伯里攻读文学，也在哈马丹和伊斯法罕一带听人传述圣训，并收集到很多书籍和原始抄本。曾出海远行，经历世间艰难，目睹天下奇事，最终进入中国。返回巴格达时已是高龄，在此住到去世。他钱财无数，富甲一方，同时是一位非常真诚、值得信赖的人。卒于（伊历）541年。

# 《贤人名士事略》

## （Siyar 'A'lām al-Nubalā'）

**作者与作品简介：**

舍姆斯丁·穆罕默德·本·艾哈迈德·扎哈比（卒于1374年），阿拉伯著名历史学家、圣训学家。祖籍土库曼，出生和故世均在大马士革。其附名扎哈比（al-Zahabī）的意思是金匠，因为他父亲以制造金器为业。殷实的家境使他自幼受到良好教育。及长他像所有有志研究圣训学的人一样，遍游沙姆地区各大名城，拜师访学，后游学埃及并到麦加朝圣。他求教的导师中不乏伊本·泰米叶等大师级人物。学有所成后开始关注史学。在大马士革近郊风景秀丽的姑塔的一个村庄里，他担任教义演说家达15年之久，是他一生中著书立说最丰富和最重要的时期。

之后在大马士革多所学校担任教职，桃李满天下。临终前 5 年，因患眼疾并拒绝治疗而双目失明，但教学和著述不曾中辍。

扎哈比是中世纪阿拉伯史学大师群中十分显赫和非常特殊的一位人物。当代阿拉伯史学史权威沙基尔·穆斯塔法认为他是"伊斯兰历史上最伟大、知识最渊博、著述最多的历史学家"，并认为他是"伊斯兰历史上搜集采录资料最多的人之一"（见《阿拉伯历史与史学家》，第 4 卷，第 52 页，黎巴嫩大众知识出版社）。他的与众不同之处大致可归纳为以下几点。第一，其著述数量极大，有据可查的即有 235 种。第二，其著述部头巨大，其中相当一部分原作达 30 卷——要知道原作为 14 卷的《贤人名士事略》若译为汉语，至少也在 1200 万字以上。第三，大多数阿拉伯历史学家是以一种体裁编写史书，例如编年体、纪传体和纪事本末体等，他则是双管齐下，以两种体裁为后人留下两部史学巨著：纪事本末体的《伊斯兰历史》（原作 21 卷）和纪传体的《贤人名士事略》。第四，他的史学著作占其全部著作一半以上，这一成就使之成为当年阿拉伯史学研究阵营中沙姆学派的领军人物，并形成与麦格里齐为首的埃及学派平起平坐的局面。

译文所据版本为贝鲁特使命出版社 1998 年第 11 版 28 卷本。

1. 第7卷，第449页：

伊斯哈克·本·杰拉赫说，穆罕默德·本·哈加吉对我们说："从前有个人和我们一起在哈马德·本·赛莱麦那里聆听教诲。后来此人去了中国[1]，回来时给哈马德带了礼物。于是哈马德对他说：'如果我接受它，我就不向你传述圣训；如果我不接受它，我就向你传述。'那人道：'那就请您不要接受，向我传述圣训吧。'"

**注释：**

[1] 据记载，文中提到的哈马德卒于629年，与其同时代者来过中国，时间上是比较早的，可惜本段文字中没有提及他的名姓。

2. 第15卷，第133页：

这一年（伊历403年）里，河外地区首领艾伊莱汗（'Aylah Khān）死了。他在十几年前从萨曼人手中夺取了该地。此人暴虐成性，极其凶恶，令人生畏。他与突厥国王托干汗经常打仗，而伊本·苏布克铁斤（Ibn Subuktikīn）则偏袒他。于是中国军队出动超过10万帐人马与托干汗作战。

3. 第 15 卷，第 179 页：

这一年（伊历 404 年）前后，托干汗率领的穆斯林与中国军队之间爆发了一场大战。战争持续了很多天。异教徒被杀约 10 万。

4. 第 17 卷，第 278 ～ 279 页：

（人物：托干汗）

突厥人，巴拉沙衮和法拉布的首领。

中国聚集了前所未闻的大量军队对托干汗发起进攻，据说有 30 万人。当时他正在生病，说："真主啊，让我痊愈去抗击他们吧。然后如果你愿意的话，再让我去死。"真主使他痊愈了。于是他调集兵马，夜袭了他们，杀死他们 20 万人，俘虏 10 万人。这是一场发生于（伊历）408 年的重大战役。他将无数战利品带回巴拉沙衮，到达那里不久便一命归天。他是一位信仰虔诚的教徒，勇猛无比的英雄。

5. 第 19 卷，第 56 页：

穆艾耶德在其《历史》一书中说："马立克沙从外表到内涵都是名副其实的最好的人之一。自中国边界到沙姆尽头，自罗马王国到也门，人们在进行宗教演说时都会为他祈祷。他征服了阿勒颇，世界都归顺于他。"

6. 第 20 卷，第 158 页：

萨德·海依尔，著名教长，杰出的圣训学家，大旅行家，商人。他从安达卢西亚去了中国，于是你看到他把自己的名字写成：萨德·海依尔·安达卢西·隋尼依（中国的）。

7. 第 22 卷，第 141 页：

穆瓦法格讲了不少事情，他说："当时河外地区诸国臣服于契丹，布哈拉和撒马尔罕的国王们也要向契丹纳税。这些民族犹如一道壁垒横在我们和中国之间，花拉子模沙征服了这道坚实的壁垒，无人再敢抵抗他。然后他转向克尔曼，接着是伊拉克和阿塞拜疆，继而觊觎沙姆和埃及。"

8. 第 22 卷，第 233 页：

（伊历 615 年）花拉子模沙回到布哈拉后前往尼沙普尔。他被告知鞑靼人想和他建立联系。成吉思汗的使者前来请求休战，说："大汗向你致意。他说：'我清楚地知道你作为素丹

的伟大，你就像我最亲爱的孩子一样。我手中掌握着中国诸王
国（Mamālik al-Sīn），让我们和睦相处，让商人们往来无阻，
让我们的国家昌盛起来吧。'"素丹对使者马哈穆德·花拉子
密说："你是我们的人，应该和我们一条心。"说完赏赐他很
多珠宝，请他做自己的谋士。他答应了。于是素丹问他："你
跟我说实话，成吉思汗真的占领泰木加吉了吗？"答："是的。"
再问："其旨意何在？"答："媾和。"于是素丹同意讲和。
成吉思汗对此感到非常满意。事情也就这样过去了。后来从鞑
靼方向过来一批商人，素丹管理河外地区事务的舅舅财迷心窍，
不仅抢夺他们的财物，而且将他们抓了起来，说他们是鞑靼人
的密探。成吉思汗派使者前来传达他的质问："你曾允诺保证
我们商人的安全，背信弃义是可耻的。假如你说是你舅舅干的，
那就把他交给我们。否则，你将看到我会像你了解我的那样去
做！"当时花拉子模沙头脑发蒙，固执己见，竟然下令将来使
全部杀死。他铸成了怎样的大错啊！之后，他在撒马尔罕加紧
设防，调兵遣将，聚草屯粮，准备迎战。然而大势已去，一切
都于事无补了。

# 《巴格达志》

## (Tārīkh Baghdād 'aw Madīnah al-Salām)

**作者与作品简介：**

巴格达迪（1002—1072），全名艾哈迈德·本·阿里·本·萨比特，以"演说家"或"巴格达的演说家"闻名于世。巴格达迪是中世纪阿拉伯著名历史学家、圣训学家。生于库法至麦加之路中段的乌泽亚，在巴格达长大和去世。幼年在巴格达学习，后到东方各地讲学，同时聆听和收集圣训。他口才甚佳，酷爱读书与著述，熟谙文学，擅长作诗。他为后世留下的一个佳话是，当他最后一次罹患重病时，不仅将自己收藏的书籍捐献给宗教慈善机构，还将自己全部财产作为资助分发给以尽孝道而闻名的人士、圣训学家和其他学者。一生共撰述著作60部左右，较为重要的有：《了解圣训传述学之极致》《传述者道德与聆听者礼教之大全》《本名与别名》，以及与贾希兹名著同名的《吝人列传》等。

《巴格达志》是作者的代表作，在阿拉伯古籍中占有重要地位，特别是在地方志类史籍中享有盛名。该书全方位综述了世界历史名城巴格达的人物、文献、地志、史迹、建筑、艺术，乃至河流和桥梁等各方面内容，更因为对该城兴建始末的详尽记述，而被后世学者认为是研究巴格达史的最权威著作。我国学者通译为《巴格达志》的这部名著，书名直译应是《巴格达或和平之城历史》，和平之城为历史上巴格达的别称。全书14卷，约合中文450万字。

译文所据版本为贝鲁特学术书籍出版社1989年版14卷本。

1. 第1卷，第23页：

第7区是中国。至于第4区里的伊拉克和伊拉克的巴格达，则是大地的精华、世界的正中，居住者可谓没有一丝多余导致的过错，没有一毫短欠导致的缺点。人们说，因此那里的居民肤色适中合度，身材匀称舒展。各国人民所有的美好，都由伟大万能的真主慈悯地集中到这块土地的居民身上。此外，他们的五官相貌长得恰到好处，他们的聪明才智用得合情合理，他们在知书达礼和掌握美好事物方面更是无懈可击。他们便是伊拉克和与之为邻、与之相似的居民。

2. 第1卷，第91页：

巴格达附近的塔比格河，实际上是巴比克·本·拜赫拉姆河，正是巴比克在自己得到的那块地产上建了伊撒宫，是他挖了这条河。伊撒河西岸有法鲁西杰镇，东岸有凯尔赫镇[1]。接下去是麦阿拜迪人的住宅、祖莱格人吊桥、西瓜街[2]、棉花街[3]。过了瓦西特人清真寺，是隋尼娅特沟[4]，然后是亚西里亚村（al-Yāsiryyah）。

**注释：**

[1]凯尔赫(al-Karkh)，现在是巴格达城西的一个区，历史上比较有名，尤其是该地在10、11世纪布韦希王朝时期曾发生多次逊尼派和什叶派之间斗争的重要事件。

[2] 西瓜街（Dār al-Bittīkh），雅古特在《地名辞典》中说它是巴格达城内一个卖水果的街区，当时巴格达另有一个地方叫"西瓜市"。

[3] 棉花街（Dār al-Qutn），当时巴格达的一个街区，因棉花交易市场而得名，位于塔比格西岸的凯尔赫与伊撒河之间。

[4] 隋尼娅特沟（Khandaq al-Sīniyyāt），"隋尼娅特"是隋尼娅的复数形式，其基本意思主要有4个，即中国女人们、作为诗集的名称《中

国集》、大瓷盘、瓷器。此处意为"瓷器"的可能性居大，但须指出的是阿拉伯古籍中瓷器的复数使用"萨瓦尼"的居多，使用"隋尼娅特"的极少。

3. 第 1 卷，第 112 页：

阿卜杜拉·本·穆罕默德·本·阿里·巴格达迪在艾特拉布鲁斯[1]告诉我一些以前的学者对巴格达河流的记述。他说：

"其中有塞拉特河。它是从穆哈沃勒[2]上方伊撒河分流出的一条河。它浇灌巴杜里亚的诸多农庄和花园。它又分支出许多河流，一直流到巴格达。它流经阿拔斯吊桥，然后是隋尼娅特吊桥[3]，接下去是莱哈·白特里格吊桥也就是扎拜德吊桥，过了老吊桥后是新吊桥。"

**注释：**

[1] 艾特拉布鲁斯（'Atrābulus），即今黎巴嫩境内之的黎波里（Tarābulus，又译特里波利）。位于今利比亚境内之的黎波里，古代也被称作"艾特拉布鲁斯"，阿拉伯人习惯上称其为西的黎波里。

[2] 穆哈沃勒（al-Muhawwal），雅古特称其意思为"转运站"，是距巴格达 1 波斯里的一个果树繁茂、水源充足、花园众多、客商云集的美好小镇。

[3] 隋尼娅特吊桥（Gantarah al-Sīniyyāt），同上段"隋尼娅特沟"一样，若无其他特指含义，可理解为"瓷器吊桥"。

4. 第 1 卷，第 238～239 页：

穆罕默德·本·伊斯哈克·本·叶齐德以隋尼依[1]闻名于世。他听阿卜杜拉·本·达乌德·海利比传述过圣训。阿卜杜·拉赫曼·拉齐说：“我在麦加写过关于他的事。我向艾布·奥恩询问过他，艾布·奥恩说他是不可信的，于是我没有采信他传述的圣训。”他们两人说：“穆罕默德·本·伊斯哈克·隋尼依给我们讲过一些事情，他给我们讲过艾哈迈德·本·穆罕默德·本·加利布。艾布·哈桑对我们说某条圣训是由奈斯尔·本·哈马德听舒阿拜单传的[2]，穆罕默德·本·伊斯哈克·隋尼依又是从后者那里单传的。”

**注释：**

[1] 这位隋尼依，应是当时比较有名的圣训传述家。隋尼依的基本意思是中国的或中国人，但也不能排除其与阿拉伯地区叫做“隋尼”的地方的渊源。

[2] 伊斯兰教圣训学的主要研究内容之一，是根据圣训传述世系的可信度将圣训分为不同的类别。其中一种分类为：众传的、著名的（介于众传与单传之间的）、单传的。“单传的圣训是一个或两人传述的圣训，这种圣训因有讹传和错误之可能，故不能使人获得确切的知识。”（《中国伊斯兰百科全书》第 504 页，四川辞书出版社，1994 年）

**5. 第 2 卷，第 163 页：**

教长艾布·伯克尔说，赛姆阿尼说过："穆罕默德·本·杰里尔·泰伯里在巴格达住了 40 年，每天都写出 40 张纸。"教法学家伊斯法拉依尼说过："即便有人前往中国去收集像泰伯里这样好的经注，其收获也不会很多。"

**6. 第 7 卷，第 280 页：**

哈桑·本·艾哈迈德·本·马汉，也以艾布·阿里·隋尼依[1] 闻名，隋尼娅哈瓦尼特（中国店铺）人氏。隋尼娅哈瓦尼特是一个位于瓦西特和赛利克之间的城市[2]。他在（伊历）426 年来到我们这里。他听阿里·本·穆罕默德·巴士里和艾哈迈德·本·欧白德·瓦西提传述过圣训。我们写过关于他的事情，他人还不错。我问过他本人哪年生人，他说是（伊历）369 年。他说自己是他那个地方的法官和教义演说家。

**注释：**

[1] 此人称谓中的隋尼依未必与中国有直接关联，而是源自他的出生地隋尼娅哈瓦尼特即中国店铺。

[2] 这是阿拉伯古籍中极少见的明确称"中国店铺"是一座城市的记载。其位置也说得更为明确。雅古特说："赛利克（al-Salīq）位于瓦西特的大沙河（Batīhah）附近。"而瓦西特的旧址在今海伊，所以今天寻

考并发现"中国店铺"的遗址，并非不可能的事情。

### 7. 第8卷，第113页：

哈拉吉[1]在巴格达住了1年后，对他的一位朋友说："你帮我好好照看我的儿子哈木德，直到我回来。我必须到多神教国度去，让那里的人信奉伟大的真主。"之后他就外出了。我听到的有关他的消息说，他到过印度，然后第2次来到呼罗珊，接着进入河外地区以及玛隋尼[2]，每到一地都规劝人们皈依伊斯兰教。他为他们编写了很多书，可惜我没有见过。他回来后，各地的人们还给他写信，他们对他的称呼各种各样：在印度被称为拯救者，在玛隋尼被称为提供食粮者，在呼罗珊被称为能辨别是非者，在波斯被称为修行大师艾布·阿卜杜拉，在胡齐斯坦（Khuzistān）被称为解密者。而在巴格达则有一部分人称其被拔掉耳朵者，在巴士拉被有些人称为令人迷惘者。他这次远行后，有关他的各种说法非常之多。

**注释：**

[1] 哈拉吉（Hallāj，922年卒），本名侯赛因·本·曼苏尔。伊斯兰历史上著名苏菲派哲学家。独自修行多年，后周游各地宣传其遁世苦行的主张。曾被指控犯有伪信罪而在巴格达入狱8年。虽备受折磨，但不改初衷，最终确立了苏菲派中的一种学说。人们对他褒贬不一，将其

奉若神明的有之，将其看作异教徒的亦有之。他经常论及人们心中的秘密，并为他们指点迷津，因而被称为解密者。

[2] 此处提到的"玛隋尼"（Māsīn），根据前文出现的一些地名，其位置似乎在中国的西北部，而其他许多阿拉伯古籍提到该地名时，给人感觉指中国南方，甚或是中国以南的地方。

### 8. 第8卷，第135页：

当哈拉吉落入哈米德手中，他以炯炯的目光激励着自己的朋友们。同时落入哈米德手中的还有海达尔、赛姆利、盖纳伊和哈希米，伊本·哈马德虽然躲藏起来，但家被查抄。盖纳伊的家也未能幸免。从二人家中抄出很多用中国纸（Waraq Sīnī）誊写的书卷，其中一部分是用金墨[1]写的，以缎子和丝绸做裱褙，装订用的是上等皮革。

**注释：**

[1] 金墨（Mā' al-Dhahab），是用纯金粉末与水调和成的墨水，被认为是当年阿拉伯最高级的一种墨水。在《一千零一夜》中人们经常看到这样的情节——哈里发在听到一个有趣的故事后，对其书记官说："这个故事很好，你用金墨写下来，存入王室书库。"

### 9. 此段文字纸质版《巴格达志》中未见[1]：

后来凯尔赫发生了一场火灾。从未有人见过如此大的火，以致过后人们站在那条叫作隋尼娅的凯尔赫的大街上，便能看到底格里斯河里的船。

## 注释：

[1] 此段文字摘自阿拉伯古籍网站 http://www.alwaraq.com 上的《巴格达志》第 742 页（访问时间：2004 年 12 月 7 日）。由于其中提及其他阿拉伯古籍中未见的地名"隋尼娅"，遂一并译出。

# 《格拉纳达志》

(al-'Iḥātah fi 'Akhbār Gharnātah)

**作者与作品简介:**

伊本·海提布 (Ibn al-Khatīb，1313—1374)，安达卢西亚著名历史学家、文学家和政治活动家。全名穆罕默德·本·阿卜杜拉·本·赛义德·赛勒马尼，以伊本·海提布闻名于世。同时他还有两个雅号，一是"掌两大臣之权者"，意指文武双全之臣——既熟谙文史可著书立说，又擅长剑法能领兵打仗；一是"有两种寿命者"，意指他白天理政，夜晚著述。祖籍叙利亚，生于格拉纳达，出身于阿拉伯血统的官吏家庭。1371 年，因被指控信仰异端邪说而下狱，拟定判处死刑，后遭人暗杀死于狱中。一生著有 60 多部著作，涉及历史、地理、诗歌、文学、医学和哲学等学术领域，主要著作有《东方城市编年史》《杰出人物事迹》《冬夏之旅中的瞬间遐想》《介绍高贵爱情的花园》和文论集《居民迁走后的店铺》等。此外，他还是一位善于运用散文形式从事文学创作的大师，被史学家誉为"格拉纳达最后一位杰出的穆斯林文学家、思想家和政治家"。而麦格利·提里姆萨尼创作的名著《安达卢西亚柔枝的芬芳》，原本就是要记述他的。

此书书名直译应为《格拉纳达的全方位记述》，我国学者通译为《格拉纳达志》。此书是作者最重要、知名度最高的著作，详细记述了伊斯兰教时期西班牙的社会情况、政治制度、军事体制、风俗习惯、文化教育和学术派别等。由于书中介绍了诸多格拉纳达历代著名穆斯林学者的生平和著作，所以也被称为《格拉纳达名人历史辞典》。此书被认为是研究安达卢西亚伊斯兰教历史的重要参考资料，同时它与《安达卢西亚柔枝的芬芳》一样，被今人列入研究"安达卢西亚学"的必读书目。全书约合中文 200 万字。

译文所据版本为埃及印刷出版公司 1975 年版 4 卷本。

1. 第 3 卷，第 273 页：

穆罕默德·本·阿卜杜拉·本·穆罕默德·本·伊布拉欣·本·阿卜杜·拉赫曼·本·优素福·莱瓦提，丹吉尔人氏，以伊本·白图泰[1]闻名于世。我们的教长艾布·拜莱卡特亲笔写道：

"此公乃在学问上略有参与之人。（伊历）725 年 7 月的第 2 个星期四，他从他的祖国远游至东方诸国，足迹遍及埃及、沙姆、伊拉克、波斯的伊拉克[2]、印度、信德、中国、隋尼隋尼[3]、也门。726 年到麦加朝觐。见过世界上很多国王和大人物。离开麦加后，前往印度，在其国王处住了很长时间，由于得宠于国王而被任命为大法官，并赐他大笔金钱。他游历中衣着和品性都是以苏菲派[4]的风格完成的。后来他重归故里马格里布，又转往安达卢西亚，并在此地给人们讲述东方的见闻和自己从东方人那里了解到的事情。于是人们说他是在骗人。"

**注释：**

[1] 即《伊本·白图泰游记》作者伊本·白图泰（1304—1377）。

[2] 波斯的伊拉克（'Irāq al-'Ajam），其概念涉及阿拉伯古籍中常有提及的"两个伊拉克"（al-'Irāqāni）。一是阿拉伯地区的伊拉克，也就是我们今天说的伊拉克；一是古代波斯地区被叫作伊拉克的地区。后者位置一般认为在今伊朗境内的胡齐斯坦一带。

[3] 目前中外学者一般认为《伊本·白图泰游记》中的"隋尼隋尼"（Sīn al-Sīn）是指今广州。也有学者译为"中国之中国"或"小中国"。伊本·白图泰认为，隋尼隋尼与在阿拉伯古籍特别是地理游记古籍中常常提到的"隋尼克兰"（Sīnklān）为同一地区。

[4] 苏菲派 (al-Sūfiyyah)，伊斯兰教神秘主义派别。是对伊斯兰教信仰赋予隐秘奥义、奉行苦行禁欲功修方式的诸多兄弟会组织的统称。此句应是指伊本·白图泰旅行中是以苏菲派穆斯林的身份出现的。

# 《安达卢西亚柔枝的芬芳》

## (Nafh al-Tīb Fi Ghusn al-'Andalus al-Ratīb )

**作者与作品简介：**

麦格利·提里姆萨尼（al-Maqqarī al-Tilim-sānī, 1584—1631），全名艾哈迈德·本·穆罕默德·本·艾哈迈德·本·叶海亚。提里姆萨尼和麦格利都是他的附名：一是表示出生地——提里姆萨城（今阿尔及利亚境内特莱姆森），一是表示祖籍麦格莱村。阿拉伯著名历史学家、文学家，并在经注学和圣训学等领域有较深造诣。主要著作有：《法官阿亚德记闻的园中之花》《吸附大马士革记述中的香气》《伊本·赫勒敦绪论释例》等。

本书是作者最重要也是最有名的著作，是研究安达卢西亚政治史和文学史的经典之作，内容极为丰富。鉴于阿拉伯古代文明和学术成就曾对欧洲产生重要影响，安达卢西亚又是其最主要的中介地，所以西方学者对这部名著格外重视，有不少西方学者一生专注于对它的研究。作者最初是要记述自己非常崇拜的人物——名著《格拉纳达志》的作者伊本·海提布，故原定书名是《在了解大臣伊本·海提布中吸附香气》，后来发现收集的资料大多涉及安达卢西亚历史，遂改为现在的书名，并将原书名附后。国内有学者将此名著称为《西班牙阿拉伯人的文史集》，可能是根据西方人翻译的书名重译而来。原作 4 卷，约合中文 400 万字。

译文所据版本为贝鲁特萨迪尔书局 1988 年版 8 卷本。

1. 第 1 卷，第 5 页：

他们护送不畏艰险的宣教者们传播教义并为各地人民所认识。他们派出宣教使团的名流们，说服安达卢西亚和中国之人士，更不必说沙姆和伊拉克。

2. 第 1 卷，第 151 页：

在马拉加 [1]，有人们由于其美好而作为成语的无花果（al-

Tīn），它甚至远销到印度和中国。

**注释：**

[1] 马拉加（Mālaqah）位于今西班牙南部，为濒临地中海的重要港口城市和商业中心。

## 3. 第1卷，第244页：

从前，在安达卢西亚西部有一位希腊国王住在一个叫作"加的斯"[1] 的海岛上。他有个女儿长得极其美丽。安达卢西亚的国王们听说后都想娶她为妻。安达卢西亚的国王特别多，每一两个小城市就有一位国王。她的父亲担心她嫁给其中任何一个都会得罪其他国王。他整日愁眉不展，不知如何是好，只得把女儿叫来。他的臣民不管男人还是女人都非常有智慧，因为人们常说上天将智慧赐予大地上的3种人的身体部位，即希腊人的头脑、中国人的手和阿拉伯人的舌头。

**注释：**

[1] 加的斯（Qādis），今西班牙南部濒临大西洋、靠近直布罗陀海峡的城市。

## 4. 第1卷，第459页：

诗人说得多好啊：

你不必为寻欢乐前往巴格达，

也不必说波斯和中国多伟大。

即使走遍世界的每一个地方，

没有任何国度可比科尔多瓦[1]。

**注释：**

[1] 科尔多瓦，阿拉伯语为：Gurtubah ，西班牙语为：Cordoba 。今西班牙南部著名古城，科尔多瓦省首府。711 年被阿拉伯军队攻占，伊斯兰教随之传播。8 世纪中叶，阿拉伯帝国伍麦叶王朝王室后裔阿卜杜·拉赫曼遭阿拔斯王朝迫害逃至安达卢西亚，在当地阿拉伯人和柏柏尔人支持下，于 756 年以科尔多瓦为都城建立了"后伍麦叶王朝"，中国史称"白衣大食"，西方史称"西萨拉森帝国"。

第五章
三大文豪著作中的中国

# 《动物书》

## (Kitāb al-Hayawān)

**作者与作品简介：**

　　贾希兹（al-Jāhīz，约775—869），本名阿慕尔·本·巴赫尔·基纳尼。贾希兹乃其外号，意为暴突眼。古代阿拉伯最著名的学者和文学家之一，与伊本·穆加法和伊本·古太白并列为阿拉伯古代三大文豪。此外，他也被后人列为阿拉伯古代三大酷爱读书人之一和三大幽默大师之一。贾希兹生于巴士拉，早年丧父，家境贫寒。他天资聪颖，刻苦自学，经常向清真寺的教长和其他学者求教，有时为博览群书专门到书商家中打工。由于他结交各地客商、水手和渔夫，因而了解大量社会知识和海外奇闻。青年时期前往巴格达，投师于著名学者艾布·欧白德等人门下，研习希腊哲学、教义学、语言学、文学和自然科学，终于成为一位博学多才的大学者。早期因论述治国之道的著作《权位之书》而受到哈里发马蒙（813—833 年在位）的赏识，遂令他入宫执掌文书局（相当于唐朝翰林院），但他无法忍受繁文缛节和宫廷生活约束，上任三日后便主动请辞。弃官后他到各著名历史名城游历访学，广交天下学者、法官和社会名流。后半生潜心从事哲学、宗教、文学等学科开拓性的研究和著述活动。869 年在巴格达去世。他的"死法"堪称历代文人学者中的佳话——晚年虽疾病缠身甚至半身不遂，但仍苦读不倦，直到有一天看书时，由于身边的书堆得太高以致倒塌下来将其砸埋在里面，于是他便在书中"寿终正寝"。

贾希兹在阿拉伯文学史上具有十分重要的地位，不仅创作出大量高深的理论著作，而且开创了以生动活泼和富有风趣的形式传授知识的新文体，并把哲学语言和文学语言结合起来，使阿拉伯语成为能够叙述每门科学和表达每门艺术的生活语言，创立独具一格的"贾希兹文学"，也被后世学者尊为"阿拉伯散文和讽刺文学的奠基人"。贾希兹一生著述极丰，据后世学者统计多达 530 余种，但大多已散佚。他的代表作除本书外，尚有《吝人列传》《修辞与阐释》《方圆》以及后人编辑的《贾希兹文论集》等。

《动物书》常被列为其代表作之首。作者通过对各种动物特性和分布的描述，穿插各种故事和传说，引有大量诗歌、典故和格言，充满哲理，真实地反映了早期阿拉伯社会生活状况。"贾希兹在书中不限于谈论动物的特性，本书还包含着科学和文学的广泛内容，具有关于动物和非动物的渊博知识。他将严肃与谐谑、科学与文学、笑谈与幽默巧妙地结合在一起。"（《阿拉伯文学史》第 375 页，汉纳·法胡里著，郅傅浩译，人民文学出版社 1990 年版）。作者本人曾在该书中提到，他写此书是为了说明体现在动物身上的造物主的智慧和能力。全书 8 卷，约合中文 300 万字。

译文所据版本为黎巴嫩吉勒书局 1988 年版 8 卷本。

1. 第 1 卷，第 83 页：

哈加吉[1] 第 1 个在海里使用涂上沥青和油漆、钉上钉子、将驾驶舱设在船尾而不是船头的船。同时他也是第 1 个使用驼轿的人。人们说："倘若你们不知道轿子的门类，你们也就不知道仿造的技巧。如果世上没有出自中国的瓷器，你们根本不知道瓷器。但是你们表面上仿造的东西，比起正宗的中国瓷器来是有很多缺陷的。"

**注释：**

[1] 哈加吉·本·优素福（al-Hajjāj Ben Yūsuf，661—714），伍麦叶王朝著名军事将领，阿拉伯历史上重要人物。生于塔伊夫，原为教师，后投笔从戎。因镇压各地叛乱有功，遂逐渐掌控军权。649 年被哈里发委派为伊拉克总督。任职 20 年内，除开拓疆域外，还对其辖地进行治理，开凿运河，发展灌溉，实行新财政税收政策，统一货币制度和度量标准，鼓励文学和科学的发展，庇护学者文人。由于他在平息各地叛乱中大量残杀不忠顺者，故后世阿拉伯史学家称其为"残暴的尼罗"（尼罗为罗马帝国暴君）。卒于伊拉克的瓦西特。

2. 第 1 卷，第 107 页：

此节是讲阉人的，但对与植物打交道的庄稼人和种植枣椰树的人也是有益的。因为你看到的阉人，他表面上像明晃晃的宝剑，像中国镜子（Mir'āt Siniyeh），像白花花的银块，像枣椰树湿润的木髓，像镶金的银杖，甚至他的脸颊像是玫瑰，但这只是过眼烟云，转瞬间就会一去不返，尽管先前他是非常富有的，是很少从事体力劳动的，生活是优哉游哉的。

3. 第 2 卷，第 179 页：

中国齐尼狗[1]，即使夜里在它头上放一盏油灯，它也可以很长很长时间一动不动。达拜部落[2]的人有一条中国齐尼狗，他们在它头上放了一盏油灯，狗纹丝不动，他们叫它的名字，拿肉逗它，它也不为所动，头连晃都不晃一下，油灯一直是稳稳当当的。直到人们自己将灯拿走，狗知道头上没有东西了，才跳过去把肉吃了。这狗机灵懂事，教它什么它都能学会。人们在它脖子上挂一个小草包，里面放个小条儿，它就跑到卖菜的那儿，然后把需要的东西带回来。

**注释：**

[1] 中国齐尼狗（al-Kalb al-Zīnī al-Sīnī），作者笔下这种与中国有关的可爱的狗，是迄今我们在阿拉伯古籍中见到的对其最详细的描述。一些著名辞典和古籍提到它时，一般都是在辩证它究竟是叫"齐尼"还是叫"隋尼依"（中国的）。贾希兹大概是第1个写出它的"全名"的人。"齐尼"的基本意思应是"装饰的"，也许是一个部落的名字。本书校勘者加注释说："这是一种身材短小，非常聪明的狗。"这种狗与其他古籍中提到的"中国狗"是否为同一种动物，不得而知。下文将提到它与黄鼠狼的模样差不多。

[2] 达拜（al-Dabbah）部落，是古代阿德南部族的一个分支，原先居住在纳吉德（旧译内志）北部，随着伊斯兰教的创立和发展迁徙至伊拉克。曾参加伊斯兰历史上著名的"骆驼战役"。

4. 第 2 卷，第 359 页：

人们说："公鸡和母鸡比其他动物更荣耀的是，小鸡是自己破壳而出的，然后自谋生路，自学知识。这一切打它从蛋里一出来就开始了。"逻辑学家会说："那蜘蛛的孩子一出生就会编织呢。"蜘蛛的工作是件艰苦、有趣、细致的工作，别说小鸡干不了，就是小鸡的爸爸也干不了。但人们称赞小鸡是因为它是自己从蛋里出来找食吃的。其他动物也有这种情况，比如小鹧鸪、小松鸡和小中国鸭（al-Batt al-Sīnī）。

5. 第3卷，第184页：

关于无巢的飞禽，人们说："身体重的飞禽一般都没有给自己的蛋准备巢，因为这类飞禽不能很好地掌握飞行技巧，它们站起来都很困难，更说不上在空中盘旋。像松鸡和鹧鸪就是把蛋产在土里。此类飞禽的雏儿，比如鸡雏、中国鸭雏，都是自己从蛋里出来，而且马上就会自己找食，自己照顾自己。"

6. 第3卷，第262页：

他们说巴士拉与僧祇（al-Zinj）国之间的距离，比巴士拉与中国之间的距离要远。看来有些人搞错了，所以说中国更远。僧祇海[1]是一个很深很宽而且波涛汹涌的环形海，海上有两个月的风是从阿曼刮向僧祇的，反方向的风也是两个月，这是不管风的强弱的平均时间，但风强的时候船可能走得快一些。由于这个海水深、风大、浪恶，帆基本无法起作用，而他们是按弦（直线）走，不是按弓（弧线）走，也不知道哪里有避风港，所以船向僧祇航行的天数才会更少些。

**注释：**

[1] 僧祇海（Bahr al-Zinj），僧祇一般认为来自波斯语，泛指南海土著民族，或指非洲东海岸黑种人。本书校勘者有注释云："此海在印度洋西部与僧祇国毗邻的位置。"《蒙吉德词典》中说，该海在今坦桑尼亚对面。

7. 第4卷，第61页：

所有成为基督教徒的罗马、阿比西尼亚和中国的国王们，所有成为拜火教徒的国王及其臣民们，他们都认为猪肉是好东西，认为它的肉有益身心，于是便对其大快朵颐。

8. 第4卷，第373页：

他对他们说："很久以前，在一个风高月黑的夜里，天神曾到我这儿来，带翅膀的天使也飞来了。天神来时不仅伴有沙沙声和噼噼啪啪声，同时还有一个声音用民谣的调式在说：'谁在外面，赶快回家。谁要看到，眼会变瞎。'"后来，他做了一个孩子旗（风筝）[1]。这种旗子是用中国纸（al-Waraq al-Sīnī）做的，也有用麻纸（al-Kāghad）做的，做好后安上尾巴和翅膀，再在中间挂上几个小铃铛，有风的日子用结实的长线拴上在空中放，于是人们就仰望天空，盼望天神降临。后来起风了，而且越来越大，他便把做好的旗子放了出去。人们不仅看不见线绳，而且黑漆漆的夜使他们也看不清上面的白纸和麻纸。于是他们以为那个天使来了，便大喊大叫起来："谁看到谁变瞎，想安全快回家！"这之后，人们都成了他的支持者和保护者。为此他曾吟过这样一句诗：

> 一个玻璃球，外加小风筝，
>
> 似鸟空中飞，事情办妥当。

**注释：**

[1] 孩子旗（Rāyah al-Sibyān），实际上就是我们所说的风筝，直译出来是想让读者了解当时阿拉伯人对此物的称谓。而最后一句诗中的"小风筝"，作者使用的是：Rāyah Shādin，直译为小羚羊旗。至于阿拉伯人缘何用小羚羊来说风筝，可能与《蒙吉德词典》中说这种小羚羊离开母亲的愿望特别强烈不无关系。

9. 第5卷，第36页：

奈扎姆[1]在谈到智慧与人种的关系时说：

"白色人种以外的种族，他们的肤色、瞳仁和发色肯定是不一样的，因而他们的智力和才能便有所差异。同样道理，由于烹调习惯和生活习俗的不同，他们在道德、礼教、天性，以及对慷慨与吝啬、高贵与卑劣的选择意愿和行为规范上也就不尽相同。死面饼和发面饼、少给和多给之间的差异，就像斯拉夫人和僧祇人之间的差异一样。"

在这方面人们还说过：

"难道你没看到中国人是各种工艺制造的能工巧匠吗？他们勤于学习，技能高超，领悟力强，思路开阔，喜欢追根寻源以使技能精益求精。但也仅此而已。一个民族被赋予工艺制造方面的超群才能后，可能就不被赋予其他的才能了。"

**注释：**

[1] 奈扎姆（Nazām），诗人和哲学家，对伊斯兰思想史影响重大而深远。贾希兹的老师。卒于 845 年。

10. 第 5 卷，第 116～117 页：

可以证明这一点的是那种叫"赛卡拜"（al-Sakkābah）的容器。你把它口儿里流出的水倒入水里，然后从另一端吸气，如果被压缩的空气在那个管子里，那它也只能是贴在水面的，而非与空气中水的实体完全结合。这时你可以吸到由这种引力产生的成倍的，甚至没有穷尽的气，因为一些水已上升到口儿的位置。

可以证明这一点的还有：水在倒置的汲水罐里，由于人们知道如何在其收缩或被压缩时制造气体，所以便将"隋尼娅"（al-Sīniyyah）的高度搞成和它的长度一样。我是指中国船 (al-Markab al-Sīnī)。[1]

**注释:**

[1] 作者此段似乎是在谈论水与气的关系以及如何制造气体的问题，前后篇幅较长。译者未能完全看懂，勉强译出是因为其中提到了与中国有关的"隋尼娅"——中国船。阿拉伯古籍中出现的作为物件的隋尼娅，通常指瓷盘或圆盘，但此处显然不是，以致作者还要特别强调"我是指中国船"。译者也不明白作者谈论的气体与高度长度一样的隋尼娅有何关系，只知道在其他阿拉伯古籍中曾有"中国方形船"的记载。

11. 第 5 卷，第 373 页：

我们的朋友被跳蚤折腾得够呛。那些跳蚤还会给人带来一种灾难，就是你要不经过一番苦战将其杀死，它会搅得你一整夜睡不安生。人们把它抓住，从床上扔到地下，然后会发现摔死 20 只后，再摔死第 21 只就容易多了。人只要抓过一只跳蚤，他的手便会有臭味儿。这些人虽说都是一地之王，但也免不了受这般折磨。他们费多少力气也摆脱不了跳蚤的袭扰，直到他们穿上了中国丝绸（al-Harīr al-Sīnī）做的、不仅袖子很长而且能罩住整个身体的内衣，才终于可以睡上踏实觉了。

### 12. 第 6 卷，第 372 页（"黄鼬"一节中）：

其他人说："黄鼬[1] 跟中国狗[2]（al-Kalb al-Sīnī）模样差不多。它散发出的气味非常臭。它钻入鳄蜥的窝穴，并在里边大放其屁，搞得臭气熏天，到鳄蜥实在受不了而从自己的窝穴出来时，它便将其抓住。"

**注释：**

[1] 黄鼬（al-Zaribān），俗称黄鼠狼或鸡貂。

[2] 此处提到的中国狗（al-Kalb al-Sīnī）可能和前文中的中国齐尼狗并非一种动物，因为作者说它和黄鼠狼的样子差不多。此外我们也可得知，这种中国狗应是当时阿拉伯人较为熟悉的一种动物，因为无论从逻辑上还是修辞上来说，都只能用熟悉的事物比喻不熟悉的事物而不是相反。

### 13. 第 7 卷，第 113 页：

海伊赛姆·本·阿迪听艾布·亚古布·赛格菲说，后者听阿卜杜麦利克·本·欧麦依尔说："穆阿维叶[1] 死后，我在他的公牍局中见过一封中国国王的信。信中说：'拥有 1000 只大象的、王宫用金砖银砖建造的、由千王之女服侍的、有两条河浇灌国土的中国国王，致穆阿维叶。'"

**注释:**

[1] 穆阿维叶（Mu'āwiyah，600—680），伍麦叶王朝的创建者，阿拉伯历史上的著名人物。661 年在叙利亚和埃及阿拉伯贵族支持下，自称哈里发，建立伍麦叶王朝，定都大马士革。被世界史学家称为"伊斯兰帝国的卓越政治家和军事家"。680 年在大马士革病逝。

### 14. 第 7 卷，第 129 页：

至于犀牛角，一位我信任其理智、依凭其见闻的人告诉我说：他所见到的犀牛角根部很粗，体积很大，足有两拃 [1]，其长尚不及其粗。犀牛角的顶端非常尖，整体十分光滑，硬度中含有柔韧性。人们在我们巴士拉这里将它备好之后运到中国，因为我们先于他们得到它。他们将其切断后，断面上会出现奇特的图案。此外它还具有一些其他的特性，使人们对其有所需求。

**注释:**

[1] 阿拉伯人的一拃（Shibr），即拇指尖至小指尖张开的长度，通常换算为 22.5 厘米。

15. 第 7 卷，第 171 页：

祖籍印度的艾布·爱思莱阿·亨迪在夸耀印度物产时吟道：

> 朋友非难我，似乎无道理。
>
> 我夸印度好，比比皆是例。
>
> 若要说打仗，印度箭无比。
>
> 象牙属上等，佳木有麻栗。
>
> 大象林中走，小象在嬉戏。
>
> 锌矿比山高，辣椒种满地。
>
> 外加肉桂树，专产好桂皮（al-Dārsīnī）。

# 《吝人列传》

## (al-Bukhalā')

**作者与作品简介：**

　　《吝人列传》是贾希兹传于后世的最重要的著作之一，被认为是阿拉伯古典故事文学的代表作。该书收入 120 多篇故事，刻画了各种悭吝人的形象，情节生动，语言诙谐，描写细腻。此外书中还引录了一些与作者同时代的以及阿拉伯历史上的著名人物，以信函形式讲述"吝啬"的言论，作者则引录另一派的观点进行辩驳。因此，贾希兹也被认为是世界上从心理学角度，对"吝啬"这一人类社会普遍存在的现象进行分析研究的第一人。贾希兹因本书被称为阿拉伯讽刺文学的奠基人和短篇小说创作的鼻祖。同时该书也以文学的形式，生动深刻地反映了阿拔斯王朝时期阿拉伯各个阶层人们经济物质生活的形形色色。全书约合中文 20 万字。

译文版本为埃及知识书局 1981 年第 6 版 1 卷本。

1. 第 82 页:

一次,我和艾布·伊斯哈克、伊布拉欣·本·赛亚尔·奈扎姆[1]、文法学家古特鲁布[2]和曼苏尔·本·齐亚德的导师艾布·法塔赫,一起到某人家赴宴。餐桌是用黑白相间的玛瑙制作的,餐具要么是闪闪发光的来自中国的瓷器,要么是开义玛克[3]的海兰吉亚[4]木器。各种菜肴香气扑鼻,味道鲜美。每张面饼都像银子一样白,看上去犹如一轮满月和一面明镜。只不过数量有限——按人头儿一人一张。结果每位来宾的面饼,除了掉下来的渣渣儿,全都吃得一干二净。大家没吃饱,纷纷举手再要。可是主人再没给客人上面饼,于是大家一面抓紧吃饭,一面把手举在空中摇来晃去,不是使劲打着榧子,便是做着捏碎面饼的动作。

**注释:**

[1] 奈扎姆(Nazām),诗人和哲学家,对伊斯兰思想史影响重大而深远。贾希兹的老师,为《吝人列传》中经常提及的人物。卒于公元 845 年。

[2] 全名艾布·阿里·穆罕默德·本·穆斯泰尼尔，古特鲁布（Qutrub）是因其勤奋刻苦而得的绰号，意为：萤火虫。巴士拉学派著名语言学家和《古兰经》经注家，有《〈古兰经〉经义》和《阿拉伯语反义词》等著作传世。卒于 821 年。

[3] 开义玛克（Kaymāk），本书校勘者认为此地在中国，即所用器皿是中国开义玛克的木材所制。中国学者考证此地为：寄蔑。

[4] 海兰吉亚（Khalanjiyyah），《阿拉伯语汉语词典》注解为：[ 植 ] 石楠属。

## 2. 第 122 ～ 123 页：

麦基说："我父亲有个叔父叫苏莱曼·库斯里，他叫这个名字就是因为他钱多，库斯里的意思就是'多的'。从小到大他都挺喜欢我，尽管如此他从来没送过我什么东西。他是个非常抠门的人。有一天，我到他家去，看见他面前放着几小块桂皮（Dārsīnī），最多也不到一基拉特[1]。等他用完了，我伸手拿了一块儿。他看见了，立刻将我的手抓住说：'别捏得太紧了，松开……对……再松一点，千万别给抓碎了！你这孩子不错，在我这儿你想怎么着就怎么着。拿走这块吧，全拿走，整个一块都是你的了！我够大方的吧，真主知道我是非常高兴为你做这件好事的。'我二话没说，掉头离开了他。后来我去了伊拉克，直到他死我们也没再见过面。"

**注释：**

[1] 基拉特（Qīrāt），古代阿拉伯比较复杂的、包括度量衡和面积在内的计量单位，与其他古代计量单位的换算也不够精确。作为重量单位，一般工具书皆注为等于 0.26 克，对应本段文字中的记述显然不太合适。

### 3. 第 105 页：

我买过一件麦扎尔[1]出产的长袍，穿上真是太好了，而且既能当斗篷披又能当毯子盖。后来我需要一件绿袍[2]，于是就把它改了，真主知道，穿上太好了。后来我需要一件短袍，我就把它改成絮了棉花、外表很好看的短袍，穿上太好了。再后来我把里面的棉花掏出来改成了几个靠垫，棉花拿去做了灯捻儿。而做靠垫剩下的布中：大点儿的，我做了几顶帽子；其余像点样的，我卖给了隋尼娅特和萨拉希亚特的主人[3]；再小点儿，说不上成块儿的，我都留给自己和侍女当擦布——男人女人各有各的事儿；最后我把那些掉下来的、像线一样的布丝儿和像弹过的棉花一样的絮毛儿，搓在一起做了几个瓶子的塞儿。

**注释：**

[1] 麦扎尔（Madhār）是古代伊拉克瓦西特和巴士拉之间的一个地方。

[2] 绿袍（Taylsān），原为波斯语，是当时教长和学者专用的一种

不裁剪不用线缝的绿色外袍。

[3] 本段和下段文字中两次出现"隋尼娅特和萨拉希亚特的主人"（'Ashāb al-Sīniyyāt wa al-Salāhiyyat）的表述，引起阿拉伯和西方学者关注。他们认为此处的隋尼娅特不宜当"瓷器、盘子"解，因为瓷器的主人收购破布碎布无法解释用途。他们认为隋尼娅特应作"中国女人"解，而"中国女人的主人"收购此物的用途毫无疑问是造纸。

## 4. 第 142 页：

艾布·赛义德不仅不让女仆将院子里的垃圾扔出去，还吩咐她捡拾其他人家的垃圾然后倒在自己的垃圾上。他坐了一阵子，女仆抱着个枣椰树皮编的大篮子回来了。她在主人面前把篮子倒空，一种东西一种东西地翻拣。里边居然有几块儿银币，一个装着些钱的钱袋，甚至还有金币和一件首饰。这些东西的来路就不用明说了。其他东西的来源是这样的：收集起来可以卖的旧毛料，来自做骑牲口的坐垫的；破衣服碎布条来自隋尼娅特和萨拉希亚特的主人；石榴皮来自染布鞣皮子的；瓶子来自卖玻璃的；椰枣核来自卖椰枣的；桃核来自种树的；钉子铁块儿来自铁匠；各种废纸来自织布作坊；木头块儿来自做驴鞍子的；碎骨头来自卖燃料的；破陶片儿来自做面饼烤炉的；还有一些布头来自用布头擦拭面饼烤炉的卖面饼的；碎砖头是盖房子的人收集的，他们将其使劲摔碎、筛过之后把碎末集中起来重新烧制，然后用于烤炉的隔离层；沥青块儿是从卖沥青的贩子那儿弄来的。

# 《贸易指南》

## (al-Tabsirah Bi al-Tijārah)

**作者与作品简介：**

作者贾希兹。古代阿拉伯人所谓的"书"，有长有短。本书实际上是一篇约合中文 1 万多字的论文。作者在前言中说："书中对各国有趣的高级产品、奇特物产和昂贵珠宝的描述，即便对经历丰富者来说也是一门学问。"作者以若干章节讲述各种矿物和珠宝的特性及其名称和识别假货的方法，以专章介绍各种香料（此章原始抄本有缺漏），还有对一些珍奇动物的描述。特别是作者记载了当时人们从各国进口的特色物品，因而受到后世学者高度重视。本书于 1914 年在开罗首次经阿拉伯学者校勘后印行，但译者未能找到纸质版《贸易指南》。

译文所据版本为阿拉伯古籍网站 http://www.alwaraq.com 电子版（访问时间 2004 年 11 月 5 日）。

1. 第 2 页：

最好的黑貂（al-Sammūr）是中国黑貂。

2. 第 3 页：

最好的羊毛毡子（al-Lubūd）是中国的羊毛毡子。

3. 第 3 页：

从中国输出的有：宝剑[1]、丝绸、瓷器、麻纸、墨汁（al-Midād）、孔雀、灵巧但能驮重物的牲口、马鞍、羊毛毡子、桂皮和纯大黄（al-Rāwand）。

**注释：**

[1] 原文为：al-Firind。《阿拉伯语汉语词典》注解为：宝剑，石榴子。

4. 第 4 页：

从伊斯法罕输出的食品有：蜂蜜、榅桲、中国梨（al-Kummathrī al-Sīnī）。

# 《国王道德的皇冠》

## (al-Tāj Fi 'Akhlāq al-Mulūk)

**作者与作品简介：**

作者贾希兹。此书是阿拉伯古籍中非常重要和奇特的一部著作。重要是指它是较早介绍帝王礼仪的著作，包括帝王的起居、迎送客人的礼仪、骑马的姿势甚至在贵宾面前走路的姿态，以及各种节庆时应该如何赠送礼物等等。奇特是指几个世纪来对这部著作的作者究竟为何人一直存在争议，近代西方权威的东方学家也都对此发表了不同看法。1914 年该书首次印行时，发现此书抄本并作为校勘者的艾哈迈德·扎基帕夏言之凿凿地在前言中说："此书的作者毫无疑问肯定非贾希兹莫属。"但 2003 年著名的阿拉伯古籍研究家杰里勒·阿提叶重新校勘出版此书时，经缜密考证认定此书作者为公元 9 世纪的穆罕默德·本·哈利斯·赛阿莱比，并在书的封面上赫然写上"此书以前归在贾希兹名下"。鉴于笔者翻译所据版本将其归于贾希兹名下，故在此译出。全书约合中文 10 万字。

译文所据版本为 http://www.alwaraq.com 电子版（访问时间 2014 年 11 月 5 日）。

1. 第 31 页：

他们那里关于送礼的规矩是，如果此人属达官贵人，须赠他自己喜欢的东西。如果他喜欢麝香就送他麝香，而不是别的。如果他喜欢龙涎香，就送他龙涎香。如果他喜欢穿戴，就送他衣服和布料。如果他是猛士和骑士，就送他马匹或矛枪或宝剑。如果他是射手，就送他箭矢。如果他是富豪，按规矩就直接送他金子和银子。如果他是国王的臣僚，那么要按照去年的钱数凑起来，买下中国丝绸、银锭、绢丝（Khuyūt 'Ibrīsam）、琥珀[1]印章，然后送过去。

**注释：**

[1] 琥珀（'Anbar），一般词典都将此词注解为：龙涎香。实际上阿拉伯人也用此词指琥珀。据说古代阿拉伯人也有用龙涎香做印章的。

# 《表达与阐释》

## (al-Bayān Wa al-Tabyīn)

**作者与作品简介:**

贾希兹的重要作品,也是其一生最后一部著作,内容涉及语言学和修辞学,同时也被认为是关于文学的类书。后世学者给予本书很高的评价,认为它具有非常高的历史价值和文学价值,不仅详细阐述了阿拉伯人的修辞艺术和渊博的阿拉伯文化知识,还大量述及希腊文化、波斯文化、印度文化等各种文化知识,以致可以说它是阿拉伯文化知识占主导地位的各种不同文化的结合。伊本·赫勒敦曾有一句名言,大意是说如果人们想学习研究文学,读四部书即可,而这其中就包括贾希兹的《表达与阐释》。全书约合中文 80 万字。

译文所据版本为贝鲁特新月书社 1992 年第 2 版 3 卷本。

1. 第 1 卷，第 44 ～ 45 页：

赛福旺·安萨利这样吟道：

> 无论在中国人后面的每条道路上，
>
> 还是柏柏尔人后面最遥远的地方，
>
> 他都有众多的人为传教不遗余力，
>
> 识破奸诈者的诡计无人再敢猖狂。
>
> 如果他说你们在冬天走过某地吧，
>
> 他们唯命是从尽管夏天更为妥当。

# 《贾希兹文论集》

## (Rasā'il al-Jāhiz)

**作者与作品简介：**

　　贾希兹一生创作颇丰，其中既有几百万字的鸿篇巨制，也有几千几百字的文章和书信。古代阿拉伯文学史上书信文学占有重要地位，很多重要的学术文论是通过师生间的请教受教、学者间的切磋探讨和对手间的争论辩驳，以书信形式完成的。也有很多文人学者将写下的文章以书信形式献给帝王将相，或出于尊崇或求于名利。特别需要一提的是，阿拉伯语的书信和论文可以使用同一个词，即 al-Risālah，其复数形式为 al-Rasā'il。虽未经考证，但不能排除同一词的两种含义，是由最初涉及学术问题的书信，衍化为我们今天所说的论文的。后世阿拉伯学者为古代著名人物编辑了很多此类集子，书名多冠以该词的复数。翻译成"书信集"还是"文论集"，需根据内容而定。当集子并非百分之百为书信，同时也包括非书信的短小文章时，或许可以考虑"文论集"。至于"论文集"，用于古人则明显不宜。贾希兹是中世纪阿拉伯数一数二的文豪，后人为他编辑的书信集或文论集非常之多，各家版本取舍不一，篇幅各异。本次翻译所用版本约合中文100万字。

译文所据版本为贝鲁特新月书局1995年第2版3卷本。


1. 第1卷，第60页：

倘若他们的国度里有先知，他们的土地上有哲人，这些观念进入了他们的心里和耳中，那么你就会忘记世上还有巴士拉人的文学、希腊人的智慧和中国人的工艺。


2. 第1卷，第67页（同上）：

凡是沉湎于情爱、心无主见、人云亦云的人，不具备做好这些事情的条件和资质，更不能娴熟地掌握其中任何一件，无法像精通工艺的中国人、精通哲学和文学的希腊人、精通人们常有提及之事的我等这些阿拉伯人、精通治国之道的萨珊[1]人那样，将事情做到极致。

**注释：**

[1] 萨珊（al- Sāsān），萨珊王朝（224—651），也称波斯第二帝国，是最后一个前伊斯兰时期的波斯帝国。其统治时期见证了古波斯文化发展至巅峰状态，在很大程度上影响了罗马文化。

3. 第 1 卷，第 69 页：

至于中国居民，则是以下诸方面的能工巧匠：金属铸造，熔化和镞磨各种金属，使用奇异的染料，纺织，雕刻，绘画，书法。总之对于任何一件要做的东西，他们的手都游刃有余。一件物品的质地不同，制作工艺水平不同，价格自然也不同。

4. 第 1 卷第 71 页：

当他们能够做到那样的时候，他们在战争中，便如同希腊人在哲学中、中国人在各种工艺制作中、阿拉伯人在我们已经多次谈到的事情中、萨珊人在治国与统率之道中。

5. 第 1 卷，第 73 页：

当然，他们并非都像我们形容的那样，就像并非每个希腊人都是哲学家，每个中国人都是工艺制作的顶尖高手，每个阿拉伯人都是一流的诗人。

6. 第 1 卷，第 216 页：

所谓黑人[1]包括僧祇人、阿比西尼亚人、费赞[2]人、柏柏尔人、科卜特人、努比亚人、扎加瓦[3]人、木鹿人、信德人、印度人、盖马尔[4]人、戴比拉[5]人、隋尼和玛隋尼[6]人，此外中国与僧祇之间各个海岛上也遍布黑人，比如塞兰迪布、箇罗（Kalah）、爱麦勒（'Amal）、寄蔑及其通往印度、中国、喀布尔和那些海岸的各个海岛。

**注释：**

[1]阿拉伯古籍中黑人（al-Sūdān）一词与今非洲国家苏丹的用词一样。顺带一提，贾希兹本文的小标题是"黑人比白人更荣耀"。

[2] 费赞（al-Fazzān），今利比亚西南部与阿尔及利亚、尼日尔和乍得等国接壤的沙漠地区。

[3] 扎加瓦（Zaghāwah），雅古特在《地名辞典》中说："据说它是位于马格里布阿非利加南部的一个国家，也有人说是马格里布南方黑人地区的一个部落。艾布·曼苏尔说：'扎加瓦是黑人地区的一个部族。'穆海莱布说：'扎加瓦王国是靠近努比亚王国东部黑人地区诸王国中一个很大的王国。'"

[4] 盖马尔（Qamār），盖勒盖珊迪《文牍撰修指南》中说："盖马尔岛出产以该地命名的盖马尔沉香，其等级比占婆（al-Sanf）的要低。岛上的盖马尔城长 66 度，宽 2 度。其东面是中国群岛。"

[5] 戴比拉（al-Dabīlā），本书校勘者有注释云：雅古特和麦斯欧迪都认为这是印度海沿岸一个著名城市。

[6] 隋尼和玛隋尼（al-Sīn Wa Māsīn），这个由两个词组成的地名不太好翻译。隋尼单用指中国无疑义。玛隋尼单用，费瑯认为此词源于梵文 Mahacina，maha 的意思是大，所以从非阿拉伯文本转译的中译者常将其译作：摩诃支那、大中国、大秦等。他还认为此词与来自波斯语的隋尼克兰是同一地理概念。玛隋尼的位置，说法不一，有统称中国的，也有指契丹的，多数学者认为阿拉伯人指的是中国南部。而"隋尼和玛隋尼"在阿拉伯古籍中组合出现，其所指位置也不尽相同，有时统称中国，有时指包括今新疆在内的中国西北地区，更多的则是指中国南部。但这个"南部"给人感觉要延伸到很远的地方，依贾希兹在本段文字中所指黑人存在的地区，似乎要延伸到今天的马来群岛一带。

7. 第 1 卷，第 252 页：

为何这样穷原竟委，这是怎样一种灾难？为何这样对问题的模糊之处根究真相，对讨厌之事的细节刨根问底？为何要深入到令我头脑发木的每一种东西？为何要把我遭到的每次贬低高高提起？

为何我的书，你统统都用中国纸（al-Waraq al-Sīnī）和呼罗珊麻纸（al-Kāghad al-Khurāsānī）？[1]

**注释：**

[1] 本段文字出现在作者写给扎亚特的信或以信的形式献给他的文章

中。扎亚特（847 年卒）是阿拔斯王朝著名诗人和文学家，也是穆阿泰西姆和瓦西格两位哈里发的宰相。考虑到贾希兹的大作《动物书》就是献给这位宰相并得到 5000 金币奖金，以及他曾得到宰相的诸多关照，他们之间的关系应该是很好的。因此宰相让人誊抄其著作的用纸——中国纸，应当属于上等好纸。

8. 第 4 卷，第 47 页：

他们将获取知识的途径归结于记述的真确，像关于现在各国的知识和以往各个战役的知识，比如白德尔之战、吴侯德之战和壕沟之战，以及其他历史情况的记载，比如有关拔汗那、安达卢西亚、中国和阿比西尼亚的知识。

# 《卡里来和笛木乃》

## (Kalīlah Wa Dimnah )

**作者与作品简介：**

伊本·穆加法（Ibn al-Muqaffa‘，约724—759），原名罗兹比·本·达祖威。中世纪阿拉伯最著名、最重要的文学家之一，亦被认为是三大文豪之一。祖籍波斯设拉子。幼年受到良好的波斯文化教育。随家人一起信奉祆教。长大后刻苦钻研，博览群书，广交社会贤达，求教于诸多知名学者，获得广博的伊斯兰文化知识。精通波斯语和阿拉伯语，通晓哲学、逻辑学、修辞学、语言学、文学、法学、历史学、动物学。以辞章、辩才、侠义著称于世。他在阿拉伯学术史，特别是文学史上占有非常重要的地位。阿拔斯王朝初期曾任巴士拉总督的书记官，自此改奉伊斯兰教，取名阿卜杜拉·伊本·穆加法。后因主张变革和揭露朝政时弊而触犯哈里发。759 年被哈里发曼苏尔以"伪信罪"罪名处死。其主要著作有：提出改革主张的《近臣书》、关于行为准则和社会道德的《大礼集》和《小礼集》等。此外他还从波斯文翻译了大量重要学术著作。

《卡里来和笛木乃》为世界文学名著。伊本·穆加法将印度的《五卷书》从巴列维文译成阿拉伯文时，对全书进行了艺术加工和再创作，增删了一些章节。因此也有人认为此书性质为编译。全书分 15 章，以几十种动物的口吻讲述了 50 多个故事，穿插大量格言、成语和训诫，每个故事表达一种哲理和教诲。全书约合中文 25 万字。

译文所据版本为贝鲁特文化出版社 1988 年版 1 卷本。

## 1. 第 6 页：

哲学家拜代巴[1]之所以为印度国王戴布舍利姆（Dabshalīm）撰写《卡里来和笛木乃》一书，是因为双角王亚历山大在完成对西方诸王的征服后，开始向东方挺进，意图征服波斯等地的东方诸王。一路上他打败抗争者，战胜抵御者。对波斯各地郡主区别对待，凡归顺者安之抚之，凡拒降者战之灭之。那些负隅顽抗的人最终被打得东奔西窜，落荒而逃。

然后他率兵向中国进发，中途他想先去印度，以期让印度国王归顺于他，改宗他的信仰，听从他的调遣。当时的印度国王名叫福尔（Fūr），是位权隆势重、勇猛刚毅之王。他听说双角王大兵压境，便开始厉兵秣马，准备迎战。

**注释：**

[1] 拜代巴（Baydabā），拉丁文写作 Bidpay，为梵语音译，原意为"精通学术者"或"大学士"。此公在《卡里来和笛木乃》中贯串始终，角色为串讲故事者。此公身份并非单纯学者，在本书卷首他的身份还有"婆罗门之首"。婆罗门即僧侣阶级，为印度 4 个阶级中最高阶级。

2. 第 12 页：

有一次，中国、印度、波斯和罗马的国王们聚在一起。他们说：

"我们每个人都要讲一句能够世代流传的名言。"

于是中国国王说：

"我应付未说出的话的能力，要比应付说出的话的能力强得多。"

印度国王说：

"那种爱说话的人总令我感到奇怪：假如他说的对他有利，

说出去对他并不有利；假如他说的对他不利，说出去肯定对他不利。"

波斯国王说：

"如果我说出一句话，它就控制了我；如果我不说出这句话，我就控制了它。"

罗马国王说：

"对于未说出口的，我从未后悔；对于说出口的，我常常后悔。"[1]

**注释：**

[1] 这个有意思的传说在阿拉伯古籍中屡屡出现，情节和内容大同小异，就是在《卡里来和笛木乃》不同的抄本和版本中也存在细微的差别。从年代上讲，伊本·穆加法这段记述，在阿拉伯的古籍中应当是最早的。

# 《记述的源泉》

## ('Uyūn al-'Akhbār)

**作者与作品简介：**

伊本·古太白（Ibn Qutaybah，828—889），本名阿卜杜拉·本·穆斯林·本·古太白。中世纪阿拉伯著名文学家、历史学家、圣训学家，也是阿拔斯王朝最知名的语言学家之一，为阿拉伯语言学巴格达学派始祖，被后世誉为阿拉伯三大文豪之一和名副其实的百科全书式的伟大作家。祖籍波斯呼罗珊。生于库法，曾在迪奈沃尔生活近 20 年并担任该地教法官。从小受到良好的文化和宗教教育，广泛接触社会各阶层人物，虚心求教。他涉猎广泛，博学多才，精通语言学、语法学、文学、诗歌、历史，不仅通晓《古兰经》、圣训和教法教义，而且谙熟《旧约》和《新约》。自871年起，在巴格达宗教学校任教，并潜心从事伊斯兰学术文化研究。一生著述颇丰，涉及诸多学科，学力宏赡，造诣极深。其著作刻意求新，寓意深刻，富有哲理，语言简洁、通畅、明快。也有后世学者认为，由于其大部分作品属于编纂性质，所以有时未能表现出自己鲜明的个性。主要著作有：《知识》、《阿拉伯人之书》、《对各种圣训的注释》、《书记的文学》（一译《秘书指南》）和《诗与诗人》等。

《记述的源泉》，为伊本·古太白的代表作，是一部知识性历史文学集。原作10卷，分为王权、战争、主权、本性、学术与修辞、修行、兄弟、需求、食品和女人10章。作品取材广泛，论述了君王的权力和品德、战争指挥、社会伦理、处世哲学、个人修养、文采学风、饮食与健康等问题。作品广征博引，既有《古兰经》和圣训的教诲、教法律例、古代先知和圣门弟子的言论，又有历史故事、名人逸事、格言警句等，堪称中世纪阿拉伯历史文学领域的经典之作。作者在本书开篇中曾自言其作品"力求内容和形式的统一，历史和典故的一致，字和词的和谐，以为学子求知背诵提供便利"。全书约合中文80万字。

译文所据版本为黎巴嫩学术书籍出版社1986年版4卷本。

1. 第 1 卷，第 314 页：

艾斯麦伊说："巴士拉周边地区是阿瓦士，戴斯图米珊[1]，法尔斯[2]。库法周边地区是凯斯凯尔，直到扎布 (al-Zāb)、侯勒万[3] 和卡迪西亚。伊拉克辖区是希特，再到中国、信德和印度，同样再到赖伊、呼罗珊、戴伊莱姆[4] 和吉巴勒全境。伊斯法罕是伊拉克的肚脐，征服那里的人是艾布·穆萨·艾什阿里[5]。杰济拉位于底格里斯河和幼发拉底河之间，摩苏尔属杰济拉。埃及不在伊拉克辖区内。"

**注释：**

[1] 戴斯图米珊（Dastumīsān），雅古特在《地名辞典》该词条下说："这是位于瓦西特、巴士拉、阿瓦士之间一片很大的地区，离阿瓦士更近一些。"

[2] 阿拉伯古籍中的法尔斯，有时指波斯，有时指今伊朗法尔斯省一带。此处应是指后者。

[3] 侯勒万（Hulwān，又译赫勒万），西亚北非地区有多个叫此名的地方，其中比较出名的，一个在埃及开罗以南，一个是本文提到的这个。《蒙吉德词典》该词条下说："它曾是位于今伊朗境内的一座古城。1064 年被塞尔柱人放火焚烧。1149 年发生的地震将其彻底摧毁。"雅古特《地名辞典》中说："有好几个地方叫侯勒万。最大的是伊拉克的侯勒万。艾布·宰德说：'它是一个繁荣的城市。库法、巴士拉、瓦西特和巴格达之后，还没有人在伊拉克见过比它更大的城市。'"

[4] 戴伊莱姆（al-Daylam），古代加兹温（今伊朗境内）以北山区。

其部分居民于 913 年归依伊斯兰教。

[5] 艾布·穆萨·艾什阿里（'Abū Mūsā al-'Ash'arī, 602—665），伊斯兰教先知穆罕默德的门弟子，四大哈里发时期著名军政长官之一。

2. 第 2 卷，第 195 页：

在一些外国人的书中有这样的记载：

四个国王聚在一起，他们是波斯国王、印度国王、罗马国王和中国国王。他们每人讲了一句一语破的的话。其中一个说：

"如果我说出一个词，它就控制了我，而不是我控制它。"

另一个说：

"我对自己说出的，总是后悔；对没说出的，从不后悔。"

再一个说：

"我应付未说出之语的能力，要比应付说出之语的能力强得多。"

末一个说：

"我一句话也不需要说，因为如果它对我不利，说出来对我有害；如果它对我有利，说出来也对我无益。

3. 第 2 卷，第 362 页：

那人对哈里发说道："我曾多次去过中国。有一回我到那里时，他们的国王因病双耳失聪。他放声大哭了整整一天。其属下纷纷劝慰他不要着急。他说："我不是因为天降灾难于我而哭，我是为今后听不到被冤屈者在门外鸣冤叫屈的声音而哭。'停了一下，他又说，'虽然我失去了听力，可我的视力还在。你们去告诉黎民百姓，从今以后除了有冤屈者一律不准穿红色衣服！'过后，他总是骑着大象早晚外出巡视，看看有没有被冤屈的人。"

# 《知识》

## (al-Maʿārif)

**作者与作品简介:**

伊本·古太白此书（又译《知识之书》或《知识大全》），为作者又一扛鼎之作，堪称一部文学、历史和伊斯兰教的小百科全书。其内容非常丰富，不仅收集了大量典故、格言、谚语、诗歌、逸事、见闻及碑铭等珍贵资料，而且记述了从先知、哈里发、国王到文学家、诗人、教师、工匠甚至残疾人等各种人物的事迹和趣闻。详细论述了伊斯兰教兴起前后的阿拉伯文化史。据说作者曾被当时的王储穆法格·比拉（891年卒）召去讲解此书，获赏1万金币。据当代阿拉伯学者考证，此书与古代阿拉伯另一著作家伊本·哈比卜的《墨匣》（al-Mahbar）在内容上有很多雷同之处。另外，人们提到此书时也使用《知识的赠礼》一名，而后者一般认为是苏赫莱沃尔迪（1234年卒）的著作。全书约合中文40万字。

译文所据版本为 http://www.alwaraq.com 电子版（访问时间：2015年1月3日）。

### 1. 第100页：

赛勒曼·本·莱比阿是欧麦尔·本·哈塔布派任伊拉克的第1位教法官，也是第1个区别对待释奴（al-'Atāq）与混血者[1]的人。他参加了卡迪西亚战役，并留在那里做教法官，然后转任马达茵（泰西封）。奥斯曼任哈里发时，他在突厥地区的拜兰杰尔（Balanjar）被杀。人们说拜兰杰尔在亚美尼亚。据说他被拜兰杰尔人十分庄重地放在一口棺材里，如果那里久旱无雨，人们就将其搬出来用以求雨，每每灵验。艾布·朱马奈·巴希利曾吟道：

> 我们部族有两座坟茔非同一般，
>
> 至高的荣耀再无人能与之比攀。
>
> 在中国的这位其征服业已完成，
>
> 拜兰杰尔这位能让求雨者如愿。

诗人所指在中国的坟墓是古太白·本·穆斯林之墓。艾布·叶格赞说："古太白的墓在拔汗那，是诗人说在中国。"

**注释:**

[1] 混血者（al-Hujun），此处特指阿拉伯历史上父亲为阿拉伯人、母亲为异族奴隶的混血者。


### 2. 第 147 页:

之后，舍米尔·本·艾夫里基斯继承王位。他也被人叫作"颤抖的舍米尔"，因为他平时总是不停地颤抖。他率大军进入伊拉克，然后他想向中国进发。他取道法尔斯、锡吉斯坦和呼罗珊，征服了马达茵和基拉阿[1]，一路烧杀掳掠，后攻入粟特城。他将该城摧毁，还给那地方起名叫舍米尔坎德（Shamirkand），意思是舍米尔毁坏了它。人们在译成阿拉伯语时将其读作了撒马尔罕（Samarqand）。后来他就撤回了。他在位 137 年。

**注释:**

[1] 基拉阿（al-qilā‘），此词为阿拉伯语"城堡"的复数,具体位置不详。


### 3. 第 141 页:

之后，土伯尔·本·艾格兰·本·舍米尔继承王位。他是第 1 个将国王称作土伯尔的人，也是最大的土伯尔。他有 20

年没有用兵，后来从突厥地区传来令他不快的消息，于是起兵。他取道杰拜莱塔侬[1]，继而是安巴尔。这是当年拉伊什（al-Rāyish）走过的路。他在阿塞拜疆边界与突厥人相遇。他打败了他们，抢掠之后撤回。后来他攻打了中国。

**注释：**

[1] 杰拜莱塔侬（Jabaly Tayyi'）具体位置不详。"杰拜莱"的意思是两座山，"塔侬"是古代阿拉伯南方一部族名，马里卜水坝毁坏后从也门迁徙到阿拉伯半岛北部。

## 4. 第 152 页：

之后，科斯鲁的女儿布兰（Būrān）继承王位，在位 1 年 6 个月。她没有占有地租，而是将钱分发给将士和贵族。在她之后，科斯鲁的侄子即位，两个月后被杀。接着，科斯鲁的女儿爱兹密戴赫特即位，4 个月后中毒身亡。后来又有一男性当了 1 个月国王就被杀。

波斯人目睹这种涣散混乱的状况，纷纷要求科斯鲁的孙子叶兹戴杰尔德·本·沙赫莱亚尔[1]继承王位。于是他成为他们的国王，年仅 15 岁。他在马达茵住了 8 年。当赛尔德·本·艾比·瓦夏斯[2]来到欧扎伊布时，他将财产宝物都转移到中国去了。之后他本人带着不多的士兵和很少的金钱转移到奈哈万德[3]，让他的一个兄弟和鲁斯图姆留守马达茵。鲁斯图姆带领士兵与赛尔德交战，后败退卡迪西亚，在那里固守一阵后被杀。叶兹戴杰尔德闻听此讯，知道大势已去，遂取道法尔斯、锡吉斯坦逃往木鹿，最后在那里被杀。他在位时间总共20年。

**注释：**

[1] 即叶兹戴杰尔德三世（632—651在位），科斯鲁三世之孙，统治期间国家动荡不宁，曾于633年打败阿拉伯人，但635年在卡迪西亚和642年在奈哈万德被阿拉伯人彻底击溃，最终于风雨飘摇中被人暗杀。此人不仅是阿拉伯和波斯历史上的重要人物，在我国对外关系史中也比较著名，史称伊嗣俟。值得一提的是，其父沙赫莱亚尔（Shahrayār），也是波斯历史上非常重要的人物，同时这个名字与《一千零一夜》开篇国王的名字（一译山鲁亚尔）完全相同。

[2] 赛尔德·本·艾比·瓦戛斯（593—675），穆罕默德门弟子，著名军事将领。曾因在战斗中保卫穆罕默德有功，而有"雄师"之称。更由于在卡迪西亚大败波斯军队，创阿拉伯军事史上以少胜多的突出战例而素享盛名。

[3] 奈哈万德（Nahāwand），位于今伊朗哈马丹以南，历史上比较有名。642年阿拉伯人在此重创波斯军队。

# 《诗与诗人》

( al-Shi'r wa al-Shu'arā' )

**作者与作品简介：**

　　作者伊本·古太白。此书是一部按年份编排的 6 ～ 9 世纪阿拉伯诗歌集，并有长篇自序阐述对文学评论的观点和主张。他因此被认为是阿拉伯文学史上使"文学评论"自成体系的开先河者。同时，他编选的这部诗集，也是后世公认的对贾希利叶时期诗歌进行整理、记录、筛选最为成功的 7 部诗集之一。全书约合中文 80 万字。

　　译文所据版本为贝鲁特文化书局 1994 年版 2 卷本。

1. 第 1 卷，第 30 页：

正如另一位诗人所吟：

　　姑娘啊，倘若我因爱你，

　　被当作鸟儿从中国放飞；

　　为相见也会在黎明之前，

　　或你做晨礼时急切赶回。[1]

类似这样的表达方式有很多。"麦布胡特"（al-Mabhūt）[2]是一种可以从远处放出去再飞回来的鸟。

**注释：**

[1] 句中"晨礼"为穆斯林每日 5 次礼拜之一，时间在黎明之后、日出之前。

[2] 麦布胡特（al-Mabhūt），词典中一般都注解为"惊讶的、惊愕的"，抑或这种鸟的名字是因为它有信鸽一样的本领而令人惊奇，亦未可知。

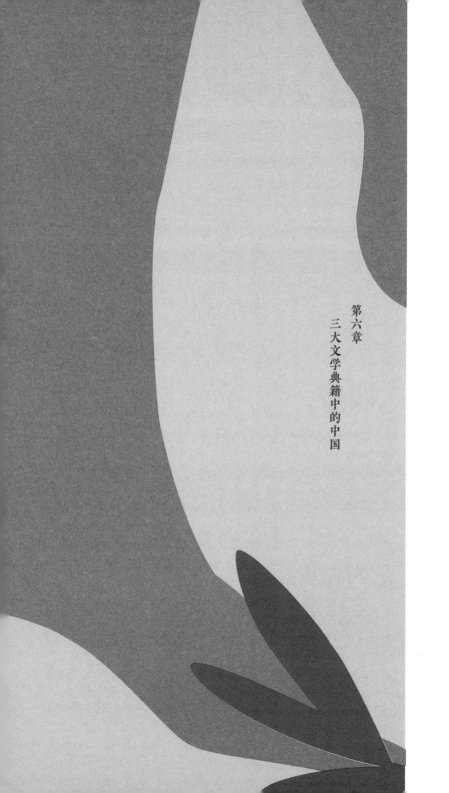

第六章

三大文学典籍中的中国

# 《罕世璎珞》

## （al-'Iqd al-Farīd ）

**作者与作品简介：**

　　作者艾哈迈德·本·穆罕默德·本·阿卜德莱比·安达卢西（860—940），以伊本·阿卜德莱比（Ibn 'Abd-Rabbih）著称于世。安达卢西亚后伍麦叶王朝著名文学家。自幼接受传统的伊斯兰教育，一生在科尔多瓦生活，为哈里发阿卜杜拉赫曼三世宫廷的桂冠诗人。

　　《罕世璎珞》，学者们普遍认为"罕世"一词为后人所加。原作书名《璎珞》或曰《项链》，与其目录形式有关。全书共25章，前12章各以一种珠宝命名，比如"真珠章""珊瑚章"等，后12章则对称以"第2真珠章""第2珊瑚章"等。衔接前后的第 13 章称为"瓦希泰",即居于项链正中最大或最珍贵的吊坠。《罕世璎珞》性质上属于中国人所说的类书,也是中世纪阿拉伯文学、语言学、诗歌格律等方面的重要著作,同时还被认为是仅次于《歌诗》的最佳"文选"作品。作者编著此书时,广泛采集前人诗歌散文中的精华,题材博泛,涉及政治、历史、社会、宗教、伦理、医学,乃至音乐、食品等各个方面。所辑录的书籍,既有《古兰经》和《圣训》等伊斯兰教经典,也有《圣经》等其他宗教的经典;既有贾希兹、伊本·古太白等阿拉伯大师的名著,也有译自波斯语、希腊语、印度语等语言的佳作。因此此书在阿拉伯文学史上地位十分显著,对后世文人学者影响巨大,引用率极高。全书约合中文 240 万字。

译文所据版本为黎巴嫩现代出版社 1998 年第 1 版 8 卷本。

1. 第 1 卷,第 264 页:

阿拉伯使团会见科斯鲁。

伊本·古塔米听凯勒比说:

努尔曼·本·蒙济尔[1] 来到科斯鲁处,当时来自罗马、印度和中国的使团也在场。他们谈论着各自的国王和国家。努尔曼很为阿拉伯人感到自豪,认为他们比其他民族更优越,波斯也不例外。科斯鲁觉得不能有失国王之尊，遂道："努尔曼，我思考过阿拉伯人和其他民族的事情，也观察了来我这里的各国使团。我以为罗马人在以下诸方面是幸运的，即协调一致、权势威重、城市众多、建筑坚固。另外他们还有一种能够区别合法与非法，能够拨乱反正、去伪存真的宗教。我看到印度也有其幸运之处，比如在哲学和医学方面，加上河流如网、树木繁茂、果实累累、工艺奇绝、计算精细和人口众多。中国也是同样，他们团结协作、意志坚强、作战勇猛，铁器和兵器的手工制造技能既多且精，此外他们有一个能够统一国家的国王。"

**注释：**

[1] 此处应是指希拉王国的努尔曼三世（580—602 年在位），后被科斯鲁三世废黜，囚禁于马达茵。

2. 第 3 卷，第 106 ～ 107 页：

一个阿巴德部落的人，对哈里发曼苏尔说：

"信民的领袖，我曾多次前往中国。有一次我到达那里时，他们的国王因患耳疾，再也听不到声音。于是他放声大哭起来。侍臣们纷纷上前劝他以忍耐的精神接受这个现实。他说道：'我之所以哭，不是因为天降灾难于我，而是因为今后受冤屈者在门外喊冤我再也听不见了！'须臾，他又道，'虽然我已两耳失聪，但双眼视力还在。你等传令，全体百姓除有冤屈者一律不准穿红色衣服。'自此后，他每日早晚便骑着大象出宫视察，看看有没有受冤屈的人。"

3. 第 3 卷，第 262～263 页：

众人坐定，伊本·穆加法问道："你们说，哪个民族最为睿智？"

我们面面相觑，悄声道："他大概想让我们说他的祖籍波斯。"于是我们便对他说："波斯。"

"他们算不上。"他说，"他们确实占领了大片土地，战胜了很多敌人，王权威震天下，长久占据上风，但他们既没用自己的头脑造出任何东西，也没用自己的心灵悟出任何哲理。"

"那罗马呢？"我们问。

"长于设计者。"他说。

"中国呢？"

"擅长工艺者。"

"印度呢？"

"精通哲学者。"

……

于是我们问："那你说呢？"

他回答："阿拉伯。"

话音未落，我们全笑了。


4. 第 5 卷，第 279 页：

伊本·阿亚什说，瓦利德死后，苏莱曼[1]继位。他起用耶齐德·本·穆海莱布管辖伊拉克，并命他将艾布·欧盖勒家族满门抄斩。法拉兹达格[2]为此吟道：

假如问他难道你对真主也不敬畏吗？

他却耀武扬威仿佛谁都奈何他不得。

把他扔到印度连人带马都摔得粉碎，

或者我离开此地被派往遥远的中国。

伊斯兰教与正义快回到我们这里吧，

暴虐腐败已经吞噬了伟大的伊拉克。

**注释：**

[1] 苏莱曼（674—717），伍麦叶王朝第 7 任哈里发，715 年继位。巴勒斯坦的拉马拉城便是由他所建。

[2] 法拉兹达格（公元 641—732），伍麦叶王朝著名诗人，和艾赫泰勒、哲利尔一起被誉为"伍麦叶三诗雄"。他与哲利尔之间长达 50 年之久的

对诗舌战，在阿拉伯文学史上被传为佳话。

5. 第 6 卷，第 144 页：

哈里发哈伦·拉希德对一位宫廷诗人说：

前代诗人的话语，可比作贵妇马鞍上的珍贵锦缎，为祖先增色不少；你的话语若加以藻饰修辞装点，那就是绣金的中国丝绸，将永为传述者所乐道。

6. 第 7 卷，第 240 页：

他们说：伊拉克的辖区从希特[1]一直到中国、印度和信德，然后再到赖伊，以及呼罗珊全境，接下来是戴伊莱姆和吉巴勒，伊斯法罕是伊拉克的肚脐。

**注释：**

[1] 希特（Hīt），伊拉克城市，位于安巴尔省，坐落在幼发拉底河畔。古代曾是商队前往阿勒颇的重要渡口。其附近，有亚述和巴比伦时期便已存在的著名的石油泉。

# 《歌诗》

## （Kitāb al-'Aghānī）

**作者与作品简介：**

　　作者艾布·法拉吉·阿里·本·侯赛因·伊斯法哈尼（897—967），简称伊斯法哈尼（al-'Isfahānī）。阿拔斯王朝著名诗人、历史学家和文学批评家。生于波斯伊斯法罕，在巴格达长大，后定居阿勒颇。为伍麦叶王朝末代哈里发麦尔旺二世苗裔。通晓伊斯兰教义、哲学、历史、文学、诗歌和乐理。主要著作有《听的文学》《谱系汇编》《求索者的战场》《珍闻集》等。

　　所谓"歌诗"通常指专门创作的歌词和入乐的诗，与我国乐府诗类似。伊斯法哈尼的《歌诗》是其流芳百世的代表作，一般被归入文学类典籍。但实际上，该书内容丰富，题材多样，以诗词歌赋为主，穿插征战故事、宫廷趣闻、爱情传说和名人格言等，并以大量篇幅描绘阿拉伯人和早期穆斯林社会的政治、历史、文化、宗教和风俗习惯，是一部名副其实的百科全书式的经典著作。作者以哈里发哈伦·拉希德（786—809年在位）时期著名宫廷艺人伊卜拉欣编辑的《百声》（百首歌曲）为基础，广泛搜集当年阿拉伯帝国范围内前后几个世纪的古词时调，对每一支名曲的曲牌名称、调式特点、歌词内容、创作背景以及流传过程等都一一作了介绍，对作曲者、作词者和演唱者的生平事迹也尽可能作了交代。该书被认为是研究阿拉伯中世纪社会生活、文学艺术和民间风俗的珍贵文献，为历代文史学家重视和推崇。自其问世以来，民间甚至一直流传这样的说法：没读过《歌诗》便算不得文人。原作为 20 卷，约合中文 700 万字。

译文所据版本为黎巴嫩文化印书馆 1990 年第 8 版 25 卷本。

1. 第 3 卷，第 126 页：

伊本·萨希卜乌杜是麦地那人，伊斯哈格只提到他的两声 [1]。此外只是在一本假托是伊斯哈格的书中讲到很多关于他的毫无根据的事情。再就是在哈卜什·隋尼依 [2] 的书中提到过他。此人的话难辨真伪。

**注释：**

[1] 此处"声"（al-Sawt）为直译，可视为阿拉伯古代表示歌诗或歌曲单位的一个量词，"一声词"对应汉语的一首词或一阕词，"一声歌"对应一首歌或一支歌。

[2] 此处的哈卜什（Habsh）与《名人全传》中提到的侯白什（Hubaysh）应为同一人。至于附名"隋尼依"，如抄本无误，或与中国有关，或与阿拉伯地区叫做"隋尼"的地方有关。

## 2. 第 3 卷，第 236 页：

一位诗人对麦赫迪[1]吟道：

真主赐予你无数恩惠与甘甜，

臣民可悠闲闭目再不患沙眼。

每天我生活在香草与沉香中，

入夜歌舞升平更有美酒相伴。

国家强盛边界不断向前延伸，

远及福格富尔也门和凯鲁万[2]。

欧麦尔·本·沙拜说：福格富尔[3]是中国国王。

**注释：**

[1] 阿拔斯王朝第 3 任哈里发，775—785 年在位。在位期间大事修建公路，改善邮政设施，贸易一片繁荣。

[2] 凯鲁万是突尼斯的一座重要城市，建于公元 670 年，曾是古代著名的商队驻地和贸易市场。

[3] 福格富尔（Fughfūr），学者们一般认为是波斯人对中国国王的称谓。在阿拉伯一些古代地理著作和游记中，有时也指由其统治的地区。

## 3. 第 7 卷，第 252 页：

据哈里斯说，当时他和曼苏尔 [1] 在一起。后者和一些人坐在底格里斯河的桥上，巴士拉法官也在场，伊本·穆罕默德在他面前吟唱道：

> 正是无可比拟的神援之以手，
>
> 赐予你们现世与宗教的领袖。
>
> 不见中国君主前来俯首称臣，
>
> 不见突厥首领成为阶下之囚，
>
> 不见印度国王献出全部城池，
>
> 真主绝不会将所授之权收走。

**注释：**

[1] 阿拔斯王朝第 2 任哈里发，754—775 年在位，被认为是该王朝的实际奠基者。巴格达城便是由他始建。

4. 第 11 卷，第 249 页：

穆罕默德·本·穆阿威叶说：

乌盖希尔 [1] 娶了自己一个叫作拉芭布的堂妹为妻，事先约定聘礼为 4000 银币，也有人说 1 万银币。后来他向族人索要聘礼，他们什么也不给他。这时，伊本·拉斯白格勒来了。此人乃中国大商人 [2]，是袄教徒。于是乌盖希尔向此人索要，他给了他聘礼。

**注释：**

[1] 乌盖希尔，生卒年不详。作者只交代他是库法人，是生活在贾希利叶时期末和伊斯兰教初创时期小有名气的"跨代诗人"。

[2] "商人"（duhqān）一词是由波斯语引入的外来语，《阿拉伯语汉语词典》注解为：指导者、领袖、市长、商人。故译为大商人。

5. 第 11 卷，第 346 页：

诗人伊本·阿马尔曾为朋友的侍女们吟诵道：

　　我们的脚开始变得时深时浅，

　　恰如她们正把重负拔出泥潭。

　　走路的腿像因瘫症渐渐蜷曲，

　　好似来自中国的鹅步履蹒跚。

6. 第 11 卷，第 347 页：

伊本·拉敏去朝觐，带多名歌姬侍女同行。当时穆罕默德·本·苏莱曼也在希贾兹，并从他那里以 10 万银币买去名姬赛拉美·扎珥珈。于是伊本·阿马尔吟道：

作为主人你令情人惊恐万状，

这惊恐想必也引发你的悲伤。

从名城库法直到辽远的中国，

再无人与你抛弃者一模一样。

7. 第 13 卷，第 259 页：

伊本·马扎勒有个侄子特别招人讨厌，巴士拉人皆避之唯恐不速。一日他见到这个侄子，便对他吟道：

假如命中注定有侄子来此世间，

我宁可遁入驶往中国的长形船。

即便是偶然一次瞥见你的面孔，

心头的郁闷天长日久无法消散。

8. 第 14 卷，第 195 页：

语法学家艾布·胡莱依莱说：

有一次，艾布·希卜勒买了一只公绵羊准备宰牲节用。他加紧喂它让它上膘长肉。一天，他为了给灯添油，将灯台和一瓶油放在羊面前。不料羊把两样东西全都顶倒，灯台碎了，油也洒在他的衣服、书和床上。目见此状，他在宰牲节之前便把羊杀了。他对失去灯台感到十分悲伤，有悼诗为证：

> 眼睛啊为失去灯台流泪痛哭，
>
> 它曾是给我带来光明的支柱。
>
> 当晚夕用黑色衣服将我裹罩，
>
> 它用火开道将黑暗送上归路。
>
> 这精美绝伦来自中国的瓷器，
>
> 更有巧夺天工者描绘的画图。
>
> 刚刚还是件旷世难觅的珍宝，
>
> 转眼便成羊犄角下几片碎物。[1]

**注释：**

[1] 这段诗中提到的"来自中国的瓷器"，我国学者经常将其作为中外文化交流的佐证，在相关论著中提及引用，全诗50余联，此为开头4联。

9. 第15卷，第46页：

作为主人你令情人惊恐万状，

这惊恐想必也引发你的悲伤。

在罗马与中国的条条道路间，[1]

再无人与你抛弃者一模一样。

**注释：**

[1] 此段诗前文中有类似之作，只是这半句有所不同。

10. 第 15 卷，第 50 页：

在记述名姬赛拉美·扎珥珈的专章中有一段诗：

我们的腿仿佛陷入深深的泥沼，

欲向她走去又抬不动沉重的脚。

我们步履艰难腿变得一瘸一拐，

好似中国鹅走起路来东摆西摇。[1]

**注释：**

[1] 这段诗前文中有类似之作，但不是出自同一位诗人。可见用中国鹅的行走姿态，作为"步履蹒跚"的一种形象比喻，在当年阿拉伯人至少是诗人的表达中较为普遍。

11. 第 19 卷，第 246 页：

当时哈里发哈伦·拉希德与几位宫廷诗人聚会。吃过饭后，拉希德看看他们，叫人拿来葡萄酒。饮过酒，侍者将赏赐之物送上。那天天气非常寒冷。伊本·加米依得一件里子为中国黑貂皮的塔隆丝毛长袍，伊卜拉欣得一件里子为小狐狸皮的库法锦缎长袍，艾布·塞德盖得一件絮有丝绵的呼罗珊混纺羊毛外套。之后，三人各唱吟一曲。

12. 第 21 卷，第 401 页：

法拉兹达格在 70 岁高龄时前去朝觐。在环绕天房行走的人群中，他看到阿里·本·侯赛因，遂问："这个容光焕发的年轻后生是谁啊？他美得就像一面妙龄少女们照赏花容的中国镜子。"众人告知是阿里，于是他吟出长诗一首赞赏这个美男子。

# 《文苑观止》

## ( Nihāyah al-'Arab Fī Funūn al-'Adab)

**作者与作品简介：**

努威里（al-Nuwayrī, 1278—1332），本名艾哈迈德·本·阿卜杜·瓦哈布，中世纪埃及著名文学家。出生成长于古斯，卒于开罗。位于今埃及基纳省的古斯，14 世纪曾为上埃及第 1 大城市、埃及第 2 大城市，以有 6 所著名学校而闻名，并成为当时埃及学术文化中心，1403 年后因暴发瘟疫而逐渐衰落。努威里曾多次担任马穆鲁克王朝各种官职。据有关史料记载，他不仅仪表堂堂、天资聪颖，而且为人豪爽，和蔼可亲。有少量诗作和散文传世，其他著作不详，但后人对他的评价是："仅一部《文苑观止》对他来说就足够了。"

《文苑观止》虽被研究者归在文学类下，但它是作者那个时代最全的、真正的百科全书，包罗万象，无所不有。作者因此也被认为是中世纪阿拉伯最著名的百科全书编纂家之一。虽然从整个阿拉伯典籍史来说，其成书时间较晚，且以摘选荟萃前人成果为主，但仍具有一定填补空白的意义。比如关于伊本·拉基克、伊本·拉西克和伊本·舍达德等人的记述，都是前人从未提及的。本书书名，中国学者一般都译作《文苑观止》，贴切而古雅，直译为《文科诸门类中的目标极限》。作者将知识分作5大类，每类分5章，每章分若干节。全书约合中文1500万字。

译文所据版本为埃及文化部，埃及著作、翻译、印刷、出版总局，埃及图书总局古籍校勘中心1929—1992年版31卷本。

1. 第1卷，第62页：

中国的庙宇[1]由阿布尔·本·舒拜勒·本·雅菲思（'Āmūr Ben Shūbal Ben Yāfith）的儿子所建。

**注释：**

[1] 此处"庙宇"用词为al-Bayt，现一般译为：屋宇、房舍、住宅、家等。作者在本段文字前说："偶像崇拜者将偶像做成7大行星状，并

为它们建造屋宇，称这些屋宇为'海亚基勒'（al-Hayākil），意为：庙宇、寺院。"

## 2. 第 1 卷，第 108 页：

另一种火庙[1]叫作坎开代兹（Kankadaz），由赛亚威什[2]·本·卡维斯·杰巴尔（Sayāwash Ben Kāwis al-Jabbār）所建，是他在中国东部[3]居留时建造的。

**注释：**

[1] 指拜火教（祆教）的庙宇。

[2] 历史上常提到的赛亚威什，多指古代波斯一个王朝的王储。他为逃避女人陷害逃离父亲的王宫，后被判处死刑，死后得以昭雪。波斯大诗人菲尔道西（932—1020）曾讴歌其生平业绩。很多艺画家根据波斯传说，创作了他骑马跨越火焰而毫发无损的作品。"赛亚威什的血"也成为波斯的一个典故，意思是：无辜被杀害者白白流掉的血。

[3] 此处"中国东部"，也可理解为：中国东面。

## 3. 第 1 卷，第 199 页：

据说，每块土地都有相貌不同、形状各异的居民。每块土地也都有特殊的称谓。人们将其分为 7 块相互为邻、各不相同的土地。他们给中国一块土地，呼罗珊一块，信德和印度一块，波斯、吉巴勒、伊拉克和阿拉伯岛[1]一块，杰济拉、沙姆和亚美尼亚一块，埃及和阿非利加一块，安达卢西亚岛与周边的杰拉里盖[2] 和安卡布尔达[3] 以及罗马各部族一块。

**注释:**

[1] 古时阿拉伯人没有"半岛"的概念，他们认为三面环水之地亦可称为"岛"，阿拉伯岛即指今阿拉伯半岛。文中"安达卢西亚岛"类同。

[2] 杰拉里盖（al-Jalāliqah），为吉里基亚（Jilīqīyyah）的复数。雅古特《地名辞典》"吉里基亚"条下说："该地位于安达卢西亚北部环海海岸，不适合人居住。伊本·马库拉说：'吉里基亚是安达卢西亚与罗马交界处的一个国家。'历史对其记述各种各样。"

[3] 安卡布尔达（al-'Ankaburdah），雅古特《地名辞典》在该词条下说："该地是法兰克诸国中一个非常大的国家，位于君士坦丁堡和安达卢西亚之间。"

4. 第 1 卷，第 208 页:

有人居住的大地，其图形如同一只鸟。头是中国，右翅是印度和信德，左翅是海宰尔（可萨突厥），胸部是麦加、伊拉克、沙姆和埃及，尾巴是西方（al-Gharb）。

5. 第 1 卷，第 209～211 页:

大地的第 1 区从中国大地东部始，至其视为门户的诸多城市。那里有一些河流，从海上来的船只经过这些河流进入大城

市，比如汉古（Khānqū）、汉福尔（Khānfūr）……[1]

第 2 区由中国开始，经过印度沿海的一些城市。……

第 3 区由中国大地东部开始，其中有该王国京城哈姆丹
（Hamdān）[2]。

第 4 区从中国大地的吐蕃和哈奈克（al-Hanaq）[3] 开始，
然后是克什米尔山脉。……

**注释：**

[1] 阿拉伯古代著作家在拼写中国地名时，讹误颇多。此处汉古应是
汉府（Khānfū）之误。中国也有翻译者将通指今广州的汉府译作广府。
至于汉福尔，在阿拉伯地理类古籍中出现次数较多，有时写作"哈尔福尔"
（Khālfūr），确切所指有待考证。

[2] 哈姆丹（Hamdān），阿拉伯古籍中有时也写作"海姆丹"
（Khamdān），因阿拉伯人多将其指为中国京城，故很多中外学者考译
为西安或曰西安府，并将流经此城的大河称为西安府江。

[3] 可能为作者抄写之误，雅古特《地名辞典》中讲到大地 7 区时，
此位置出现的是呼檀（al- Khutan），即今中国新疆和田一带。

6. 第 1 卷，第 219 页：

关于山脉，伊本·豪盖勒[1] 说："世界上所有山脉，都是
从中国向外延伸的那座山的支脉，自东向西呈一条直线绵延至
黑人国度[2]。"

**注释:**

[1] 伊本·豪盖勒（Ibn Hawqal，977 年卒），中世纪阿拉伯最著名的旅行家和地理学家之一。曾周游当年整个伊斯兰世界，在研究前人史地著作基础上，写出地理学名著《道里邦国志》（al-Masālik Wa al-Mamālik），传于后世。阿拉伯古籍中与此同名的著作多达 20 余种。

[2] 此处黑人国度（Bilād al-Sūdān），应是泛指今非洲的黑人地区，尽管其字面形式与今日所说的"苏丹国"一样。

### 7. 第 1 卷，第 230 页：

据说，在中国以东还有 6 个岛屿，叫作西拉（al-Sīlā）[1]群岛。据说那里的居民是高贵的民族，他们是为逃避伍麦叶部族的人的迫害而来到这个岛上的。

据说没有任何外乡人进入西拉群岛后会心甘情愿离开它。那里空气清新，水质柔软，尽管那里的生活较为清苦。

**注释:**

[1] 阿拉伯古籍中提到的"西拉"（al-Sīlā），有时也写作"西利"（al-Sīlī）。不少学者将此地考证为新罗。阿拉伯人提及它时也经常同时提及"逃避伍麦叶部族"的那批人，源起不详。

### 8. 第 1 卷，第 237 页：

印度海从赤道上方的中国东部开始向西流动，穿越瓦格

（al-Wāq）[1]国和邻近僧祇国的苏法莱[2]国，然后是僧祇国，直到白尔白拉[3]国，在那里停下来。

至于印度海的东部，则从鲁金[4]开始，它是中国的第1个港口，然后是大中国[5]的口岸——汉古，接下去是印度的赛曼杜尔（Samandūr）……

### 注释：

[1] 阿拉伯古籍中的瓦格（al-Wāq），有时也写作瓦格瓦格，关于此地有很多诡异的传说。学者们一般将其考证为海上丝路航线上、印度洋中或印度洋与太平洋交汇处一带某个岛屿或群岛。也有学者认为是指"倭国"即日本，可能因为发音相近。

[2] 苏法莱（Sufālah），雅古特在《地名辞典》"苏法莱"条下说："该地是僧祇最远的一个城市。关于此地的传说，如同我们讲的关于马格里布南部泰卜尔（al-Tabr）国的传说一样。商人们把货物放在没人的地方，然后离开，等他们回来时，便会发现当地人已把购物的钱分文不少地放在那里。苏法莱黄金在僧祇商人那里非常有名。"

[3] 白尔白拉（Barbarā），应与《地名辞典》中白尔白莱（Barbarah）为同一地方。雅古特在该词条下说："这是阿比西尼亚、僧祇、也门之间的另一个国家，在也门海和僧祇海的海岸上。当地人皮肤非常之黑，他们讲的语言只有他们自己能听懂。那里有其他地区没有的稀奇动物，如长颈鹿、印度狮、犀牛、老虎和大象等。此地亦被叫作白尔白莱海岸。"

[4] 鲁金（Lūqīn），有学者将其考证为唐代的龙编，即今越南河内一带。

[5] 大中国（al-Sīn al-'Uzmā），在阿拉伯古籍中十分少见。中国翻译者有时也将"玛隋尼"译作大中国。

9. 第 1 卷，第 238 页：

这个海——我是指印度海——整体上被航行者们分为 6 块，并分别给它们起了不同的名称。

经过中国大地的被称为桑吉海[1]，名称来源于该海中一个岛屿上的城市。这是一个波涛汹涌、十分可怕的海。夜间风浪初起时，会有一些小黑人爬上船来。他们的身高只有 5 拃甚至更少。他们上船后并不伤害任何人。但水手们亲眼看见他们，便认为自己要遭灭顶之灾。此时如果真主要挽救他们于危难之中，便会让他们看到主桅的顶端落下一只白色的鸟，那鸟就像用光做的一样。于是他们互相报告喜讯，待到他们心中的恐惧消失，那鸟也就不见了踪影。

**注释：**

[1] 桑吉（Sanjī）海，学者们一般考证为我国史称之涨海，即今中国南海一带。位置应当说比较吻合。本书作者在接下来"有人居住的岛屿"一段中说："桑吉岛，桑吉之名源出此地。岛长 200 古里（Mīl），宽度比长度略少一些。这里有水牛和无尾黄牛（Baqr Bighayr 'Adhnāb）。"但本书校勘者对"桑吉"另有所见，他加注云："此名可能与'泉州'（Shunjū）为同一称谓。这个地方以'橄榄'（Zaytūn，即刺桐）城之名为阿拉伯人所熟知。它是中国的港口。"

10. 第 1 卷，第 249 页：

人们说，涨潮与落潮的原因归结于中国海极远处司掌海洋的天神。此神如果发怒便会出现涨潮，气消了便会出现落潮。

11. 第 1 卷，第 293 页：

据说阿卜杜拉·本·阿巴斯讲过，真主将——

吉祥分为 10 份，9 份给古莱什人，1 份给其他人。

慷慨分为 10 份，9 份给阿拉伯人，1 份给其他人。

热情分为 10 份，9 份给库尔德人，1 份给其他人。

狡猾分为 10 份，9 份给科卜特人，1 份给其他人。

冷漠分为 10 份，9 份给柏柏尔人，1 份给其他人。

优越分为 10 份，9 份给罗马人，1 份给其他人。

工艺分为 10 份，9 份给中国人，1 份给其他人。

工作分为 10 份，9 份给众先知，1 份给其他人。

嫉妒分为 10 份，9 份给犹太人，1 份给其他人。

12. 第 1 卷，第 354 页：

埃及可谓世界的港口，其优越性在于长长的海岸线。从古勒祖姆（al-Qulzum，即红海）海岸可以通往两圣地（al-

Haramayni）[1]、吉达、阿曼、印度、中国、萨那、亚丁、希赫尔 [2]、信德和海中诸岛。

**注释：**

[1] 两圣地（al-Haramayni）特指伊斯兰教两大圣地——麦加和麦地那。

[2] 希赫尔（al-Shihr），古代为哈德拉毛地区一著名国家，今为也门南部沿海城市。盛产乳香。

13. 第 1 卷，第 366～367 页：

阿拉伯人将所有精巧的器皿都称为"隋尼娅"（中国的），因为中国以制作奇巧物品见长。中国人专门从事精巧有趣的工艺品制作，以及镂雕人像、镂刻和绘画创作。他们的画家画人时，除了灵魂画不出来，其他方面皆能淋漓尽致地表现于笔端。但他们并不以此为满足，而一定要让自己的画像能够分出得意者的笑和羞涩者的笑、平静者的笑和惊叹者的笑、高兴者的笑和讥讽者的笑。他们还会绘制将一幅画和另一幅画合并起来的组画。

那里有盖麦尔 [1] 手帕，如果脏了投入火中不但烧不着反而会变得干净。那里有铁，可能要用几倍分量的银子才能买到。还有法尔哈尼 [2] 松鼠，其毛皮是所有毛皮中最贵重的。另外还有上等羊毛毡子。贾希兹在《关于贸易》[3] 一书中说："最好的羊毛毡子是"隋尼娅"（中国的），其次是马格里布红，然后是塔莱干（al-Tālaqān）白。"

**注释：**

[1] 盖麦尔（al-Ghamar），此处确切含义不详。但这种手帕与阿拉伯人传说中用凤凰羽毛做成的手帕应是同一种类。

[2] 法尔哈尼（al-Fārhānī），形容词，其名词形式 Fārhān 可能是一地名，确切所指不详。

[3]《关于贸易》（al-Nazar Fī al-Tijārah），与贾希兹《贸易指南》应是同一部著作。

14. 第 1 卷，第 367 页：

撒马尔罕特产有纸（Kawāghid），它淘汰了埃及纸（Qarātīs）和前人用以写字的皮子，因为它最好最细最柔最薄。这种纸只有此地和中国有。[1]

**注释：**

[1] 所谓"撒马尔罕纸"是利用中国造纸技术造出的麻纸。751 年怛逻斯战役后"中国战俘把造纸法输入撒马尔罕"，于是"在撒马尔罕由中国人指导的纸厂开始生产麻纸"。自此后，由于有中国技术特别是有中国"技术人员"的指导，撒马尔罕纸声名鹊起，以至于在造纸术西传过程中一度压盖住"中国纸"的名气，遂有"西方有埃及莎草纸，东方有撒马尔罕纸"一说。

15. 第 1 卷，第 369 页：

各国纺织品的特色产品有：也门的斗篷，萨那的彩绣，沙姆的莱依特（Rayt，所指不详），埃及的金银线，罗马的锦缎，苏斯[1] 的绢丝（Qazz），中国的丝绸，法尔斯的成衣，伊斯法罕的套服……

**注释：**

[1] 苏斯（al-Sūs），古代位于胡齐斯坦土斯太尔附近的城市，历史上曾十分兴旺。据说为亚历山大大帝于 331 年所建。638 年为阿拉伯人所征服，继续繁荣相当长时间，13 世纪遭破坏后逐渐衰落。今遗迹尚存。

16. 第 2 卷，第 288 页：

还有布纳提勒（Būnātil）·本·努哈的儿子，是他给人们制定了最初的原则。这是在他们分化为以下诸民族的时候：艾尔加尔（al-'Arghār），比阿斯（al-Bi'ās），代卡伊克（al-Dakāyik），大马士革（al-Dimashq）[1]。他们是隋尼隋尼[2]（Sīn al- Sīn）后面不计其数的民族。

**注释：**

[1] 此处"大马士革"的原文加了冠词，与通常说的地名不同，作者称其乃一个民族的称谓，所指不详。

[2] 其他阿拉伯古籍提及隋尼隋尼（Sīn al-Sīn），多指中国南部或今

广州一带，此处所指不详。

17. 第 2 卷，第 291 页：

还有古雷姆·本·萨姆（闪）的儿子胡赞（Khūzān），他繁衍下来的是胡齐[1]人（al-Khūz，即今胡齐斯坦人）。他们的居住地是与中国海相接的阿瓦士国。

**注释：**

[1] 胡齐（al-Khūz），应是指今伊朗胡齐斯坦一带，后者现在的首府即为阿瓦士，其所临之海为今波斯湾。

18. 第 3 卷，第 335 页：

有位诗人对一个不请自来的食客吟道：

纵使烹饪的锅在麦特木莱[1]，

火炉置于沙姆最远之关隘；

那么即便身处杳渺的中国，

你也会赶到锅边朵颐大快。

**注释：**

[1] 麦特木莱（Matmūrah），当年拜占庭帝国塔尔苏斯（Tarsūs）附近的一个港口。塔尔苏斯位于今土耳其南部，濒临地中海，历史名城。788 年哈里发马蒙曾占领该城，并葬于此地。

19. 第 4 卷，第 53 页：

乌盖希尔[1]娶了一个叫拉芭布的堂妹，说好聘礼是 4000
银币。过后他找族人索要，他们什么也不给他。这时伊本·拉
斯白格勒来了，他是个中国大商人，也是一个拜火教徒。乌盖
希尔向他要聘礼，后者如数给了他。

于是他吟道：

> 拜火教徒付我拉芭布聘礼，
>
> 舅父和叔伯都难与之相比。
>
> 你慷慨大方犹如宽阔海洋，
>
> 我已见证你出自良好门第。
>
> 但你也将成为火狱中的人，
>
> 如果你与暴虐者沆瀣一气。
>
> 你是否知道那法老和哈曼[2]，
>
> 及所谓法官全是你的邻居。

伊本·拉斯白格勒说："你真可恶！你向自家族人索要聘
礼，他们不给你。你找我要，我给了你，可你却用这样的话来
回报我。"

乌盖希尔说："怎么，我让你和帝王将相们平起平坐而没
说你是傻瓜，难道你还不满足？"

**注释：**

[1] 关于乌盖希尔的类似记述，在《歌诗》一书中出现过，此处的记述更长一些，而且作者加了小标题"乌盖希尔的趣闻"。此公虽算不上一流诗人，但他机智幽默且嗜酒如命，多有谐趣之作，所以阿拉伯古代传记和文学著作中也常常提到他。

[2] 哈曼（Hāmān），古埃及一位法老的宰相。他曾给法老出主意，让他建一高塔，以便法老能登上去见摩西神（'Ilāh Mūsā）。

20. 第 5 卷，第 194 页：

叶兹戴杰尔德仓皇逃往中国，

除却波斯与突厥再无援救者。

鲁斯泰姆纵有千般锋利剑矛，

大势已去自难敌勇猛的萨德。

21. 第 9 卷，第 338 页：

在中国海中扎比吉[1] 的几个海湾和位于斯拉夫以北的麦赫拉吉[2] 国，有一种猿猴，身体直立，脸为圆形，总体形貌酷似人，有情感。它很聪明，明白事理，可能因此很少被猎捕。它虽没有自己的语言用以表达内心感受，但它能够理解所有与之交流的身势语。

**注释:**

[1] 扎比吉（al-Zābij），原文写作扎尼吉（al-Zānij），应为抄误。此地，中外学者一般考证为我国史称之三佛齐或阇婆格，即今苏门答腊岛。

[2] 麦赫拉吉（al-Mahrāj），本书作者提到的斯拉夫以北的这个"国度"，与其他阿拉伯史地学家的记述不太吻合。麦斯欧迪在《黄金草原》、艾布·菲达在《列国志》中均写明麦赫拉吉为一岛屿，亦称赛利莱岛（Jazīrah Sarīrah），艾布·菲达转述穆海莱比的话说，该岛位于中国辖区内。

22. 第 10 卷，第 122 页:

乌萨麦·本·蒙基兹 [1] 著作中说，在一些国家有一种鬃毛非常像马的牛。这大概是指有特殊骨节的那种牛，这种骨节长在尾部和肩部。据说怪骨节牛是从中国海中出来的，因此叫作"海骨节"。

**注释:**

[1] 乌萨麦·本·蒙基兹（'Usāmah Ben al-Munqidh，1095—1188），阿拉伯骑士中著名文学家和史学家。在与十字军作战中勇猛无比，并因此享有盛名。文武双全的他给后人留下多部著作：《思考书》《藻饰修辞》《文礼精粹》等。本文中提到的著作是指其代表作《河流的花朵》（'Azhār al-'Anhār）。

23. 第 10 卷，第 139 页:

据说中国群岛（Jazā'ir al-Sīn）上有能够吞下骆驼和牛或

类似动物的大蟒蛇。

24. 第 10 卷，第 236 页：

鸭子有很多种，分野生和家养的。野生的有"莱格莱格"[1]。家养的有"隋尼依"（中国鸭），它下的小鸭是一个个自己啄破蛋壳出来的。

**注释：**

[1] 莱格莱格（al-Laqlaq），《阿拉伯语汉语词典》注解为：鹳。本书校勘者注释为：一种波斯的长颈飞禽，吃蛇。

25. 第 10 卷，第 321 页：

关于螃蟹，艾布·欧白德·巴克利[1] 在其著作《道路与王国》中说："中国海里有很多种螃蟹，有 1 腕尺长的，也有 1 拃长的。只要一上陆地，它们就会变成石头一样的东西，而不再有动物属性了。医生们从这种螃蟹上提取一些物质做眼药，用于医治白内障。"

**注释：**

[1] 艾布·欧白德·巴克利（'Abū 'Ubayd al-Bakrī，1040—1094），阿拉伯著名历史和地理学家，也是《疑难国名地名辞典》的编者。

26. 第 11 卷，第 210 页：

水仙[1]说：莫非你不曾看到，我挺起黄玉（Zabarjad）之矛；

穿上美丽的白衣，去保卫花园的领地；还在中国讲坛[2]前演说，

模仿香草把芬芳散播？

**注释：**

[1] 原作本节为"关于玫瑰"，作者引录了一篇"水仙（Narjis）与
玫瑰争艳"的韵文。此为其中一句。

[2] 讲坛（al-Minbar），亦可译作讲台，我国穆斯林也采用音译，即
敏白尔。本书校勘者对"中国讲坛"专门加了注释："大概这是水仙是
想用这个词组表示自己非常出名，以至声名远播至世界上最远的国家——
中国。其实阿拉伯古籍中提到中国，大多是想表达距离遥远和对旅行者
来说的路途艰险。"

27. 第 11 卷，第 328 页：

姜黄（al-Wars）是一种只有在中国、印度和阿比西尼亚土
地上才可生长的天赐良物。树叶与野薄荷相似。收集时连树带
叶统采，置于阳光下晒干，然后抖动树枝让叶子落下，姜黄就
附着在树叶上。初为红色，磨成粉后为黄色。质量最好的为印
度姜黄，其次是阿比西尼亚的，再次为叶玛麦的[1]的。

**注释：**

[1] 叶玛麦（al-Yamāmah），历史上阿拉伯半岛中南部重要国家，位

置大致在今阿曼和也门哈德拉毛地区以北、巴林和沙特纳季德地区以南。

28. 第 12 卷，第 7 页：

穆罕默德·本·阿巴斯说：

"最好的麝香是粟特的。呼罗珊商人从吐蕃买来这种麝香后，将其一直背回呼罗珊，然后再运到阿法格[1]。质量上排在其后的是印度麝香，也是从吐蕃运到印度，再转往戴布勒[2]，然后从海路运往西拉夫、亚丁和阿曼等地。它比粟特的成色要差。排在印度后面的是中国麝香。其质量之所以稍差，是由于它在海上运输时间太长以及其他原因，导致霉烂变味。"

**注释：**

[1] 阿法格（al-'Āfāq），本意为天际，作为地名所指位置不详。

[2] 戴布勒（al-Daybul），一译台布尔，古代信德河上一个港口，位于今巴基斯坦境内。

29. 第 12 卷，第 10 页：

侯赛因·本·叶齐德·西拉菲[1]，是位对中国大陆[2]、中国海以及中国之交通非常了解并有亲历经验的人。他说：

"有中国麝羚[3]和吐蕃麝羚的地方，实际上是同一块没有间隔的地域。吐蕃麝香之所以更受欢迎，原因有二。其一是吐蕃麝羚吃的是香茅，而中国麝羚吃的则是其他各种普通的草。其二是吐蕃麝香取出时其腺囊保持原状，而中国麝香取出时则可能会弄坏它，并因走海路使麝香受潮。如果中国人让麝香存留在腺囊内不把它弄破，然后放在瓶子里封存好，运到阿拉伯地区，那么在质量上它与印度麝香毫无区别。"

**注释：**

[1] 此西拉菲（al-Sīrāfī）与《中国印度见闻录》（一译《苏莱曼东游记》）第二部分的所谓作者艾布·赛义德·哈桑·西拉菲是否为同一人，阙疑。但本段记述与《中国印度见闻录》中有关麝香的记述相似度极高。

[2] 中国大陆或中国陆地（Barr al-Sīn），这一词组在阿拉伯古籍中极为少见，其与现在阿语"中国大陆"的表达完全一样。

[3] 阿拉伯人称产麝香的动物为"羚"（Tibā'），中国人则称之为鹿，即麝鹿或麝香鹿。但《现代汉语词典》也说其"外形像鹿而小"。


30. 第 12 卷，第 11～12 页：

艾哈迈德·本·艾布·亚古布说：

"最好的麝香是吐蕃麝香，其次是粟特的，然后是中国的。而最好的中国麝香来自汉府，这是中国最大的城市和港口，穆斯林商人的船只都停泊在这里。然后中国麝香经由海路运往祖加格 [1]，在接近乌布莱时气味会发生一点变化。在这点上商人们瞒不过税务官。等麝香从船上卸下来，气味又会变好，没有了海腥味。

"然后是印度麝香，它从吐蕃运往印度，然后转运到戴布勒再从海路运出。它比前一种要差。印度的之后是金巴尔（Qinbār）麝香，这是一种好麝香，但它在价值、内质、色泽和气味上都逊于吐蕃麝香。

"质量上排在其后的是九姓乌古斯出产的麝香。这是一种分量很重的麝香，颜色偏黑，不容易粉碎，显得有些粗糙。接着是盖萨尔（Qasār）麝香，据说它来自位于印度和中国之间的一个国度。这种麝香也可能排在中国麝香之后，其价值、内质和气味都明显不如后者。"

**注释：**

[1] 祖加格（al-Zuqāq），原意为：窄道、胡同等。阿拉伯古籍中该词作为地名出现时通常指两个地方，一是直布罗陀海峡，一是指本文中的霍尔木兹海峡。

31. 第 12 卷，第 30～32 页：

伊本·艾布·亚古布说：

"排在加古莱[1]沉香之后的是占婆（al-Sanf）沉香。它来自中国附近一个叫占婆的国度，其与中国之间有一座无法行走的山。这是最好的沉香之一，放在布料中的时间最长。很多人更愿意选择加古莱沉香，认为它香味最为浓重，熏香效果最好，能保证烧到最后还有香味。散代福尔[2]沉香之后，是中国沉香。这种沉香颜色好，开始熏用时气味与印度的相似，只是烧到最后便不怎么样了。其中最好的是一种块状沉香，干湿适宜，气味纯正，是中国出产的，每一块的重量都在半磅上下。"

艾哈迈德·本·艾布·亚古布说：

"中国沉香中还有其他种类，比如曼塔伊（al-Mantā'ī）沉香，它块大，光滑，黑色，无结节，但气味不敢恭维，更适合做药材、药粉；还有玖拉比（al-Jullābī）沉香和莱瓦基（Lawāqī）也就是鲁金（龙编）沉香。这些沉香的价值都相差无几。"

泰米密说：

"也有人在中国沉香的排名上与艾哈迈德·本·艾布·亚古布完全不同。他们说最好的是中国沉香，其次是箇罗（Kalah）沉香。"

### 注释：

[1] 加古莱（Qāqullah），确切位置不详。作者在本段文字前写道："加古莱沉香来自加古莱海中的一些岛屿。"

[2] 散代福尔（al-Sandafūr），古代阿拉伯几位著名的地理学家，如雅古特、艾布·菲达、巴克利等，均未曾提到过这个地名。只有盖勒盖珊迪在《文牍撰修指南》中说其是中国的某一个地方。

32. 第 12 卷，第 36 页：

之后，还有阿特基（al-'Atkī）沉香，来自中国。这种沉香比较湿润，外观很好看，等级在占婆沉香之下。还有曼塔伊（al-Mantā'ī）沉香。至于那种叫作艾夫利格（al-'Aflīq）的沉香，也是来自中国。这种沉香块儿比较大，像风木[1]一样粗。1 麦纳（Mann，等于 2 磅）要卖一个金币左右。沉香实际上是树的外皮，其内心为一种像柳树一样的很轻的白色木头。放在炭火上烧烤，它最初气味非常好，但要用明火直接烧就会有一种屠户那里非常难闻的味道，像烧牲畜的毛一样。

**注释：**

[1] 风木（al-Khashab al-Rīhī），此为直译。阿拉伯人将空心的木头称为"风木"，因为风可从中穿过。

33. 第 12 卷，第 53 ～ 54 页：

有关哈里发们使用的佳丽雅[1]，艾哈迈德·本·艾布·亚古布说：

"取稀有吐蕃麝香 100 米斯加勒[2]，磨成粉后用中国细绸（al-Harīr al-Sīnī al-Safīq）筛之，然后再磨再筛反复多次，直到呈尘埃状。之后将其放入麦加石罐或中国瓷碗（Zibdiyyah

Sīnī）内，添加上等稀有肉豆蔻少许，并切入蓝色多脂希赫尔（al-Shihr）龙涎香50米斯加勒。将瓷碗置于文火上，所用之炭须无烟无味，以免有损本味，同时用金勺或银勺轻轻搅拌，以利龙涎香熔化。然后离火，温度不冷不热时将麝香等取出，用手小心拍打使之成为一体。之后存入一个金瓶或银瓶，瓶颈越细越好，或者是一干净的玻璃瓶，再用裹着棉花的中国丝绸瓶塞将瓶口塞紧，以免气味挥发。这是所有佳丽雅香料中最好的。"

**注释：**

[1] 佳丽雅（Ghāliyah），原意为：昂贵的。为阿拉伯古代非常有名的高级混合型熏用香料。名称来历是：有一次，伍麦叶王朝首任哈里发穆阿维叶（680年卒）遇到阿卜杜拉·本·加法尔（穆罕默德门弟子，700年卒），后者身上散发出的一种特殊的非常好闻的香味引起他的注意，遂问："你熏的什么香呀？"阿卜杜拉答道："麝香和龙涎香混合在一起，外加肉豆蔻油。"穆阿维叶听后说："够昂贵的啊！"这种香料从此得名。

[2] 米斯加勒（Mithqāl），古代阿拉伯重量单位，等于4.68克。

34. 第13卷，第222页：

关于法板和摩西五经降示的记述过程，伊本·杰利赫说：

"我听说，总共有12个部族的以色列人，在杀死自己的众先知、成为异教徒时，有一个部族没有同流合污。他们祈求真主宽恕并把他们同那些人分离开来。于是真主在大地上给他们开出一条隧道，他们走了一年半，终于从隋尼后面（Warā' al-Sīn）[1]走出。他们是正统的穆斯林，朝我们朝拜的方向朝拜。"

凯勒比 [2] 等人说：

"他们是隋尼后面（Khalf al-Sīn）日落之处、一条河旁的一个民族。这条河名叫奥兰河（Nahr 'Awrān）。他们中没有任何人获取不义之财。他们日落而息，日出而作，耕种自己的土地。我们中没有谁到过他们那里，他们中也没有谁来过我们这里。他们是信仰真理的。"

**注释:**

[1] 本段文字中两次提到"隋尼后面"，"后面"用词不同，位置应是一个。其应是宗教传说中一个叫"隋尼"的地方。国内有些宗教类书中将其译为"中国后面"，似有不妥。

[2] 阿拉伯历史上有对父子学者都以附名凯勒比（al-Kalbī）闻名于世。父亲穆罕默德库法人氏，卒于 763 年，为著名谱系学家、圣训学家、语言学家和历史学家。儿子希沙姆卒于 819 年，为历史学家和专门研究谱系学的学者，传于后世的著作有：《大谱系书》《谱系集成》《偶像书》。本文提到的凯勒比不知是指父子中的哪一位。

35. 第 14 卷，第 320 页：

他之后继位的是拉曼（Rāmān），在位约 150 年。后世流传着他与印度和中国国王们作战的历史和记述。

36. 第 14 卷，第 332 ～ 335 页：

麦斯欧迪说：

"关于突厥人及其起源，人们众说纷纭，我们在提到中国国王时已经讲过。他们在东方的左侧，分成若干王国，有戴伊莱姆、吉勒、泰伊莱珊[1]、鞑靼、拔汗那，以及包括麦勒开兹（al-Malkaz）、莱恩[2]、海宰尔、艾卜哈兹（al-'Abkhāz）、塞利尔[3]、库木舒克（Kumshuk）在内的法特赫山居民，还有延伸至泰拉布赞达（Tarābzandah）、玛尼特什和尼特什海（亚速海和黑海）、海宰尔海（里海）和保加尔[4]等地的亚美尼亚。

"阿木尔之子渡过巴勒赫河，前去比他们的人多很多的中国，他们分散在那里居住。其中有胡泰勒人，他们是位于布哈拉和撒马尔罕之间的海特兰（Khatlān）、沃尔赛南（Warsanān）、乌斯鲁舍那[5]和粟特的居民。此外还有拔汗那、沙什（石国）、伊斯比加布和法拉布的居民。他们建设了城市和村庄。还有一些与他们不同的人居住在荒野沙漠中，这些是葛逻禄和九姓乌古斯的突厥人。他们占据贵霜（Kūshān）城，它是呼罗珊和中国之间的一个王国。"

**注释：**

[1] 泰伊莱珊（al-Taylasān），位于戴伊莱姆和海宰尔（可萨突厥）附近、面积辽阔人口众多的一个地区。约656年阿拉伯人瓦利德·本·欧格拜（680年卒）曾征服此地。

[2] 莱恩（al-Lān），居住在大高加索山脉西北、达尔班德（Darband，今俄罗斯境内、里海西岸城市杰尔宾特）以西的一个民族。

[3] 塞利尔（al-Sarīr），古代位于莱恩和达尔班德之间的一个王国，由群山中的18个村镇组成。只有两条路通往外界，一条通海宰尔，一条通亚美尼亚。现在这一带称作达吉斯坦（Dāghistān）。

[4] 保加尔（al-Bulghār），指今保加利亚一带，保加尔人可视为保加利亚人的祖先。

[5] 乌斯鲁舍那（al-'Usrūshanah），即唐代昭武九姓的东曹国。

## 37. 第15卷，第132页：

第6位法老爱克萨米斯（'Aksāmis）照天体的椭圆形做了一个银质的球，上刻恒星图案，再把中国瓷釉[1]涂在这些恒星上，然后安装在曼夫[2]城正中的大灯柱上。

**注释：**

[1] 原文为：Duhn al-Sīnī，确指不详，暂译中国瓷釉。这个词组，是由两个名词组成的正偏组合。前一词意为香膏、油脂，可引申为油膏、油漆。人们知道，孟菲斯是古埃及早期王朝的都城，距今已有四五千年的历史，当时的法老究竟用何种物质涂抹在银质物件上，也许很难确考了。但根据这段记述，我们至少得知它与瓷器相关，而这种瓷器是"中国的"。

当然这是生活在十三四世纪的本书作者的用语，古埃及的象形文字是如何表述的就更是一个谜了。

[2] 曼夫（Manf），即古埃及都城孟菲斯。

38. 第 15 卷，第 155 页：

凯胡斯洛命一员大将从紧靠中国的地区发动进攻，并为其调集 3 万兵士，从可萨突厥方向驰援另一员大将朱兹鲁兹。他命令他们从朱兹鲁兹所行之路和取道中国之路的另一队伍之间的一条道路前进。朱兹鲁兹从呼罗珊方向发动进攻，遇到盖伊兰（Qayrān），两军交战，杀得天昏地暗。朱兹鲁兹先是杀死盖伊兰的一个兄弟，接着又在战斗中将盖伊兰杀死。

39. 第 15 卷，第 192～193 页：

当科斯鲁艾努希尔旺 [1] 取得了这一系列胜利后，各地国王都惧怕于他，纷纷遣使求和。罗马国王的使者前来进贡时，看到他的王宫里一个本应笔直对称的地方拐了一个弯儿，便问道：

"这里为什么要拐弯儿呢？"

"是这样的，"在场的人告诉他，"在这个拐弯处旁边住着一个老太太，国王想让她把这住房卖给他，出多少钱都行，老太太不干。国王也不记恨她，就让那房子像你看到那样留下来了。"

"此弯胜于直啊！"那罗马人感慨地说。

中国国王修书给他，信的开头是这样写的：

"中国国王——其居所为明珠珍宝建造的宫殿之王，其宫中有两条河流出浇灌沉香树和樟脑树（al-Kāfūr）之王，其身上香气可散发至两波斯里以外之王，由一千个国王的女儿侍奉之王，其辖区内有一千头白象之王——致他的兄弟科斯鲁艾努希尔旺。"

中国国王还送给他一大批礼物。

**注释：**

[1] 艾努希尔旺（'Anūshirwān），萨珊王朝科斯鲁一世（531—579在位）。以公正之王闻名于世。最著名的政绩是测量土地和税制改革。世界古典名著《卡里来和笛木乃》，就是在 6 世纪中叶奉他之命，由古印度语翻译为古波斯语，后又经伊本·穆加法编译为阿拉伯语，而流传至今的。

40. 第 15 卷，第 241 页：

艾尔赛塔塔利斯（'Arsatātālīs）给亚历山大大帝回信说：

"我明白你信中所说的关于波斯人的事情。杀死他们乃犯天下之大忌，况且即便你杀死他们，这块土地上照样会繁衍出和他们一样的人。巴比伦地区就是如此，那里正在生养出与他们前人一样有头脑、有看法、有本事的人。这样做，他们当然会成为你和你后人的死敌，因为你犯了一个民族的众怒。而把他们编入你的军队，对你和你的属下来说又是极其危险的。但我可以给你出一万全之策，用不着杀他们或怎么样。你可召见他们各个国王的儿子，经过筛选挑出适合为王者，任命他们为各自独立、互不隶属的国家或地区之王，这样他们就不会团结一致、共同行事了，自然也就都要听从于你的号令。"

　　亚历山大照他说的做了。事情办妥后，他穿越波斯进入印度，经过苦战杀死其国王。然后他进入中国，并在极北之地 [1] 巡转一遭后踏上前往伊拉克的归程，最终死在半路上的沙赫鲁祖尔 [2]，也有人说死在巴比伦的一个村庄。终年 36 岁，也有一些载籍说是 33 岁。

### 注释：

[1] 极北之地（al-Qutb al-Shimālī），与现代阿语之"北极"完全相同。

[2] 沙赫鲁祖尔（Shahruzūr），人们有时也读作希赫里祖尔（Shihrizūr）。古时哈马丹与摩苏尔之间的一个城镇，位于库尔德斯坦奥拉曼（'Awrāmān）山脉西侧，为一片美丽富饶的平原。

41. 第 15 卷，第 250 ～ 252 页：

米斯凯威[1]在其著作《各民族之经历》中讲道——

正确的传述是，当亚历山大到达中国后，他的侍卫长深更半夜向他通报说："有中国国王使者在门外求见。"

"让他进来吧。"亚历山大说。

使者进来站在亚历山大面前向他致意，并说：

"吾王希望我单独与你晤谈。"

亚历山大命其他人退下，只留下侍卫长。使者道：

"我此番前来，讲的话只能你一个人听到。"

亚历山大没有反对，命侍卫长搜身，后者未发现来使佩带任何武器，于是退下。亚历山大将宝剑拔出剑鞘，摆在使者面前，并道：

"你就站在原地，说你想说的吧。"

使者见只剩他们二人后，说道：

"我就是中国国王，不是他的使者。我来是想知道你意欲何求。只要我能做到，就是再难办我也一定尽量满足你的要求，以避免你发动战争。"

"你凭什么相信我？"

"我知道你是睿智英明的，你我之间既无敌意又无宿仇。

况且你肯定知道，杀死我不会导致中国人将自己的江山拱手送给你，杀死我也不会阻止他们另立新王，同时他们还会把你看作不仁不义之辈。"

亚历山大沉默不语，知道这是位有头脑的国王。过了一会儿，他说：

"我想要的，是你马上交出 3 年地租，今后岁入的一半归我所有。"

"还有别的吗？"中国国王问。

"没有。"

"我可以答应你。但你该问问我，如果那样做了，我的情况将会如何。"

"会怎么样呢？"亚历山大问。

"我将成为士兵杀死的第 1 个人，猛兽吃下的第 1 口食物。"

"那我收你两年的如何？"

"我的情况会稍好一点，宽松一点。"

"我收你一年的吧。"

"这样的话，我的王权虽得以保存，但我的所有享乐将会失去。"

"那我收你一年的三分之一，你的情况将会怎样？"

"如此甚好，六分之一给穷人寒士，其余的分给我的军队和应付王国其他所需。"

"我也只能对你让步到这里了。"亚历山大说。

中国国王向他表示感谢之后，离去。

次日太阳升起之际，中国国王率漫山遍野的人马将亚历山大的军队团团围住。亚历山大的部下本以为会平安无事，现在则因担心发生不测纷纷跨上战马准备迎战。正在这时，只见中国国王头戴王冠、骑着马出现在阵前。两军对峙，亚历山大看着中国国王以为他要开战，便冲他喊道：

"难道你出尔反尔不成？"

"不，"中国国王下了坐骑说道，"只是来而不往非礼也。"

"那这么多军队要干什么？"亚历山大问。

"我想让你知道，我之所以顺从你，并不是因为我人马缺乏、国力虚弱，只是因为我看到上天之星正照着你，而不是照着比你更强大、人马更多的人。凡与上天之星作对者必败。我顺从于你其实是为了顺从于它，屈服于你也是为了屈服于它。"中国国王回答说。

"像你这样的君王，是不该蒙受屈辱、不该向别人交纳地租的。"亚历山大说，"这样吧，我免除所有原先我向你要的东西，现在就离开你的国土。"

"你是不会蒙受损失的。"

中国国王说完，派人在他撤军之前送去比原先约定的多一倍的财物。于是亚历山大离开了中国。

**注释：**

[1] 米斯凯威（Miskawayah，1030 年卒），全名艾哈迈德·本·穆罕默德·本·米斯凯威，阿拉伯著名思想家和文学家，兼通哲学、医学和化学。在布维希（al-Buwayhī）王室中颇有势力。本文中提到的其历史名著，全名应为《各民族之经历与不间断之活力》（Tajārib al-'Umam wa Ta'āqub al-Himam）。该书在阿拉伯史学著作中占有重要地位。

42. 第 18 卷，第 357～358 页：

诗人沙格拉提希（al-Shaqrātīsī）有诗曰：

> 他让厄运留在沙姆不肯走，
>
> 努比亚只剩下被切断的手。
>
> 他取走伊拉克筋脉上的肉，
>
> 不给突厥留有能啃的骨头。
>
> 他让波斯除野兽一无所有，
>
> 阿比西尼亚只有败军残留。
>
> 他让中国从此无人再保佑，

罗马的箭没有目标可穿透。

43. 第 26 卷，第 96 页：

一个印度人来到舍哈布丁那里，告诉他渡口的位置。舍哈布丁相信了他，军队渡过河向印度人发动突然袭击，并将他们包围。打先锋的是侯赛因·本·哈尔密勒·古利，后来此人成了赫拉特的统领。他对印度人大开杀戒，直杀得他们晕头转向顾不上守卫其他渡口。这时舍哈布丁率其余将士过了河，将印度人打得落花流水，只有极少数人得以逃生，他们的女王也被杀死。自此舍哈布丁威震印度全境，各地国王皆表顺从。他将德里城赏给他的军奴（al-Mamlūk）大将古特布丁·艾伊拜克作封地。德里是他征服的印度诸王国的首都。他派穆罕默德·本·拜赫泰亚尔率兵又攻占了一些以前穆斯林从未到过的地区，一直打到东方接近中国边界的地方。这大概是伊历 583 年的事。

44. 第 27 卷，第 224～226 页：

关于此次战役，伊本·艾西尔在其名为《历史大全》的著作中之记述，与舍哈布丁·本·穆罕默德·蒙希[1]在其伟大的《历史》一书中的记述有所不同。现在我们既提及伊本·艾西尔转录的这方面内容，也提及蒙希转录的关于成吉思汗王朝的内容。我们之所以在此作出提醒，是为了避免认真的读者不要在发现这种分歧时，以为是本书的疏忽、谬误和混淆。

伊本·艾西尔是这样讲述的——

花拉子模沙在契丹做完那些事后——也就是说打败契丹一部并俘虏其先锋塔彦库后，其中脱逃者纷纷来到他们的国王那里。后者当时尚未参与战争。他们聚集在他的周围。当时有个非常大的鞑靼部族，早先离开位于中国边境的自己的国家，他们与契丹之间素有仇隙，常年交战。当花拉子模沙重创契丹军队的消息传到他们那里后，他们和他们的国王基什利汗都觉得这正是自己报仇的好时机。契丹王闻听此讯，派使者前去说服花拉子模沙，对他说：

"你侵占我们国家的土地和杀死我们的兵将，都可既往不咎。现在我们遇到这个强敌，如果他们战胜我们，占领了我们的国家，势必将对你造成威胁。所以最有利的办法是，你让你的军队与我们联合起来，共同打败他们。我们向你保证，如果我们战胜了他们，我们决不索要已在你手中的我们的土地，而只满足于现在我们手中所掌握的东西和土地。"

基什利汗也派使者前来对花拉子模沙说：

"这些契丹人既是我们的敌人，也是你们的敌人。所以请助我一臂之力，战胜他们。我们向你保证，如果我们战胜了他们，决不会侵犯你们的国土，我们只要他们原先的地盘和牧场。"

花拉子模沙分别回复两方："我将与你一起打击你的对头。"然后他让自己的军队驻扎在一个分不清对哪方有利的地点，以致两方都以为他是前来给自己助阵的。鞑靼与契丹交战，契丹惨败。这时花拉子模沙趁机向契丹人发动进攻，恣意烧杀掳掠。只有很少一部分人与他们的国王一起逃到突厥的一个地方，那里周围全是崇山峻岭，只有一条路可以进出。

**注释：**

[1] 蒙希（al-Munshī），在案头的工具书中未查到其生平简历，有两位叫蒙希的人，年代都对不上，只有本书作者在前文中顺带提到他是突尼斯人氏。从本段文字第 1 自然段可以看出，本书作者对蒙希的《历史》十分看重，甚至超过伊本·艾西尔的《历史大全》，他在关于"花拉子模沙和成吉思汗"这一关键章节中所引录的文字几乎都是出自蒙希的著作。

45. 第 27 卷，第 239～240 页：

素丹花拉子模沙离开伊拉克返回河外地区，到达撒马尔罕。此时成吉思汗的信使也到了这里，他们是麦哈穆德·花拉子密、阿里·海瓦杰·布哈利、优素夫·本·坎卡·艾特拉利。同时他们还携带了许多突厥的名贵特产,比如金属雕刻、叫做"海突"(al-Khatw)的枪杆、麝囊[1]、玉石和叫做"太尔盖瓦"(Tarqawā)的衣服。这种衣服是用白骆驼绒做的,一件就要卖到50金币以上。信的主旨是希望媾和、交好。来使们对他说:

"大汗(al-Khān al-Kabīr)向您致意,他要对您说的原话是:'你的显贵地位和强盛王权,我一清二楚,也知道你在世界大多数地区势力范围之广、统治权力之大。我认为与你媾和有百利而无一弊,你在我心目中就如同我亲近的儿子。想必你也完全清楚,我占据着中国,他们的各大部族皆臣服于我。你是再明白不过的,我的国家不仅有众多的兵将,还有丰富的银矿,但我们需要驼队将其运出。因此,如果你同意为双方商贾开辟一条相互来往的通道,那你将成为功德无量的造福者。'"

素丹听罢让使者退下,然后在深夜单独召见麦哈穆德·花拉子密,对他说:"你是花拉子模人,应当向着我们,和我们一条心。"他还许诺,如果他如实回答自己提出的问题,将让他享尽荣华富贵。他当场从王座上取下一颗非常名贵的宝石,作为他将遵守诺言的信物,条件是他要做自己安插在成吉思汗身边的眼线。花拉子密或出于贪财或出于恐惧,总之他答应了他的条件。于是素丹问他：

"你说实话，成吉思汗说他统治了中国并占领了图加吉[2]城，这是真的还是在骗人？"

"在这件事上，他说的千真万确。"使者答道。

"你是知道我统治的王国有多大、统率的军队有多少的，可这个该死的家伙竟然称我为儿子！他到底有多少军队？"

花拉子密见他面有愠色，到了嘴边的劝告又吞了回去，只好顺着他说：

"他的军队岂能与您的相比。您的若是一支马队，他的不过是一个骑兵；您的若是一片夜空，他的不过是一缕黑烟。"

后来，素丹最终还是答应讲和，情况也就暂时稳定下来。

**注释：**

[1] 麝囊（Nawāfij al-Misk），古人显然认为将麝羚或麝鹿的产麝腺囊全部割下，能够证明麝香的原装和保持其香味持久纯正，因此其价值比可能掺有杂质甚至掺假的麝香更贵重。

[2] 图加吉（Tūghāj），阿拉伯古籍中更多地写作：Tamghāj，偶尔也写作：Tafghāj。其所指都是曾在中外学术界引起争论的"桃花石"或"唐家子"的那个地方。

46. 第 27 卷，第 301～302 页：

成吉思汗·铁木真是这个王朝的根基，是真正的主事者，也是使这个王朝闻名天下的人。这个王朝的其他国王都是他的子孙。他们占领了远近许多国家，降服了从中国到幼发拉底河以及邻近国家、地区、城市、要塞和城堡的酋长和首领。人们对成吉思汗的名字——铁木真，说法不一。有人说他原先是个铁匠，而铁木真在他们的语言中就是铁匠的意思。也有人说他出身的部落名称叫铁木真。

他们是中国和巾尼隋尼（Jīn al-Sīn）[1]沙漠里的居民。在他们的语言中，这个国家被叫作"巾尼和玛巾尼"[2]。穿越这个国家要走6个月的时间。那里有许多无人能逾越的高山，像城墙一样环绕着它。那里还有许多非常宽阔的河流。据说中国国王占有一道连成整体的城墙，只在有极高的山和很宽的河的地方才断开[3]。古时候中国国王统治的地方划分为6个部分。每一部分都要走1个月时间，每一部分都由一个"汗"（al-Khān）来统领，汗在他们的语言中就是"王"（al-Malik）的意思。这个汗统治居住在这个地区的百姓。这6个汗又归属于一个统一的汗，他是他们最大的王。他的驻地是位于中国大地中心位置的图加吉。他有避暑地和避寒地，夏天有夏天去的地方，冬天有冬天去的地方。

至于他后来为王，根据舍哈布丁·穆罕默德·蒙希以及其他人的说法是这样的——在统治中国王国的 6 汗中有一个叫都西汗（Dūshī Khān），而当成吉思汗出现时统管 6 汗的大汗叫同汗（al-Tūn Khān）。当时正赶上 6 汗之一的都西汗亡故，身后未留一子。他有个妻子是成吉思汗的姑姑，她想立他为都西汗的继承人。

**注释：**

[1] 巾尼隋尼（Jīn al-Sīn），即为其他阿拉伯古籍中的"隋尼隋尼"，显然由波斯语转化而来。至于原作者为何不写成"巾尼巾尼"，不得而知。

[2] 毫无疑问，此处"巾尼和玛巾尼"（Jīn wa Mājīn），即为其他阿拉伯古籍中的"隋尼和玛隋尼"。只不过此处作者似指整个中国，而其他古籍中有时指中国南部或西北部。

[3] 此句无疑是指中国长城。这在译者迄今见到的阿拉伯古籍中是唯一一次。根据前文，本书作者笔下的这段文字应是摘录自舍哈布丁·本·穆罕默德·蒙希的《历史》，虽然我们尚不了解蒙希的生平和他的这部著作，但我们至少知道了阿拉伯人最迟在 13 世纪末已经在他们的著作中提到中国的长城。如果蒙希的《历史》是一部失传的著作，那么本书的记载便更值得我们重视和珍视。特别是我们知道，无论马可·波罗（1254—1324）还是伊本·白图泰（1304—1377），在他们各自的游记中，均未提到中国长城。

47. 第 27 卷，第 306 ～ 307 页：

鞑靼人出征伊斯兰国家的起因，是成吉思汗当初遣使素丹阿拉丁·穆罕默德，给他送去礼物，于是双方达成和解，并开通了商人们往来于伊斯兰国家和中国之间的道路。直到后来成吉思汗的几位商人来到乌特拉尔[1]——它是素丹阿拉丁·穆罕默德所辖王国之一，当时该地有一个首领代素丹行使权力，他杀死了那些商人，将他们的钱财攫为己有。

**注释：**

[1] 乌特拉尔（'Utrār），雅古特在《地名辞典》该词条下说，乌特拉尔是位于阿姆河沿岸、法拉布（Fārāb，一译法腊勃，今乌兹别克斯坦境内）附近的一个大城市和大省区。

48. 第 27 卷，第 375 页：

乌兹拜克[1] 的使者来到我们的主人、埃及和沙姆之王、纳赛尔素丹[2] 门下。他们到达的时间是（伊历）713 年。他们给我们的主人带来一般商业贸易中从未见到过的东西。他在信上说，他向使伊斯兰教传遍从中国到极西之国的素丹表示祝贺。

**注释：**

[1] 乌兹拜克（'Uzbak），本书作者说他是成吉思汗建立的王国的第9 位国王。

[2] 此处应是指纳赛尔·穆罕默德·本·盖拉温（1293—1340 在位），马穆鲁克王朝著名素丹。曾三落三起（第 1 次登基时年仅 9 岁）。他所在时代是马穆鲁克王朝鼎盛时期。

第七章
其他文学典籍中的中国

# 《散珠集》

## ( Nathr al-durar)

**作者与作品简介：**

曼苏尔·本·侯赛因·阿比（al-'Ābī，1030 年卒），以其附名阿比闻名于世。中世纪阿拉伯著名文学家和史学家。祖籍波斯赖伊（现译雷伊，位于今伊朗首都德黑兰南郊）。著述极丰。主要著作有：《文学家的漫游》《赖伊志》和《历史》。作者同时代的阿拉伯大文豪赛阿里比（961—1038）称其《历史》一书"史无前例"。作者曾被当年赖伊的统治者任命为宰相，所以后人也称其为历史上的"宰相著作家"。

《散珠集》是其代表作，属文学类作品，包括文人传记、作品摘录和文坛趣事，以及阐述文学观点的演说词等。原作4卷，约合中文 400 万字。

译文所据版本为埃及图书总局古籍校勘中心 1985—1990 年版 8 卷本。

1. 第 4 卷，第 284 页：

有人跟一个说书人开玩笑说：

"你行行好，帮某人还他父亲两个银币吧。"

他问："他父亲在哪儿呢？"

"在中国。"那人回答。

他说：

"在中国帮他还两个银币？！得了，他要在西拉夫 [1] 或杰纳拜 [2] 或土斯太尔 [3] 还差不多。"

**注释：**

[1] 西拉夫（Sīrāf），我国史称尸罗夫，为当年海上丝绸之路上的重要港口城市。

[2] 杰纳拜（Janābah），雅古特说此地是西拉夫附近靠海的一个小镇。

[3] 土斯太尔（Tustar），阿拉伯人对今伊朗西部胡齐斯坦省舒什特尔（Shūshitar）市的称谓。历史上曾是胡齐斯坦最大城市。

2. 第 7 卷，第 405 页：

某人对一位医生说自己消化不良，医生说：

"那你就吃点好消化的东西，不要吃鱼和肉。"

那人道：

"我要能吃上那些东西，我就不会得病了。"

有个人头疼，便给自己头上裹了桂皮（Dārsīnī）[1] 和胡椒。

医生看了说："难道你决心要当秃子不成？"

**注释：**

[1] 阿拉伯语"桂皮"一词由波斯语引入，原意为"中国木"。

3. 第 7 卷，第 411 ～ 412 页：

一位海商[1] 讲述说：

有一次我们备好货物准备从乌布莱出发去中国，当时船队已经集结了 10 艘船。大家都知道，去这样一个地方，一是不愿意有老弱乘客搭船，二是不愿意捎带别人的货物。正当我料理完自己的事情，冷不丁来了一位长者站到我面前。我们相互打了招呼。他说：

"我有件事想办，可求了其他商人半天，他们都不帮我办。"

"什么事儿呀？"我问。

"你得保证帮我办，我才说。"老人道。

见我答应了，他给我搬来一块差不多有100麦那[2]重的铅，并对我说：

"你一定得把这块铅带上，等你们到了'某某险海'[3]，你就把它扔到海里。"

"这叫什么事儿呀，我一辈子没干过。"我说。

"你可是答应过我的。"他说。

事已如此我也只好应承下来，并把此事写在日志[4]上。等我们到了老人说的那个地方，果然有狂风暴雨袭来，将我们吹打得晕头转向。我们忘记了自己，忘记了所带的东西，忘记了一切。我也把铅块的事忘得一干二净。最后我们终于驶出那个险海，来到中国的一个地方。我把自己带的货都卖出去了。这时有个男人过来问我：

"有铅卖吗？"

"没有。"我回答。

"等等，主人。"我的小伙计说，"咱们有铅啊。"

"我根本没带铅来。"我说。

"您忘了，那老先生不是交给您一块吗？"小伙计提醒我。

"对了，是有这么回事儿。"我总算想起来了，"唉，咱们没按他老人家说的去做，现在到了这儿，也只好把它卖掉，说不定他更高兴呢。"于是我吩咐伙计："你去把它搬来吧。"

经过和买主的一番讨价还价后，我把它卖了130金币，又用这笔钱替老人家购进了中国的各种珍奇货品。之后我们返航回到出发的城市。我把这批珍奇货品以700金币的价格售出。我照老人家给我留的地址到巴士拉去找他。我敲了他家的门，问他在不在，人们说他已经去世了。我问他是否有后人接受遗产，他们说只知道他有个侄子在海外某个地方，还说他的房产现在已是由法官亲自管理的"永远产业"[5]。我听后不知如何是好，只得带着这笔钱回到乌布莱。

有一天，正当我闲坐着的时候，一个人径直走到我面前，问道：

"你是——某某某——吗？"

"是的。"我回答。

"你曾经出海去过中国，是吧？"

"是的。"

"你在那里卖给过一个人铅，是吧？"

"是的。"

"你还认识这个人吗？"

我端详他一阵后，认出了他：

"原来那人就是你啊。"

"是啊。"他说，"我买下那块铅后，想从面上切下一块自己用，没想到它是空心的，里面装了12000金币。我把钱带来了，拿去吧，它是属于你的。愿真主保佑你。"

"你这讨厌的家伙。"我对他说，"以真主发誓，那钱根本不是我的。其实……"我把事情的经过给他讲了一遍。他听后微微一笑，说：

"你知道那位老人是谁吗？"

"不知道。"我回答。

"他是我的伯父，我呢，是他的侄子。他除了我以外没有任何继承人。他不想让我得到这笔钱，17年前就把我从巴士拉赶走了。不过不管他怎么想，真主让你看见了现在发生的一切。"

听完他这番话后，我把所有该给他的金币都给了他。他去了巴士拉，并在那里安居乐业。

**注释：**

[1] 海商（Tujjār al-Bahr），此为直译，应是指当年那些长期从事远海贸易的商人，不排除古代阿拉伯人以此特指通过海路前往东方尤其是中国从事贸易的商人。无独有偶，中国古籍中同样有"海商"一词，多指那些出海到今东南亚和阿拉伯等地进行贸易的商人。

　　[2] 麦那（Manā），古代阿拉伯重量单位，确切换算不详。只知等于 2 利特勒（Ritl 或 Ratl），现在一般译为磅。但各种词典对利特勒的注解不尽相同，有说等于 449.3 克的，这与现在欧美计量单位中的磅（pound=453.6 克）相差不多。按此计算，此处提到的那块铅，重量约为 90 千克，虽也偏大但勉强说得过去。也有说 1 利特勒等于 2564 克的，按此计算，那块铅约重 513 千克，不太符合常理。

　　[3] 此处"某某"为原文直译。"险海"原文为 Lujjah，《阿拉伯语汉语词典》注解为：海，汪洋。从词源看，有"海上掀起狂风巨浪"的意思，因此它可能指情况比较险恶的海域。

　　[4] 日志（al-Ruznāmaj），估计为波斯语，《阿拉伯语汉语词典》和《蒙吉德词典》均未收此词，只有 al-Ruznāmah，意为日历，应是从波斯语引入。本书校勘者在此加注释云："原抄本中只有'我把此事写在……'，经过考证我加上了这个词，因为根据《知识的钥匙》和《阿拉伯语史》两书中的记载，此人有将每天发生的事情写下来的习惯。"

　　[5] 永远产业（Mawqūf），原意为：被保留的或被扣留的。为伊斯兰教继承法中的术语，即某位穆斯林生前立下遗嘱，宣布自己的全部或部分财产不由子孙后代继承，而捐献给宗教慈善事业，一般由当地法官或清真寺长老管理。

# 《诗海遗珠》

## (Yatīmah al-dahr)

**作者与作品简介：**

赛阿里比（al-Tha'ālibī，961—1038），阿拔斯王朝著名文学家、语言学家和历史学家。本名阿卜杜·麦立克·本·穆罕默德·本·伊斯梅尔。祖籍内沙布尔。他之所以以赛阿里比闻名于世，是因为他原先的职业是裘皮裁缝，经常用各种狐狸皮缝制皮衣，而赛阿里比便是"狐狸的"之意。他留给后世36部著作，其中大部分都写得妙趣横生，包括《优雅的知识》《语言学》《成语集》《修辞的魅力》《文学的秘密》《我听到的最美好的》等。

《诗海遗珠》为书名的简称，全译应作《当代诗人中的旷世遗珠》（Yatīmah al-dahr Fi Shu'arā' 'Ahl al-'Asr）。该书是阿拉伯文学史上第 1 部按地区分类的诗人传记作品，共分 4 部（每部 10 章），分别是：1. 沙姆及周边地区，2. 布威希（Buwayh）王国，3. 吉巴勒、法尔斯、久尔疆和泰伯里斯坦，4. 呼罗珊和河外地区。该书生动详细地记述了与作者同时代诗人们的传记、作品和传闻故事，被视为阿拉伯文学和历史的经典名著。全书约合中文 180 万字。

译文所据版本为 http://www.alwaraq.com 电子版（访问时间 2005 年 1 月 10 日）。

### 1. 第 444 页：

艾布·杜莱夫 [1] 曾吟道：

不论是陆地和海洋，

无人比我们更豪强。

不论是中国和埃及，

人丁税都必须交上。

**注释：**

[1] 艾布·杜莱夫（'Abū Dulaf, 1000 年卒），本名米萨尔·本·穆海勒海勒，祖籍延布。当年布哈拉萨曼王朝宫廷诗人，也是著名的吟游

诗人。此处摘引的是其非常有名的赞美诗《萨珊颂》中的四句。他受到后人关注的更重要原因，是他一生酷爱旅行，曾周游东方列国，人称"杰瓦勒"——行者。特别是据说他曾陪同中国使团一起返回中国，并写下著名游记《诸国珍异记》，亦称《艾布·杜莱夫游记》。该书被认为是中世纪阿拉伯最具价值的地理典籍之一，比伊本·白图泰的游记要早3个多世纪。尽管后世学者认为他主要记述的是亚美尼亚和伊朗西北部的情况，但他的游记对于了解和研究古代阿拉伯人记述中的陆上丝绸之路，无疑具有重要意义。

2. 第 509 页：

艾布·哈桑曾吟道：

告诉世上所有的好人和坏人，

这可恶的长官总会带来背运。

让你两手空空离开中国国王，

就像从面团中拔出头发一根。[1]

**注释：**

[1] "从面团中拔出头发"，是一个阿拉伯谚语，意思是：干净利索，什么都没带走。此处诗人想表达的是，这个可恶的长官是个非常晦气的人，其程度已经到了让你见到中国君主都会空手而归。由此可见古代阿拉伯人认知中的中国君主，在馈赠外国来使来宾时是十分慷慨大方的。

# 《文人聚谈》

## (Muhādarāt al-'Udabā')

**作者与作品简介：**

拉吉布·伊斯法哈尼（al-Rāghib al-'Isfahānī，1108 年卒），本名侯赛因·本·穆罕默德·本·穆法代勒，以拉吉布闻名于世。祖籍伊斯法罕，定居巴格达。著名文学家和哲学家。主要著作有：《伦理》（亦称《拉吉布伦理》）《经注大全》《〈古兰经〉中的疑难词汇》和关于哲学、心理学的《两种开始的区分》等。

《文人聚谈》是作者最著名的文学作品，实际上是一部讲授各种知识的小型百科全书。全书约合中文 150 万字。

（本书译文所据版本为 http://www.alwaraq.com 电子版（访问时间 2005 年 2 月 10 日）。

1. 第 39 页：

关于书写的种类，凯勒比[1] 说：

"各民族的书写分为两种：一种是从右写，比如阿拉伯语和希伯来语；一种是从左写，比如希腊语和罗马语。凡是从左写的，都是分开的（Mafsūlah）。中国的书写方法是一种形象雕刻[2]。据说罗马国王说过：'没有什么比阿拉伯人的书法更让人嫉妒的了。'"

**注释：**

[1] 凯勒比（al-Kalbī，819 年卒），本名希沙姆·本·穆罕默德。阿拉伯著名历史学家和谱系学权威，并以研究贾希利叶时期阿拉伯人风俗见长。有《谱系大书》等名著传于后世。

[2] 此处原文为 Nuqūsh Tasawwur，"形象雕刻"为揣摩之译。也有中译者从其他文种转译阿拉伯古籍中类似说法为"汉文书法像一种图画"，这与大家知道的"汉字起源于图画记事"，基本吻合。

2. 第 66 页：

中国人是能工巧匠，擅长铸造、锻造、金属镂空（al-'Ifrāgh）、熔炼（al-'Idhābah）、使用各种奇特染料（al-'Asbāgh）、镟制工艺（al-Khart）、雕刻、绘画、书法、纺织，以及将所有能拿到的东西搞得适合在手中把玩。他们一心劳作，不知疲倦，因为他们是实干家。

### 3. 第 69 页：

关于各地国王的称谓：海兹西尔（Khazhīr），是阿非利加国王的称谓。科斯鲁，是波斯国王的称谓。恺撒，是罗马国王的称谓。叶格福尔 [1]，是中国国王的称谓。拜赫拉杰（al-Bahrāj），是僧祇国王的称谓。汗甘（Khāqān），是突厥王的称谓。赞比勒（Zanbīl），是海宰尔国王的称谓。艾斯法尔（'Asfar），是欧莱瓦 [2] 国王的称谓。卡比勒（Kābīl），是努比亚国王的称谓。艾斯拜希德（'Asbahīd），是杰拜勒（山国）国王的称谓。信民的领袖、哈里发、伊玛目，是穆斯林国王的称谓。土伯尔，是希木叶尔国王的称谓。

**注释：**

[1] 叶格福尔（Yaghfūr），其他阿拉伯古籍中更多写作拜格福尔（Baghfūr）或拜格布尔（Baghbūr）。一般被认为是波斯人对中国国王的称谓，意为"天子"。

[2] 欧莱瓦（'Ulawā），雅古特《地名辞典》和巴克利《疑难国名地名辞典》中均无此地名，个别写法相近的地名也都是非常小的地方。这是比较奇怪的，因为作者此处罗列的都是比较大的国家和地区。抄本有误，也未可知。此地君主的称谓"艾斯法尔"，阿语的意思是"黄色的"。

4. 第 392 页：

关于"以步度剑"的典故是这样的——

相传一个艾兹德[1]小伙子在穆海莱布面前显摆一把剑，对他说：

"大叔，你觉得我这把剑怎么样？"

"你的剑好是好，就是短了点儿。"穆海莱布回答。

"短了点儿？！"小伙子不太服气，"那你竖着跨一步量量！"

"大侄子，就是踩着蛇牙走到中国也比这一步容易啊！"穆海莱布说。

穆海莱布这么说不是因为胆小，他只是想造成一种形象。

后来有位诗人曾吟道：

> 如果宝剑短，勇敢把剑跨。
>
> 追剑杀向前，莫被剑追杀。

还有一位诗人吟道：

> 手中剑虽短，脚下大步跨。
>
> 阵前无所惧，痛快把敌杀。

**注释：**

[1] 艾兹德（al-'Azd），古代阿拉伯最著名的大部族之一，分支出

20多个部落。后因马里卜大坝坍塌，离开也门迁徙到其他地方。

### 5. 第589页：

关于各地的奇闻：在设拉子有一种苹果，一半极甜一半极酸。在盖尔米欣 [1] 附近有个叫卡尔坎的村庄，谁要是在生日那天夜里挖走这里的泥，然后把泥涂抹在自家院墙和房子上，就可以保证妖魔鬼怪进不来。在中国群岛，有一些巨蟒，可以吞下骆驼、牛和像驴一样的狒狒。在埃及有一种石头，谁手里拿着它谁就会呕吐，一直拿着就一直吐个不停。在占婆有一种石头可以浮在水上，黑檀树和希尔（al-Shīr）[2] 立在上面都没事。那里还有一种磁石可以吸住铁，但用蒜（al-Thūm）[3] 擦一擦就吸不住了。在中国的和田有很多石磨，下面的磨盘不停地转动，上面的磨盘却一动不动。在阿塞拜疆有一山谷，任何人都不能注视它。[4]

**注释：**

[1] 盖尔米欣（Qarmīsīn），古代位于尼哈万德（Nihwānd，今伊朗西部巴赫塔兰一带）附近的一个小城。642年阿拉伯军事将领努尔曼·本·穆盖兰曾于此地大败波斯人。

[2] 此处"希尔"一词所指不详。如为阿语，《阿拉伯语汉语词典》和《蒙吉德词典》都注解为：悬崖，峭壁。后一词典注解中说该词为古

叙利亚语。

[3] 多数中外学者认为蒜是由张骞从西域引入中国的，少数学者认为是从中国传入西域的。无论如何，蒜都可被认为古代丝绸之路物质文化交流的一个象征。其阿语发音 Thūm 与汉语发音 Suan，也是中阿双方外来语中对音最为近似的语词之一。

[4] 原文至此终结，作者并未提到如果有人看了这个山谷，后果将会如何。

## 6. 第 626 页：

黄鼠狼的样子像中国狗[1]，是最讨厌的专放臭屁的动物。它对着鳄蜥的洞穴放出臭气，鳄蜥被熏得受不了便会爬出来，于是就被它逮住吃了。它也被叫做"驱散快乐者"，因为只要它一放臭屁，其他动物便四下逃散。于是"黄鼠狼在他们中间放了屁"，就成了一个形容人们四散离去的谚语。

**注释：**

[1] 中国狗（al-Kalb al-Sīnī），如前所述，具体形状不详。阿拉伯古籍中多次出现黄鼠狼像中国狗的记述，或可得知这种狗的个头不是很大。

# 《王者的夜明灯》

## (Sirāj al-Mulūk)

**作者与作品简介：**

托尔托希（al-Turtūshī, 1059—1126），全名穆罕默德·本·沃利德·菲赫里·托尔托希。生于安达卢西亚的托尔托萨（今西班牙东部沿海城市），卒于埃及亚历山大。伊斯兰教马立克学派教法学家。专门致力于被称为"伦理文学"创作的文学家，是该文学流派的代表人物，著述甚丰。出游阿拉伯帝国东部地区麦加、伊拉克、埃及、巴勒斯坦、黎巴嫩等地的旅行家，并在沙姆地区居留一个时期。摈弃尘世一切、坚持长年苦修的著名苦行大师。主要著作有：《孝敬双亲》《诱惑》《世事与异端》等。

《王者的夜明灯》是作者最重要最有名的著作，由于他的大多数著作未能传于后世，因此更显珍贵。这是一部劝诫性的文学作品，也是阿拉伯古代伦理文学的代表作。共分为64章，每章一个专题，以各个民族各个朝代国王的故事传闻论述为王之道，旨在张扬前事不忘、后事之师的道理。文字简洁而不失优雅，故事短小而寓有深意，并穿插了很多富有哲理的诗歌，堪称一部雅俗共赏的佳作。与其他阿拉伯古籍最大的不同之处，其卷首有一页带原作者签字的题词："一个人读过此书而成为具有完美修养的人，并不奇怪；奇怪的只是：一个人读过此书而未能成为一个具有完美修养的人。"全书约合中文60万字。

译文所据版本为黎巴嫩埃及联合书局1994年第1版2卷本。

1. 第1卷，第9页：

我收集了他们各自传记中的嘉言懿行，特别是关于各地君王和各国贤哲的。我发现这主要集中在6个民族，即阿拉伯、波斯、罗马、印度、信德和信德印度（al-Sind Hind）[1]。至于中国的国王和贤哲之治国方略，则由于那里距离遥远、路途艰险，甚少传到阿拉伯地区[2]。而除却这些民族，再无具有玄远的哲理、透辟的才学和敏锐的头脑的人了。

**注释：**

[1] 信德印度（（al-Sind Hind）），确切地望不详。雅古特在《地名辞典》中说："信德是印度与克尔曼、锡吉斯坦之间的国家。也有人在克尔曼前加上木克兰（又作莫克兰，今伊朗莫克兰省一带），然后是图兰，然后是信德，然后是印度。"古代阿拉伯人所说"信德印度"，或应指信德与印度之间或附近的地区。作者将其与另五大民族相提并论，在阿拉伯古籍中较为少见。

[2] 本书校勘者在此句下加注云：另一抄本写作"甚少传到马格里布地区"。

2. 第 1 卷，第 223 页：

关于王者的秉性与准则，我们听说过这样的故事：

印度的一个国王耳朵聋了，他因听不到人们申冤的声音而为那些有冤屈者寝食难安。于是他传令下去：王国内除有冤屈者一律不得着红色衣服。他说："我虽双耳失聪，但我视力尚存。"就这样，但凡有人受了冤屈，便穿上红色衣服来到他的王宫前告状。他则明察秋毫，秉公断案。[1]

我们的教长说：

作为到过中国的人之一，艾布·阿拔斯·希贾济（'Abū al-'Abbās al-Hijāzī）告诉我那里国王们治国理政的、一个非常奇特少见的范例。他说："中国国王在自己居住的宅府内安置一口钟，上系一条锁链，锁链的头儿一直拉到大街外面，由其信赖的官员照看。有申冤者前来，便拽动锁链，国王便可听到钟声，召告状者进来申诉。每个拽动钟链的人，都要由看钟官亲自带着进见国王。

**注释：**

[1] 这个传说在阿拉伯古籍中经常将主人公写为中国国王。

3. 第 2 卷，第 481 页：

艾布·阿拔斯·希贾济是到过中国的人[1]，他告诉我说："印度有一座宝石山，那里有大地上体积最大的蛇，一条就能生生吞下一头整牛。没有人去过那座山，甚至连接近它都说不上。那里雨特别多，山洪暴发时会冲下来许多小石子和其他有用的东西，洪水把这些东西一直冲到需要几日路程的地方才停住。人们就在那些石子里寻来找去，一颗颗宝石就混杂在里边。

**注释：**

[1] 本书校勘者在此句后加注释云："另一抄本中写作'他到过印度和中国，最远至隋尼隋尼和中国大地'。"其中"到过"一词，原文为：Dawwakha，直译应为：征服、打败。校勘者认为该词此处的意思是：去过那里并了解它，知道它的道路。

4. 第 2 卷，第 500 页：

关于国王与国库，除了涉及诸先知、诸使者和四大哈里发外，还将涉及印度、中国、信德等各地国王和罗马的一些国王。国王们一般都背着臣民储蓄金钱，以备不时之需。这些我们在前一章已经讲过。诸使者和他们之后的诸哈里发则不储蓄金钱，而是将其消费掉，他们把金钱用于臣民，而且非常慷慨，因为臣民是兵士和卫士。[1]

**注释:**

[1] 此段文字后，作者并未像其所说的那样再次提到中国。

# 《智者录》

## ('Akhbār al-'Adhkiyā')

**作者与作品简介：**

　　伊本·焦济（1116—1200）生平可参见《历代民族与帝王史通纪》。本书为作者多达 300 余部著作中较为知名的作品，记述了历代所谓聪明人的各种故事传闻，被认为是一部能够启迪人们智慧的雅俗共赏的佳作。作者还有一部相对应的著作，名为《傻瓜蠢材录》（其中未提到中国）。两部著作一般都被列为文学作品，细分或应属于传记文学作品。古代阿拉伯著作家喜欢给各色人等立传，包括：先知先贤、帝王将相、文人学者、诗人墨客、法官教师、医生哲人、能工巧匠、歌手舞师、商人海员，勇士懦夫、侠客奇人、行者隐士、恋人情种、聋子哑巴、棋手赌徒、酒鬼疯子，以及占卜算命的、装神弄鬼的、乞讨要饭的、拦路打劫的、诈骗行窃的等等。其中自然也少不了伊本·焦济笔下的智者与傻瓜。

译文所据版本为 http://www.alwaraq.com 电子版（访问时间 2014 年 11 月 1 日）。


　　1. 第 79 页：

我们以前讲过，有个叫舍米尔·祖吉纳赫的也门土伯尔来到撒马尔罕。他将该城包围却久攻不下，于是在四周布下哨兵，终于抓到一个城里边出来的人。此人有心投靠，便告诉他城里的情况，说：

"要说这里的国王，那是个天下最大的傻瓜，除了吃喝就是和女人睡觉，其他什么都不干。他有个女儿，实际上管事的是她。"

舍米尔遂让他带上礼物回城，并对他说：

"你告诉这个女人，我不是来抢夺钱财的，我有 4000 大箱金银想存放在她这儿，然后我即前往中国。假如我拿下那片土地，她要做我的女人；假如我战死沙场，所有的钱财都归她。"

那女人听到来报，说道：

"我答应他了。让他赶快把钱送过来！"

于是舍米尔给她运去4000个大箱子，每个箱子里藏两个人，并约定以打铃为号。等他们进了城，他敲响铃铛，士兵们从箱子中跃出，迅速占领城门。他攻入该城，杀死城里居民，将城市洗劫一空。然后他向中国挺进。

# 《文牍撰修指南》

（Subhu al-'A'shā Fī Sinā'ah al-'Inshā ）

**作者与作品简介：**

艾哈迈德·本·阿里·盖勒盖珊迪（al-Qalqashandī，1355—1418），埃及著名历史学家和文学家。生于埃及的盖勒盖珊戴地区。先在本地学习，后前往亚历山大拜师求学，专攻伊斯兰教教法学。学业有成后，任职于埃及素丹拜尔古格（1382—1399 在位）的公牍局（Dīwān al-'Inshā），为期 10 年。这是阿拉伯历史上诸多王朝均有设置的、专门负责起草撰写政治外交等方面公文和信函的机构。除本书外，作者流传下来的著作尚有在阿拉伯古籍中具有重要影响的《阿拉伯部落记闻观止》，以及《阿拉伯人谱系观止》《历史上的哈里发》和《亮丽品格中的耀眼星辰》等。

本书是使盖勒盖珊迪名垂青史的代表作，书名直译应为《文牍写作中夜盲症患者的清晨》。作者在公牍局任职期间，眼界大开，意识到公文的撰写不仅仅是实践中的摸索，也需要学习研究前人经验。他是一位有心人，利用担任宫廷文书的便利，将所能见到的公牍局保存的文稿全部通读并精心辑录，经过15年的积累与研究，终于完成了这部巨著。其涉及面之广、门类之细，令人叹为观止。主要包括以下内容：论述文书应该掌握的知识——大到各国文化，小到书法、纸张、墨水；自伊斯兰教诞生至作者生活年代各地王国的位置、边界、道里、物产；马穆鲁克王朝时期公文信函范本；各地君主帝王称谓，外交文书开头、结尾格式和官方术语的使用，以及几百封与欧洲、非洲和亚洲国王们的往来信函——此部分被后世学者认为是作者对阿拉伯历史乃至世界历史的最大贡献。全书以谈论邮政史、信鸽、灯塔和预报敌人行动的烽火狼烟结束。

阿拉伯学者一般将此书归于文学类古籍，但毫无疑问这是一部名副其实的百科全书式的著作，更有当代学者称其为"自阿拉伯民族有文字记载以来到作者生活时代，有关文学、历史和社会学的最全的百科全书"。本书首先由欧洲的东方学家摘译其中部分内容公之于世。19世纪初期埃及有关方面正式出版全集，校勘工作长达10余载。它在学术界引起的轰动和重视可想而知。全书14卷，约合中文700余万字。

译文所据版本为埃及图书总局1985年版16卷本。

1. 第1卷，第17页：

埃及东面——包括东南和东北方向——的王国和地区有：……，称之为"大汗"的君主手中包括契丹地区和中国在内的一部分地区，以及其以南的巴林地区，还有也门和位于印度海群岛中与中国相接的印度诸王国。

2. 第1卷，第368页：

中国——隋尼，其读音人们都知道。一说他们是努哈之子雅非斯之子马古格（Māghūgh）之子隋尼依部族的人，一说他们是雅非斯之子突巴勒（Tūbāl）部族的人。

3. 第2卷，第80页：

关于禁食的飞禽，包括凤凰（al-Samandal）。这是中国和印度大地上的一种飞禽，其特性是不怕火烧。以至于据说它是在火中下蛋和孵育，并以在火中居留为享受。它的羽毛可用来做手帕，如果脏了可以放入火中，火会将脏东西烧掉，而其本身却丝毫无损。

4. 第 2 卷，第 113 页：

第 10 类宝石有水晶，出产于不同地区，其中有阿拉伯地区的希贾兹，这是质量最好的。其次为中国出产的。在法兰克也出产一些上等水晶。亚美尼亚有一些水晶矿，那里水晶的颜色偏黄。

5. 第 2 卷，第 116 页：

第 12 类宝石中有动物体内的鹿宝[1]，是一种轻脆的石头，最初形成于中国边境地区一种人称赤鹿（al-'Ayyal）的动物体内。那里的这种动物吃蛇，它已习惯将蛇作为自己的食物，因此形成这种石头。各地的人对此说法不一，有说形成于这种动物吃蛇时流出泪水的泪道内，开始很小，渐渐变大，然后在它擦痒时便掉落下来；有说形成于它的心脏内，因此它被人捕捉宰杀以将石取出；也有说形成于它的胆囊内。

## 注释：

[1] 鹿宝，原文为 Bādizahr，《阿拉伯语汉语词典》注释为：牛黄，马宝。因作者称其出自赤鹿体内，故译为鹿宝。中医药材中被誉为"三宝"的牛黄、马宝、狗宝，指的都是这些动物体内尤其是肠胃内的结石。

6. 第 2 卷，第 119～121 页：

据说这种产出麝香的羚羊生活在中国及其周边地区。中国麝香属于第 3 等，之所以级别低，是因为那里的牧场相比之下逊色一些，同时由于海运时间长，它会受到潮湿海风影响而霉腐。最好的中国麝香来自汉府。这是中国最大的城市，穆斯林商人的船舶在此泊靠，再由此入海驶往波斯海，临近乌布莱时，它的气味会挥发一些。当从船中卸出时，它的气味会变好，因为已经没有海的气味。

第 4 等是印度麝香，从距离上说比中国近，但它比中国麝香等级低的原因，是麦斯欧迪所说的："它被运到印度后，当地的异教徒将它涂抹在自己的偶像上，并且年复一年地用好的麝香替换，于是偶像看护者便将用过的拿去出售。由于涂抹在偶像上的时间很长，所以香味便差了许多。但是穆罕默德·本·阿巴斯还是宁可选择印度的而不要中国的，因为海运的距离毕竟近了不少。"

第 5 等是金巴尔麝香，它出自中国附近一个叫作甘巴尔的地方。

第 7 等是盖萨尔麝香，它出自中国和印度之间一个叫作盖萨尔的地方。

### 7. 第 2 卷，第 128～129 页：

第 8 等是中国沉香。来自中国的沉香色泽很好，气味与印度沉香相似，但它燃烧后的香味就不那么好了。每块中国沉香的重量在半磅上下。

第 9 等是来自中国的块状沉香，是一种湿度适中、香味纯正的沉香。还有一种来自中国，叫阿特利（al-'Atlī）的沉香。它很硬很轻，外观十分好看，但在火中特别不禁烧。还有一种叫艾夫利格（al-'Aflīq），也是来自中国。

### 8. 第 2 卷，第 191 页：

在无枝梗植物中有中国西瓜（al-Bitīkh al-Sīnī）。

### 9. 第 2 卷，第 485 页：

中国人在一种他们用干草（al-Hashīsh）和青草（al-Kala'）

制造的纸上写字，人们从他们那里学到造纸术。印度人在白绸上写字，波斯人在鞣制过的水牛、羊和野兽的皮子上写字。他们也在一种叫做鲁哈夫的白石板、铜铁、无叶的枣椰树枝、骆驼和羊的肩胛骨上写字。

10. 第4卷，第479页：

关于中国，《列国志》（Taqwīm al-Buldān）作者艾布·菲达说："中国西交印度，南临印度海，东濒环海，北接雅朱者和马朱者以及其他一些我们并不了解的地方。"几位《道里邦国志》[1]的作者，提到中国很多大小地区与河流，我们无法确定它们的名称，也不了解那里的真实情况，因为没有从那里回来的人，让我们打听那里的情况，所以它对我们来说简直就是一个未知的地方。

撒马尔罕人谢里夫·塔吉丁·哈桑·本·贾拉勒是一位旅行家，游历世界各地，他到过中国，并走遍了那里每个地方。《各国道里》的作者引录他的话说："中国有1000个城市，其中很多我都去过。整个中国由一个个城镇和一个个村庄的建筑连接起来。这个王国的京城是汗八里。"伊本·赛义德说："汗八里是位于契丹最东部的一个城市，也是契丹人和商人们最津津乐道的城市。其规模之大远远超出人们的想象。"《各国道里》的作者引录谢里夫的话说："汗八里城分为两城，即新城和老城。新城名叫大都（Daydū），该城由最近的一个名叫大都的国王所建，因此得名。大汗居于该城正中一座规模巨大的宫殿里，这个宫殿叫作库克塔格（Kūk Tāq）宫。其蒙古语的意思是绿宫，因为在他们那里库克的意思是宫殿，塔格的意思是绿色。王公大臣的居所在宫殿周围。这是个非常美好的城市，食物繁多，价格低廉。冬天，水会结成像雪一样的冰。人们将冰一直保存到夏天，好用它来使水变凉，就像用雪让水变凉一样。有一条河穿过我们所说的大都。"

那里有多种水果，只是葡萄很少，没有可以用来做糖的橙子、柠檬和橄榄。农作物很多，还有数也数不清的各种驼、马、牛、羊。

此外中国还有很多名城。其中有：

盖拉古姆（Qarāqūm）。《列国志》作者说："这是一个位于突厥地区最东部的城市。其在突厥语中意为黑沙，因为盖拉在他们那里意思是黑色，古姆的意思是沙子。大汗的兵马大多驻扎于此。此地出产名贵布料和各种精致器具，人们堪称能工巧匠。"

汉沙（al-Khansā'，通指杭州）。《列国志》作者说："听一个我们国家的旅行家说，汉沙是当时中国最大的港口，我国商人到达那里就结束了旅行。谢里夫说，汉沙长 1 日路程，宽半日路程。城市中间，有一集市贯穿全城。市场都铺有地砖，高达 5 层，均用木头和钉子建造。城中百姓十分节俭。他们饮井水，常以水牛鸡鹅之肉为食。有稻米、香蕉、甘蔗、柠檬和少量石榴，价钱适中。羊和小麦较为少见，马匹仅头面人物才有，骆驼绝对没有——假如城里出现一匹，人们便会大惊小怪。"巴格达人赛德尔丁·阿卜杜瓦哈布·本·哈达德说他去过汉沙，并描述了该城建筑之宏伟和物产之丰富。《各国道里》作者引录他的话说："那里的人以蓄养众多婵女姬妾为荣耀，有的商人或其他人一人便有 40 个妾。"

刺桐（al-Zaytūn，通指泉州）。《列国志》作者引录一位可靠的旅行家的话说："这个城市的名称与阿拉伯语中可以榨油的橄榄一词相同。它是中国的一个港口。"伊本·赛义德说："这是一个旅行到中国的商人常常挂在嘴头的著名城市，位于一个海湾内，从那里船只可以驶入中国海，海湾出口处有一条河。"《各国道里》作者引录谢里夫的话说："刺桐城濒临环海，是最后一个有人烟的地方，距离京城有 1 个月的路程。"

西拉（al-Sīlā）[2]。《列国志》的作者说："这是中国最东部的一个城市，位于第 1 区之外偏南方向。"《法典》（al-Qānūn）一书中说："其长 60 度，宽 5 度，位于东方中国的最前端，一如西方海中的永恒群岛（al-khālidāt，今加那利群岛）。所不同的是，西拉是有人烟的，永恒群岛则没有。"

杰木库特（Jamkūt）。《列国志》作者说："这是东方有人烟的最远的一个城市，位于 7 区中第 1 区之外偏南方向。它在东方尽头，就像永恒群岛在西方尽头一样。杰木库特东部从无人烟。"《方圆》（al-'Atwāl）一书说："此城位于赤道上，宽度无限。"

此外还有一些书中提到的、方位无法确定的其他城市，其中有：

延州城（Yanjū）。其位置是 7 区中第 2 区。《法典》作者提到："此地大王的称谓一直是泰木加吉（Tamghāj，又译桃花石和唐家子，多指地名）。"

汉古城（Khānqū，疑为汉府）。《列国志》说："它是中国的门户。"伊本·赛义德说："它的位置在哈姆丹河[3] 以东。"伊本·胡尔达兹比赫说："它是最大的港口，有各种水果、蔬菜、小麦、大麦、稻米、葡萄和甘蔗。"

汉州(Khānjū,疑为汉府)。位于7区第1区的一条河的河畔。《法典》里说它是中国的门户。

苏塞城(Sūsah)。《列国志》作者说："这是一座人烟稠密，商人众多的著名城市。出产中国任何其他地方都无法与之相比、无法取而代之的陶器。它位于哈姆丹河东侧。"

**注释：**

[1] 古代阿拉伯史地学家编写了几十部同类著作，书名都是《道里邦国志》，其中以伊本·胡尔达兹比赫、伊斯太赫里、巴克利和伊本·豪盖勒的4部最为著名，也最具权威性。

[2] 西拉，中外学者一般都将其考证为今朝鲜一带，理由大致有二：一是对音与朝鲜古称新罗相近；一是诸多阿拉伯古籍中都说此地盛产黄金，连马嚼子狗链子都是金子做的，穆斯林来到此地大都乐不思蜀，居留下来，而朝鲜确有丰富的金矿。

[3] 哈姆丹河（Khamdān），有学者认为哈姆丹指西安府，称该河为西安府江；有学者认为指黄河；此处因提及汉古，又疑似指今珠江。

## 11. 第5卷，第10～11页：

宰比德（Zabīd）[1] 是也门的港口，商贾们的落脚之地，自土伯尔时期至今都是一个贸易城市。往来于希贾兹、信德、印度、中国和阿比西尼亚的船只都在此停靠。各国商贾在这里转运、出售、采购各种货物。

**注释：**

[1] 也门历史名城。雅古特在《地名辞典》中说："宰比德原先叫侯塞布，后又被人称为瓦迪，是哈里发马蒙时代一个非常兴旺的也门著名城市，出了很多名人。"这个古时中国商人经常落脚的繁华城市，今天已是也门荷台达和塔伊兹之间公路上、距海岸线很远的不很知名的城市，由此可见沧海桑田之变化。

12. 第 5 卷，第 77 页：

伽迈隆（Qāmarūn）山脉是印度和中国之间的屏障。

13. 第 5 卷，第 81 页：

盖马尔岛出产以该地命名的盖马尔沉香，其等级比占婆的要低。岛上的盖马尔城长 66 度，宽 2 度。其东面是中国群岛。

14. 第 5 卷，第 84 页：

素丹比戴利，有纺织制衣局，织工裁缝共计 4000 人，用各种布料制作礼服和平时穿的各类衣服，同时也使用从中国、伊拉克和亚历山大运来的衣料。

15. 第 5 卷，第 87～88 页：

想从陆路前往信德和印度的人，须穿波斯海到达霍尔木兹，然后转道克尔曼前往信德、印度和中国。想走海路者要从巴士拉的乌布莱出发，然后到达布林（Bullīn）。想沿海岸线走的人，由此前往巴斯（Bās），然后到达塞兰迪布（今斯里兰卡）。想去中国的人，须在布林调整航向，将塞兰迪布置于自己左方前往兰凯巴鲁斯岛（今尼科巴群岛）。

**16. 第 5 卷，第 89 页：**

舍哈布丁·艾布·穆扎法尔，在印度占领了他之前任何伊斯兰国王不曾占领的大片土地，他将印度首府德里城作为采邑封赏给他的军奴艾比克。后者派兵占领了之前穆斯林未曾到过的印度领土，直至接近中国。

**17. 第 5 卷，第 420 页：**

伦拜尔迪亚王国包括朱莱曼国（Jūlamān）。由此前往东方的旅行者，会到达过去大汗的首府盖拉古姆，它位于中国。由此西行者，会到达罗斯 [1] 和法兰克。

**注释：**

[1] 罗斯（al-Rūs），即现今通译之俄罗斯。

18. 第 9 卷，第 114 页：

某国王收到的礼物中，包括中国鹅和中国鸭。

19. 第 13 卷，第 340 ～ 341 页：

这一书写形式的保函[1]，是由一位名叫穆罕默德·本·穆卡莱姆的人，在其著作《聪明人的传记》中记存下来的。他是曼苏尔王朝公牍局的一个文书。他是以曼苏尔的名义，为希望前来埃及的中国、印度、信德、也门、伊拉克和罗马等地的商人，撰写保函的。

保函正文中有以下文字：

凡得到此函的居住在也门、印度、中国、信德等地的商人，即可准备动身前来埃及。他将看到我们做的比说的更多，他将发现他遇到的忠诚和善行比这些保证更多，他将来到一个生命财产能够得到充分保障的国度。

**注释：**

[1] 作者辑录的是一封官方"保函"（al-'Amānāt）的范本，原文较长，仅节译两段提到中国的内容。此处的保函带有今天所谓签证的性质，无疑在中阿两大民族的交往史上具有重要意义。

# 《纸叶的果实》

## (Thamarāt al-'Awrāq)

**作者与作品简介:**

伊本·希杰（Ibn Hijjah，1366—1433），本名艾布·伯克尔·本·阿卜杜拉，祖籍叙利亚哈马。青少年时曾以做丝绸衣服和缝制纽扣为业。14 至 15 世纪阿拉伯最著名的大文豪之一，也是位造诣极深的诗人，并以游刃于韵文和散文两种文体而著称。长期居住在哈马，曾前往开罗访学，与当地学者切磋，并与国王们建立了联系。此公性情豪爽，道德文章皆为后人称道，但据说在文学创作中时有故弄玄虚的炫才倾向。著述颇丰，主要有：关于藻饰修辞的《文学宝库与赏读观止》、关于国王礼俗和王室公函的《文牍咖啡》（Qahwah al-'Inshā'，鉴于现代

阿语中咖啡一词古代也有酒的意思，或也可译为《文牍佳酿》》
以及韵文集《哈马城水果中的诱人果实》和《了解动植物与非
生物的终极》等。

《纸叶的果实》是一部著名的文选集，其与众不同之处在
于作者在序言中明言："我不想让这部集子成为普通百姓人人
都能接受的书，而是想以此证明自身坚实的文学功底，并证明
自己作为埃及与沙姆诸国公牍局总主持的实力。"因此他在收
录历代文史大家作品的同时，也将他本人的创作与研究精华加
入其中。全书约合中文 50 万字。

译文所据版本为 http://www.alwaraq.com 电子版（访问时
间 2010 年 1 月 10 日）。

1. 第 64 页：

我从苏勒旺·穆塔（Sulwān al-Mutā'）的奇谈中选出的是：

人们说，当萨布尔·本·霍尔木兹（Sābūr Ben Hurmuz）
决意进入罗马国微服私访时，他的臣属幕僚为防不测，纷纷劝
他不要这样做。他用棍子打了他们一顿。

萨布尔前往罗马国，陪同他的是一位两朝元老，不仅是他
的大臣也是他父亲的大臣。此公足智多谋，果断干练，了解各

种宗教，掌握各国语言，对各种知识更是烂熟于心。两人先往沙姆方向走。大臣乔装打扮穿了一身修道士的衣服，一路上讲着当地人的语言。他曾专攻外科医术并做过医生，随身带着中国药膏[1]。这种药膏涂抹于外伤能使创口迅速愈合。在去往罗马国途中，这位大臣一直为人们治疗外伤，除了别的药每次都用一点点这种药膏，屡见奇效。如果遇到某个患有先天皮肤病症的人，他也如法炮制，而且很快就能治好。虽然这要用去不少药膏，但他分文不取。一时间他的名声传遍罗马国。

**注释：**

[1] 中国药膏（al-Duhn al-Sīnī），尽管其中"药膏"一词按词典的注解只是油膏或香膏之类，并无"药"的意思，但根据所述内容无疑是一种药膏，而且疗效神奇。中国药膏是只见于传说还是确有其物，不得而知。

# 《风趣万种》

## ( al-Mustatraf Fī Kull Fann Mustazraf )

**作者与作品简介：**

伊布沙依希（al-'Ibshayhī，1388—1446），本名穆罕默德·本·艾哈迈德·本·曼苏尔。中世纪埃及著名文学家。生于埃及西部一个叫伊布沙威亚（'Ibshawyah）的村庄，因此以附名伊布沙依希闻名于世。曾多次前往开罗游历访学。除本书外，其著作尚有：劝诫类作品《花环》《通晓者的晓示与明眼人的眼光》和未完成的《信函写作技巧》等。

《风趣万种》，书名直译应为《每个有趣门类中的趣事》，为作者最知名的著作，属以文学、历史题材为主的文选类作品。全书共分84章，每章分若干小节，可谓门类齐全，名目繁多。

比如第 39 章, 分背叛、变节、偷盗、窃贼、敌意、仇家、嫉妒等。
作者将前人作品中的趣谈趣事趣闻尽可能搜录于一书, 被后人
称为"书中之书, 文学之库"。此书出版者甚至在前言中说:"此
书在阿拉伯典籍中的地位, 绝不逊色于伊斯法哈尼之《歌诗》、
泰伯里之《历代民族与帝王史》和伊本·西那之《医典》。"
话虽或有夸张之嫌, 但此书在阿拉伯古籍中的地位由此可见一
斑。全书约合中文 80 万字。

译文所据版本为贝鲁特伊赞丁出版机构 1991 年第 1 版 1
卷本。

### 1. 第 150 页:

关于谨言, 人们说:

"话语使人成为枷锁下的俘虏, 说出任何话都将被话所束
缚。"

据说, 有 4 个国王聚在一起交谈。波斯国王说:

"我没有一次为没说出的话后悔, 倒是有很多次为说出的
话后悔。"

罗马国王说:

"我应付未说出之语的能力, 要比应付说出之语的能力强

得多。"

中国国王说：

"我是未说出之语的主宰，一旦说出它就成为我的主宰。"

印度国王说：

"奇怪的是，不利的话，人一旦说出必定有害；有利的话，人一旦说出即便无害却也无益。"[1]

**注释：**

[1] 阿拉伯古籍中有关 4 个国王谈论"祸从口出"的记述，出现次数较多，内容大同小异，其中有些词语和表述不尽相同，哪个国王讲了哪句话也有差别。

2. 第 432 页：

艾布·努瓦斯[1]有两枚戒指，一枚是玛瑙（'Aqīq）的，上写：

主啊我犯的过错确实很大，

但您的宽恕肯定更大于它。

另一枚是中国铁[2]（Hadīd Sīnī）的，上写：万物非主，唯有真主。他临死前嘱咐说把这枚戒指洗干净，等他死后放入他的嘴中。

人们说戒指有 4 种表示，红宝石的表示欲望，绿松石（Fayrūzaj）的表示财富，玛瑙的表示律法，中国铁的表示戒备，也有人说表示恐惧。

**注释：**

[1] 艾布·努瓦斯（757—814），阿拔斯王朝最著名诗人之一。祖籍波斯阿瓦士，在巴士拉长大。自幼志在诗文，后在巴士拉和库法求学，通晓阿拉伯文法、修辞、诗律。撰写颂诗多篇，博得哈伦·拉希德和艾敏两位哈里发的赏识，成为宫廷诗人。擅作饮酒歌，有"酒诗人"之称。性格开朗，谈吐诙谐，被誉为阿拉伯古代三大幽默大师之一。关于他有趣的故事传说非常之多，自古至今为人们津津乐道。

[2] 中国铁（Hadīd Sīnī），依本段文字所述，显然并非一般金属铁，而是与红宝石、绿松石和玛瑙并列的一种宝石的代称。确指何种物质不详。

### 3. 第 466～467 页：

艾夫代勒[1] 在（伊历）515 年斋月被杀，身后留下金币 1亿[2]，银币 150 艾尔代布[3]，锦缎 75000 匹，镶嵌各种宝石、价值 20 万金币的墨盒 1 个，每把有一金钉、每个金钉价值 10万金币的剑鞘 10 把，玛瑙挂衣架 1 个，各色上等珠宝满满 10 箱，女眷服饰 500 大箱，中国灵猫香（al-Zabādī al-Sīnī）和精致水晶 100 驮（1 匹骆驼所驮重量），金勺 3000 把，银勺 1 万把，金叉 1000 把，银叉 2000 把，大小金碗 1 万个，金锅 4 口、每口重 100 磅，镶嵌祖母绿[4] 的金杯 700 个，另有银币 1000 袋、每袋 1 万银币，佣人、奴隶、马、骡、骆驼及女人首饰不计其数，金水仙花 3000 枝，银水仙花 5000 枝，马格里布工艺雕刻的金银画各 1000 幅，金牛摆件 300 个，银牛摆件 4000 个，罗马和安达卢西亚地毯在大厅、仓库和祖母绿宝石宫里比比皆是，黄牛、水牛和羊的收益每年 3 万金币，仓库中的粮食无法计数。

**注释:**

[1] 艾夫代勒（al-'Afdal，1121 年卒），阿拉伯历史上叫此名的名人有多位，根据卒年，当指法蒂玛王朝宰相艾夫代勒·本·拜德尔·贾马利。著名军事将领。该王朝第 8 任哈里发穆斯坦赛尔·比拉迫于军队压力，任命其为宰相。1121 年被暗杀。

[2] 古代阿拉伯人使用的数字中没有"千"以上单位，此处 1 亿原文为"1 百千千"（100×1000×1000）。下段译文中的 400 万，为"4 千千"（4000×1000）。

[3] 艾尔代布（'Irdabb），《阿拉伯语汉语词典》注解为：埃及容量单位，等于 197.6 升。

[4] 祖母绿（Zumurrud），一种纯绿色宝石。原为波斯语，学者们一般认为汉语中"祖母绿"是由阿拉伯语音译而来。

4. 第 478 ～ 479 页:

有一年，亚古布·本·莱思·萨法尔给穆阿台米德[1]献上礼物。包括 10 只鹰，其中有一只世所罕见的黑白斑鹰；100 匹马驹，由 10 匹骡子驮着的 20 箱各种中国奇珍异宝，一座带围栏的、可容 15 人做礼拜的银制清真寺，100 利特勒（磅）麝香，

100 利特勒印度沉香，外加 400 万银币。

**注释：**

[1] 阿拔斯王朝第 15 任哈里发，870—892 年在位。

### 5. 第 554 页：

鸽子的血可医眼睛和角膜外伤，可止鼻血；掺油可疗烧伤。红色鸽子的粪，敷用可解蝎毒；2 迪拉姆 [1] 掺 3 迪拉姆桂皮（Dārsīnī），饮用可消结石。

**注释：**

[1] 此处迪拉姆（Dirham）为重量单位，1 迪拉姆＝ 3.12 克。

### 6. 第 561 页：

大鹏 [1]，一种硕大的飞禽，中国群岛（Jazā'ir al-Sīn）有这种鸟。

**注释：**

[1] 所谓大鹏（Rukhkh），是阿拉伯和波斯传说故事中的怪鸟。在《一千零一夜》等作品中不仅出现过，而且演绎出较为著名的故事。

### 7. 第 562 页：

凤凰，中国大地上的一种动物。有关它的最奇怪的事情，是它在火中产蛋和孵育。它的羽毛可用来做手帕，一旦脏了，可以放入火中，火会将脏东西烧掉，而其本身却丝毫无损。

传说有一个人把这样一条手帕用油浸泡之后再放入火中，烧了一个钟头依然不曾烧着。

## 8. 第 586 页：

接下来是印度和中国。[1]印度人最了解医术、星相学、几何和只有他们才能掌握的奇特工艺。在他们的领土上，生长沉香、樟树，以及其他香料，比如丁香、香茅、肉桂（al-Dārsīnī）、荜澄茄（al-Kabābah）和肉豆蔻（al-Basbāsah）。

**注释：**

[1] 这句话给人感觉作者在谈过印度后，将谈及中国，但下文中并未有提及中国的内容。

## 9. 第 591 页：

要知道，暗海[1]，太阳和月亮都不能进入。印度海、拉塔基亚[2]海（东地中海）、中国海、罗马海（西地中海）、波斯海都是它的分支[3]。所有提到的这些海，其源头都是那个被称作环海的黑色之海[4]。至于海宰尔海[5]（里海）、花拉子模海（咸

海）、亚美尼亚海 [6]（黑海）、位于铜城 [7] 附近的海以及其他

小海，均不与黑色之海相连，因此都没有落潮和涨潮。

**注释:**

[1] 暗海（Bahr al-Zululmāt），即指今大西洋。阿拉伯人今天使用的
"大西洋"是一外来语，因此他们当中的一些人至今仍愿意使用阿语"暗
海"来表达这一地理概念。阿拉伯古代著作家们有时将暗海和环海用于
同一概念，但本书作者将两者明确区别开来，即前者为后者的一部分。

[2] 拉塔基亚（al-Lādhiqiyyah），指今叙利亚境内拉塔基亚城一带
是毋庸置疑的。但它与海连用，在阿拉伯古籍中很是少见，乃至雅古特
在《地名辞典》中都不曾提到过，只是在"拉塔基亚"词条下说该城位
于沙姆海海岸。古时阿拉伯人对地中海的称谓较多，雅古特在"马格里
布海"条下说："安达卢西亚海、马格里布海、亚历山大海、沙姆海、
君士坦丁海、法兰克海和罗马海，统统都是指一个海。"鉴于本段文字
中既有拉塔基亚海，也有罗马海，故将前者译为东地中海，后者译为西
地中海，以示区分。

[3] 此处"分支"原文为 Khalīj，现通译作"海湾"。

[4] 此处黑色之海（al-Bahr al-'Aswad），即所谓环海，指古代阿拉
伯人认为环绕整个大陆的海，有时他们也用绿海来表示同一个海。本段
原文同一页，还提到此海："据说它之所以叫作黑色之海，是因为它的
水看上去像黑色墨水一样，但如果人取一点放在手中，又会看到它是白
色的、清澈的，只不过这需要耐心等一段时间。这些水流入罗马海，你
会看到它是绿色的，就像铜锈（al-Zinjār）一样的颜色。"

[5] 海宰尔（al-Khazar），即我国史籍中所称可萨突厥。海宰尔海应
是指里海。古代阿拉伯人对里海的称谓尚有：泰伯里斯坦海、戈尔甘海、
阿比斯库（'Ābiskūn）海、加兹温（Qazwayn）海等。

[6] 古代阿拉伯人所指亚美尼亚地域十分广阔，直达黑海岸边。所以此处亚美尼亚海应是指黑海。

[7] 铜城（Madīnah al-Nuhās），雅古特在《地名辞典》该词条下说："它也被称作苏夫尔（al-Sufr）城。"根据雅古特的记述，"铜城"基本上是一传说中虚构之地，那么其附近的海自然也就无从寻觅。

## 10. 第 594 页：

在诸多海岛中，还有中国岛 [1]（Jazīrah al-Sīn），据说岛上有 300 多座城市，这还不算其农村和郊区。它有 12 个门，实际上它们是海中的山，每两座山之间皆有通道。通过这些山需要 7 天时间，船从诸门而出，便驶入淡水水域，然后直抵它想要去的地方。岛上还有很多谷地、树木和河流，非笔墨所能形容。

**注释：**

[1] 中国岛（Jazīrah al-Sīn），阿拉伯古籍中目前仅见此一次，较多出现的是中国群岛。

# 《聚谈拾趣与珍闻掇英》

## (Nuzhah al-Majālis Wa Muntakhab al-Nafā'is)

**作者与作品简介：**

萨夫利（al-Safūrī，1489年卒），本名阿卜杜拉赫曼·本·阿卜杜赛拉姆。沙斐仪教法学派的历史学家。从书名即可看出这是一部"选粹"性质的作品，之所以受到后世学者注意，主要因为它是阿拉伯古典文学中"莱伽伊格"作品的代表作之一。莱伽伊格（al-Raqā'iq）的基本意思是"细或薄的东西"，在文学作品的分类中有点类似中国人说的"谐趣"。或许正是因为此书在正统人士眼中不够严肃，所以问世后作者即被剥夺了著名的伍麦叶大清真寺教长的职位。实际上作者辑录的是有关历代贤人君子的传闻故事，只不过与较为奇特、轻松和有趣的素材联系在一起罢了。作品资料来源涉及诸多前人珍贵名著，而一些当时不太有名的著作，由于后来多已失传，则更显出作者所采录内容的重要性。全书约合中文 100 万字。

译文所据版本为 http://www.alwaraq.com 电子版（访问时间 2014 年 5 月 10 日）。

1. 第 250 页（"关于猴子"一节中）：

关于猴子，拜伊海基[1] 讲述过：

"从前有一个人把水掺在奶里出售，赚足钱后漂洋过海外出做生意，走时带了一只猴。半路上这只猴将主人的钱袋拖走，里面装的是那人掺水卖奶挣来的钱。猴子爬到船的最高处，然后开始一个一个地扔钱，丢一个金币在海里，丢一个金币在船上。猴子的主人在下面束手无策，眼睁睁地看着自己的钱最后只剩下一半。"

关于动物的奇谈中，有记载说在中国海（Bahr al-Sīn）的一个岛上有一种猴子，个头像水牛一般大，通身颜色是白的。

**注释：**

[1] 拜伊海基（al-Bayhaqī，1066 年卒），本名艾哈迈德·本·侯赛因。圣训传述学泰斗级人物，沙斐仪教法学派最知名的教法学家之一。生于

科斯鲁杰尔德，在拜伊海格（位于内沙布尔西侧的波斯古代省区）长大成人，逝于内沙布尔。著述极多，主要有：《大教律》《小教律》和《名字与性格》等。

## 《情为何物》

### (Tazyīn al-'Aswāq Fi 'Akhbār al-'Ushāq)

**作者与作品简介：**

达乌德·安塔基（Dāwud al-'Antākī，1600 年卒），阿拉伯历史上著名盲人医学家和文学家。生于安塔基亚。少小即能背诵全部《古兰经》，专攻医学，兼及逻辑学、数学和物理学。精通希腊语。后移居开罗并在此成名，最终成为他那个时代的医学界权威。在去麦加朝觐并居住 1 年后去世。虽双目失明，但他博闻强记，口才甚佳。凡有人前来就某一学术问题求教，他便出口成章，滔滔不绝，听讲者往往要写一两本笔记，无须整理即成论文。此外他在文学方面同样造诣极深，辞章诗作俱佳。主要著作有：关于医学和哲学的《心灵的记忆》，《磨砺理智和矫正心性的快乐旅程》，《强身之道的心灵之旅》和《医学千论》等。

《情为何物》原书名直译应作《情人记述中的市场装饰》。此处"情人"指相爱的有情人，没有其他含义。而"市场"也是按现在的定义翻译的，实际上将其理解为"场"或"场地"更为适宜，正如阿语中"战争的市场"其实就是指"战场"。另外作者在书名中使用"市场"一词还有一层强调"续补"的意思，因为该书的写作是以布尔汗丁·比加伊（1480 年卒）的一部著作为蓝本的，书名是《相思地》——原文为'Aswāq al-'Ashwāq，直译当作《思念的市场》。顺带一提，《相思地》的写作又是以赛拉吉·加利（1107 年卒）的《情人竞技场》为基础的。古代阿拉伯文人墨客如此"前仆后继"地关注这一专题，其意义已远远超出文学本身。

《情为何物》不仅是作者的文学代表作，也是阿拉伯典籍"情人记述"专系中最著名的作品之一。可谓青出于蓝而胜于蓝。它记述了历代"有情人"尤其是名人中"有情人"的传闻、故事、趣谈和他们为情为爱而吟咏的诗句，以及与"情"相关的林林总总。既有棒打鸳鸯也有终成眷属，既有薄命红颜也有痴情男子，既有见异思迁也有生死相许。念及此书出自一位盲人之笔，更令人叹之服之。全书 12 章，约合中文 50 万字。

译文所据版本为 http://www.alwaraq.com 电子版（访问时间 2009 年 11 月 5 日）。

### 1. 第 148 页：

我见过一本书，不知作者是谁，书名是《秘密之趣谈和天命之运行》[1]。我是在（伊历）959 年读的它，但当时并没有在意这些事情。书中说——

有一只乌鸦落在一堵墙上并在那里居住下来。一天，它发现一条蛇占了自己的地方，便去叼来一颗很小的石子，然后朝蛇丢去，那蛇竟当即丧命。乌鸦觉得这小石子太神奇，便自语道："我要是再看见谁就再丢一下。"说完它又叼起了那颗石子。我跟着它，直到看见它把石子丢在一个燕子窝里。结果大燕子被砸死了，留下一窝嗷嗷待哺的小燕子。乌鸦看了很难过，于是从那天起，在很长的时间里每天都带水和食物来喂它们。后来的一天，我在不经意间偶然看到乌鸦带着那群小燕子当中的两只回到它自己的巢，它俩就这样开始和它一起生活。不料又有一天，一只小燕子掉了下来，乌鸦便把它弄上去，小燕子又掉下来，乌鸦就把它再弄上去，来来回回 10 次之多，没过多会儿我看见乌鸦使劲撕扯自己直至死去。于是我爬上墙向它的巢里看去，原来那只小燕子已经死了，另一只极度恐慌地在它身边站了一会儿也死了。看着眼前的情景，我嘴中喃喃着，脑子里却一直琢磨那小石子，直到我想起了各种奇石的特性。

我曾见到在中国内地（Dākhil al-Sīn）有一些深潭中流出的水会凝结成一种石头，把这种石头取走可以纺成像丝（al-Harīr）一样的细线。那里的人们用它织成布做衣服，如果脏了就扔在火里，上面的脏东西便消失了。这种石头在纺成纱之前，如果服用可医治黄疸[2] 和结石，还可解其他毒素。它可以杀死各种蛇，哪怕蛇仅仅是看到它。经验老到的医生们会找到燕子的窝，故意用番红花（al-Za'farān）涂抹小燕子。燕子妈妈见了以为宝宝们得了黄疸病，便去有这种石头的地方把它叼来，然后石头就被那些医生拿走了。人真是什么法子都想得出来。

**注释：**

[1] 伊斯梅尔帕夏所编《古籍释疑补遗》中提到一本关于逻辑学、名为《秘密之趣谈》的书，作者为穆罕默德·本·穆罕默德·拉齐（1365 年卒）。这可能是作者在文中提到的这本书。阿拉伯人在提到较长书名时经常简称前一部分。

[2] 黄疸（al-Yaraqān），《阿拉伯语汉语词典》注解为："（植物的）枯萎病，（人的）黄疸病。"患此病的人，皮肤、黏膜和眼球的巩膜会出现发黄症状。

# 《文学宝库与语言菁华》

( Khizānah al-'Adab wa Lubb Lubāb Lisān al-'Arab)

**作者与作品简介：**

阿卜杜·加迪尔·本·欧麦尔·巴格达迪（'Abd al-Qādir Ben 'Umar al-Baghdādī，1621—1682），阿拉伯著名语言学家、史学家、文学家和研究阿拉伯诗歌的学者。生于巴格达，卒于开罗。早年在巴格达拜师求学，酷爱旅行，遂前往大马士革和开罗等阿拉伯文化名城游历访学。不仅精通阿拉伯语、波斯语和突厥语3种语言，而且对波斯和突厥文学研究的造诣也很深。其著述大致分为两类，一是语言学和语法学著作，一是对前世语言学家和史学家作品的注释类著作。

本书书名，全译应作《文学宝库与阿拉伯语菁华之菁华》，其阿语原文如绕口令一般,为阿拉伯古代著作家在书名上讲究修辞技巧和文字技巧的典型。本书是一部大型文选作品,最大特点是作者将所选作品按阿拉伯语语法术语分类,总计957类(条),大到主语、宾语、状语、分词、数词、虚词,小到只有阿语中才有的一些特殊语法现象,几乎面面俱到。比如,历史上哪些文学家、诗人、学者作品中的经典段落或句子,将"状语"表现得淋漓尽致、恰到好处,作者便将其收入书中。加上他的精审评述,条分缕析,令人叹为观止。由于书中穿插了大量经过认真考证的诸多诗人和文学家传记,特别是其中有一些其他著作中没有的资料,所以又被后世学者认为是研究历史和文学史的重要参考书目。原书4大卷,约合中文500万字。

译文所据版本为开罗汉吉书店1997年第4版13卷本。

1.第2卷,第355页:

穆太奈比到了巴格达后,骑马来到郊区的穆海莱比[1]家。主人让他进去后,他坐在了主人的旁边。后来的人,包括《歌诗》的作者伊斯法哈尼,都坐在了他的前面。人们提到这样一句诗,其中涉及一个地名为"朱拉姆"。穆太奈比说:"这个地名应该是'朱拉布'，这些地方我太熟悉了。肯定是人们在传录过程中搞错了。"伊斯法哈尼反驳了他的看法。这位权威说："这是希拜威[2]的朋友艾赫法什（al-'Akhfash）在自己的书中所吟的诗句，他用的就是'朱拉姆'，这是正确的。"在座的人对这句话看法不一，遂各自散去。

第2天，穆海莱比等着穆太奈比为自己吟诗，但他没有那样做，因为他听说穆海莱比冥顽不灵、玩世不恭，专好结交放荡愚昧之辈。穆太奈比是个既尖锐又尖刻、既执着又执拗的人。到了第3天，他们怂恿伊本·哈加吉找茬羞辱穆太奈比。此人竟在凯尔赫的隋尼娅[3]当众拽住他的马笼头不让他走，还用一句诗挖苦他。人们也聚集在他周围起哄。穆太奈比强忍怒火，一声不吭，直到那人把缰绳放开。

**注释：**

[1] 穆海莱比（al-Muhallabī，963年卒），人称"宰相穆海莱比"，是阿拉伯历史上最有名的宰相之一，同时也是阿拔斯王朝较有名气的文学家和诗人。其诗作婉约细腻。

[2] 希拜威（Sibawayhi，约760—796），又译西拜韦、西伯维，阿拉伯历史上最著名的语法学家之一，为巴士拉语言学派主要代表人物。最重要的贡献是撰写出历史上第1部阿拉伯语法著作——《希拜威之书》，从而奠定了阿拉伯语法学的基础。

[3] 本书校勘者在"隋尼娅"后加注释云："麦伊麦尼说：'隋尼娅

可能是巴格达早期的一个街区，它与雅古特在《地名辞典》中提到的、位于瓦西特下方的隋尼娅不是一个地方。'"此处提到的"隋尼娅"与《巴格达志》中所述相吻合，基本可以证明在巴格达市内曾有一个可能与中国有关的、叫做"隋尼娅"的地方。此名的起源是什么，伊拉克境内究竟有几个叫此名的地方，还需要人们进一步探究和考证。

2. 第 2 卷，第 450 ～ 451 页：

希拉那个地方是最美好的国度。那里空气清新，气候宜人，土壤肥沃，水质极佳；既没有乡村深处的冷僻，也没有盆地的崎岖不平；周围到处是农庄和花园。那里还有非常大的市场，因为它紧靠来自印度和中国等地海船停泊的港口。

3. 第 3 卷，第 450 页：

里亚（al-riyyā）这个词只表示香味，没有别的含义。迪奈沃利 [1] 在《植物书》中说：

"丁香（al-Qaranful）[2]，最好的来自中国。形容其香味的诗句非常之多。人们说乌姆鲁厄·盖斯 [3] 犯过一个错误，因为他用丁香的香味去比喻麝香。其实应该用麝香的香味去比喻丁香。"

**注释：**

[1] 迪奈沃利（al-Dīnawarī，895 年卒），中世纪阿拉伯著名语言学家，动植物学家和代数、算学学家。

[2]《阿拉伯语汉语词典》对该词的注解除"石竹"外，还有极富诗意的"洛阳花"，同时还表示"丁香树"的意思。

[3] 乌姆鲁厄·盖斯（'Umru' al-Qays，500—540），阿拉伯古代诗坛魁首，生于纳季德，卒于安卡拉。第 1 首《悬诗》的作者，此诗在阿拉伯世界可谓妇孺皆知。早期作品多围绕恋情艳遇，颇具浪漫主义色彩，因此他也被誉为情诗鼻祖。作为国王的父亲被杀后，作品主要抒发矢志复仇的决心，格调深沉悲壮。

### 4. 第 7 卷，第 34 页：

侯斯利 [1] 说：

"一位王公送给某人一把剑。那人说：'有点短。'王公道：'那你用步子上去量量。'那人说：'就是去中国也比这一步要近啊。'"

类似的典故，哈立迪亚尼 [2] 两兄弟也说过：

"据说，有一次穆海莱布 [3] 和儿子一起观赏一把剑。儿子说：'你的剑有点短啊。'父亲说：'对用步子去量它的人来说，就不算短啦。'当时在场的某公说：'这一步可比从东方走到西方还要难啊。'"

据说，有一天哈加吉要穆海莱布把他的剑抽出来看看。哈加吉看了后说道："你的剑可有点短啊。"穆海莱布说："如果它拿在我的手里，就不会短了。"

### 注释：

[1] 侯斯利（al-Husrī，1061 年卒），本名伊卜拉欣·本·阿里·本·泰密姆。中世纪阿拉伯著名文学家和评论家。主要著作有：《趣闻奇谈聚珍集》《文学之花与精髓之果》《谐的光芒和趣的花朵》等。

[2] 哈立迪亚尼（al-Khālidiyāni），意思是"两个哈立迪"。阿拉伯文学史上特指一对兄弟诗人，即哥哥赛义德·本·哈希姆（981 年卒）和弟弟穆罕默德（990 年卒）。因祖籍为摩苏尔附近叫作哈立迪亚的村庄而得名。两人不论谁作了诗都署"哈立迪亚尼"之名，两人还共同创作文学作品和史学著作，因而被传为阿拉伯文坛佳话。

[3] 穆海莱布（al-Muhallab，702 年卒），全名穆海莱布·本·艾布·苏夫莱，阿拉伯历史上著名军事将领。曾为巴士拉统领，后因作战有功被伍麦叶王朝第 5 任哈里发阿卜杜·麦立克任命为呼罗珊总督。